ケルトの神話・伝説

フランク・ディレイニー
鶴岡真弓 訳

創元社

❖ケルトの神話・伝説

ケルトの神話・伝説

Legends of the Celts
Copyright © 1989 by Frank Delaney
Japanese translation rights
arranged with Hodder & Stoughton Limited
through Japan UNI Agency, Inc., Tokyo

ケルト伝説への誘い *Introduction*

I

口承と写本

本書には、アイルランドとイギリスに語り継がれたケルトの伝説が収められている。それらの物語は、古来人々を虜《とりこ》にし楽しませてきた。鮮やかな色彩と登場人物の描写と出来事が織りなす芸術であり、知的・心理学的楽しみと筋だてを追う楽しみを合わせもつフィクションであり、人々に慰みと喜びを与える文学の力のすべてをもっているのである。

物語の書き手はたいていキリスト教の修道士であった。おそらく語り部《べ》から聞いた話を、早くも八世紀ごろから書き記していた。写字生や識者はすでに古代ギリシアやローマの文学に親しみ、聖書を熟知していたが、そういう彼らが、ケルトの物語に素朴な読み物《エンタテインメント》以上の価値を見いだし得ただろうか。しかりである。現代の小説家や詩人が、彼らの社会の価値や風習を反映させながら彼らの世界を描きだしているとするなら、ケルトの語り部がそうでないはずはない。例えば私たちは一九世紀を、デフォーやフィールディングやリチャードソンから学ぶ前に、ハーディーの描くドーセットやディケンズのロンドン、フローベルのブルジョアジーから知るだろう。少なくとも過去の時代の雰囲気は小説家から教えられるものである。つくられた登場人物は別としても、哲学者がそうするように、その時代の雰囲気は細部まで正確に教えてくれるのだ。ケルト人自身は、文字の記録を残さなかった。宗教上の原則から、法や伝承を書き記すことを拒否したのである。つまり、ケルト人の伝説は、口伝えで残り、その後は断片的に文字に書かれて伝わってきた。

選ばれた物語の元となっているのが、最初期のケルト「文学」とみなされているものである。伝説は人々の胸に秘められてきたと同時に、古い写本から発掘され分析されてきたのである。

ケルト文化

そもそもケルト人は、ヨーロッパにおいて政治的な団結をなし遂げることはなかった。彼らは紀元前にそのチャンスを逃した。しかし彼らの貢献によって創造された大陸の文化の重要な部分は、様々なかたちで二〇〇〇年も存続してきた。彼らは、交流のあった他民族の影響に頼るだけでなく、自然界を見とおし独自の霊的な洞察を引き出すような優れた表現的スタイルを発展させた。それらはさまざまな結びつきを通して、絶えることのないインパクトをもつ。美術として視覚でき、個性や想像力として触れることができるものを創造した。絶対的な政治的・民族主義的成功はなかった代わり、想像的なものに貢献することが彼らのアイデンティティーのよりどころであったのだ。

アイルランドのP・マッカーナ教授の言うように「古代のケルト人は、民族集団というよりもむしろ文化集団のひとつ」であった。本書に収めるのは、ケルトの物語の一部ながら、最もヴィヴィッドな伝説が選ばれており、それらの物語はケルト文化の香りと統一性の側面を伝えている。

かつてケルト人は、ひとつの国家や文明としてでなく、漠として存在する集団としてとらえられていたが、今日では歴史や考古学の研究が進み、ケルトの独自性が明らかになってきた。たとえばケルト人は、装飾性豊かな人々であった。その武器で勢力の強さを示したように、身につける装飾は彼らの階級を物語っている。彼らは宗教において儀礼を重んじ、美術は想像力豊かであり、体力を競うと同時に知的ゲームを楽しんでいる。経済的に成功しているのは、進取の気性と誇りをもっていたからである。こうした歴史や考古学的発掘で明らかになってきた人々が、すなわち本書に示す伝説をつくった人々なのだ。伝説は、彼らが墓に埋めた品々や、隣人たちが彼らについて書き残した記録同様、彼らの存在を不滅のものにしている。

先史時代と初期中世に活動したさまざまなヨーロッ

パ民族のなかでも、彼らは非常に際立っていた。ギリシア人はそのような、違う性質をもつ異民族を指して「ケルトイ」と呼んだ。紀元前一〇〇〇年頃、地中海地方の著述家や歴史家や旅行者や航海者や兵士たちは、ケルト人を観察し記録した。言葉も宗教も社会の性格も生活様式もまったく違うケルト人についての解説は貴重である。紀元前五世紀のヘロドトスから紀元前一世紀のユリウス・カエサルまで、ケルト人に関する記録が、長い時間をかけて積み重ねられていった。最初は断片的に、そしてしだいに広い視野の下に、部族の名や、野蛮な習慣や、恐ろしさや、地中海世界とまったく異なる社会について記録されたのであった。

T・G・E・パウエル博士は、言語学と初期の歴史と先史時代の考古学から見いだした自身の研鑽に基づき、ケルト人について次のように述べている。

明らかなのは、ヘロドトスからユリウス・カエサルまでの四世紀間を通じて、ケルト人の生活様式や政治的仕組みや風貌が、文字をもつ南の隣人に知られていたということである。その内容は誤解に基づくものであるにせよ、一方の民族が他方の民族の異質さを表現したものとして伝えられてきたのである。

装飾性豊かなケルト人

それならば、私たちはケルト人の風貌から始めてみよう。ケルトの伝説では一貫して、気高い姿の男たちと素晴らしく美しい女たちに出会うことができる。彼らの衣装は際立っており、鮮やかな色とりどりの繊細な着物を纏っている。ウェールズの物語のひとつ、「マクセン帝の夢」では、このローマのリーダーが夢に見て後に訪れた宮殿で、金髪の少年二人が身につけていたのは「漆黒の繻子《サテン》と錦織《ブロケード》の服、光る貴石をちりばめた黄金のヘアバンド、純金の留金の光り輝く革靴」であった。同じ場面に登場する老人は「金の腕環と指環、首環《トルク》」で身を飾っており、少女は「金のブローチをつけた白絹の胴衣と、宝石をちりばめたブローチで留めた金の錦織のケープ。髪はルビーをちりばめた黄金のバンドで押さえ、黄金の幅広のベルトもしていた」。

「クアルンゲ〔クーリー〕の牛捕《と》り」では、フェル・ディアがクー・フリンとの戦いの準備をするとき、服装には繊細な注意が払われる。彼は「最も優れた戦闘服と、絹と皮と石材の七枚重ねを着て、その上に打ち伸ばした鉄の前垂をつけた。宝石と水晶で装飾した堅固な兜をかぶった」。

また別の物語では、衣装があらゆる形と種類をとって、雰囲気と荘厳さを与える役割を果たす。「フロナブイの夢」では、アーサー王がボード・ゲームをしているとき、物語のサブ・プロットに、籠の中の鳥を痛めつける話が出てくるのだが、王に近づく人物の服装が非常に派手である。王の元にやって来た使者の「一人目は鎧とヒョウの紋章の付いた黄金の兜姿で、深紅の厚手の麻布で覆った美しい灰色の馬に乗った男。二人目は、一本の脚だけが黒い白馬に乗ってきたが、馬も騎士もライオンの紋章付きの黄金の兜と、黄緑色の鎧を着けていた」。この物語には全体を通して色鮮やかな衣装の話が頻繁に出てくるのであり、それらはことごとく華やかさや、荒れ狂うような騒々しさや、挑戦といったものを意味している。

キルフフが従兄弟のアーサー王に髪を切ってもらうため馬でやって来たとき、「それぞれルビーとガーネットをちりばめた首輪《トルク》を付けた二匹の犬を連れている。彼自身は、すべての隅に深紅のリンゴの飾りが付いたゆったりとした紫のマントをはおり、象牙の狩猟笛が腰のベルトに揺れ、ブーツには赤い金の薄片が埋め込まれている」。

古代のケルト人についてストラボンは紀元一世紀頃にこう書いたものである。

彼らは首に黄金の首環《トルク》をつけ、腕と手首に腕環をつけ、しかも支配階級の者は黄金を散りばめた染色した衣服を身につけている。

また同じ世紀のシチリアのディオドロスも書いている。

彼らは大量の黄金をため込んで、男女を問わず自分の身を飾るのに用いている。手首や腕に腕環を、首にはしっかりした分厚い首環《トルク》をつけ、かたちよい指環もつけ、黄金の上着を着ることもある。(中略)彼らの衣服――さまざまな色に染めた上着やズボンは衝撃的なものであり、彼らは、縞筋のある衣服を着、色とりどりの細かな市松文様のついた、冬は厚く夏は薄いベルトで引き立てている。武具のなかには等身大の楯もあり、それもまた個人の装身具という性格を帯びているのである。

考古学の証明

考古学的な出土物は年々豊富になってきている。使われた目的やタイプを示す美しい品々が大量に発掘されており、それらの品々は「伝説」に直接の関わりをもっているだろう。貴族の墓所は遺骸と共に埋められた重要な品々で特徴づけられている。この一〇年間でドイツ南部で発掘された墓所は極めて富裕で派手な貴族のものであることがわかった。五五〇年頃シュトゥットガルト近傍のホーホドルフのその「王族」の墓所は、華麗な葬礼の跡を示している。ふたつの大きな墓室には、織物、花、すばらしい食器類を乗せた荷車、四〇〇リットルの蜂蜜酒《ミード》が入っていた大釜、それに、死者があの世の宴会で自分自身や戦士や客用に供する角型の酒杯のセットが飾られていた。死者はこの仕立てを権威づけるため、首や腰や足に黄金を身につけており、足環も腕環も武器も黄金である。そうした王族の華麗さは、本書に取り上げる伝説のなかのアルスターの王子やブルターニュやコンウォールの騎士、あるいは「マビノーギ」の戦士そのものといえよう。

東はシレジア、西はブルターニュ、アイルランドまで、発掘されるケルトの出土物は彼らの伝統の輝きを物語っている。宝石を散りばめた楯、黄金の首環などの徹底した装飾、腕環やその他のリング類、ベルト、髪留め、ピン、戦車や騎乗のための馬の馬具飾り。これらの装飾の細部《ディテイル》こそ、伝統を頻繁に彩るものなのである。

物語に登場するモティーフに関するヒントや歴史の細部も、考古学が明らかにしている。たとえば牡牛や首環《トルク》やズボンをはいた人物は、デンマークで見つかった「ゴネストロップの大釜」に表現されているし、大英博物館には「バタシーの楯（テムズ河出土）」や「スネッティサム（イングランド）の首環」がある。これらの美術はすべて、歴史と伝説の双方に現れる戦士像の描写に合致するのだ。歴史的叙述と考古学的証拠との結びつきが強固になっていくことを期待させるのである。

ケルト人の武器

二輪戦車《チャリオット》を含む武器は、ケルトのイメージを形づくる上で重要なものである。剣・短剣・楯・槍は、ハルシュタット（オーストリア）や、ブリテン諸島とアイルランドを含むヨーロッパ各地の多くの遺跡から出土しており、貴金属を操るケルト人の優れた工芸を浮き彫りにする。次のウェールズの伝説では武器の話がこんな風に出てくる。

> キルフフが巨人の王の娘オルウェンを得る手助けをアーサーに頼みに行くとき、「空中から鮮血を降らせる手斧と、柄と刃が黄金の剣を携えていた」。巨人の王はキルフフと戦士たちに槍を三度投げ、彼らはその飛び道具を巨人の王めがけて投げ返す。

あるいは、シチリアのディオドロスは、古代のケルト人の武器についてこう観察している。

> 武具のなかには等身大の楯もあり、それもまた個々人の装身具という性格を帯びているのである。そのなかには精巧に細工された青銅の動物像が装飾されているものもある。これは装飾であると同時に防衛の意味をもっている。（中略）戦士のなかには鎖の胸当をつけた者もいれば、裸で戦う者もいる。鎖の胸当は彼らにとって「自然」が与えてくれたものである。彼らは短剣でなく長剣を使い、それを青銅か鉄の鎖で腰に下げている。上着の上には黄金か銀のベルトを締めている。（中略）戦いで彼らが振り回す槍は、「ランキア」と呼ば

れるもので、先端のやじりの長さは腕尺〔四六―五六センチ〕、幅は手幅の二倍よりやや狭いくらいである。長剣の長さは他の民族の投げ槍と同じくらいで、彼らの投げ槍のやじりは普通の短剣よりも長い。投げ槍の先端はまっすぐなものもあれば、先端が分かれて全体に渦巻状になっているものもある。したがってそれは敵のからだを切るだけでなく肉を破ってしまう。からだに突き刺さった槍は、ただちに立ち上がるので負傷者の傷口をさらに開き破るのである。

アイルランドの「クアルンゲの牛捕り」やウェールズの「グウィネズの領主マース、マソヌイの息子」でも、彼らの槍は石を打ち抜くほどに恐ろしく強い。

二輪戦車《チャリオット》

紀元前五世紀から紀元二世紀までのあいだ、ケルト人は首領の墓に二輪戦車を埋葬していた。この儀礼は六世紀間続いており、東は南ロシア、西はブリテン諸島までその痕跡が認められる。文学では紀元後三世紀になって初めて、スコットランド北部にいたカレドニ族がローマ人に対する攻撃に使ったことが記される。

伝説のなかで二輪戦車はしばしばスリリングな雰囲気をかもしだす要素である。クー・フリンは「クアルンゲの牛捕り」の物語の初めの部分で二輪戦車に乗って現れ、彼の御者ロイグともども大活躍する。物語を通じて二輪戦車は競争と挑戦の見せ場をつくる。クー・フリンは競争者に先を行かせてやり過ごし、あるいは次なる敵が現れるのを待って、後で彼らを追い出す。また「勝者の分け前」ではロイガレとコナルは牧場で二輪戦車を巨人に取られて恥をかくのであるが、クー・フリンがそれを取り返すのだ。

シチリアのディオドロスはこう書いている。

ケルト人は移動や戦争に二頭立ての二輪戦車を使う。戦車には戦士と御者が乗っている。戦場で敵に会うと、まず槍を投げ、戦車から降りて剣で戦う。

ケルト人の食物

狩猟・採集基本の生活の層から飛躍して、確固とした富を蓄積するようになった社会を、考古学はしっかりと証拠づけている。その発展は神話にも示されている。ケルト人は紀元前五世紀にヨーロッパに、つまりドナウ河流域に姿を現し、あるいは、その一〇世紀後にアイルランドに現われたとき、社会は十分に自足し確固としたものとなっていた。

T・G・E・パウエルはケルト人の経済を次のように要約する。

> ケルト人の部族の大部分は、工作物をつくったり交易をしたり、あるいは略奪行為で物を手に入れることもあったが、大体においては、農業と、牛を育てる酪農、およびこれらの両方によって食料を得る営みを中心としていた。(中略)発掘されたものから判断して、ケルト人の農家は大麦、小麦といった穀類の栽培に加え、牛と豚と羊を飼っていたらしい。

したがって「勝者の分け前」のような物語で、毒舌のブリクリウなどは、次のような御馳走をふるまうことができた。「七歳になる肥えてうまい豚は、生まれたときから季節ごとに、オートミールの甘いかゆ《ポリッジ》、新鮮な牛乳、木の実、小麦、肉、肉のコンソメスープだけで育てた。それに七歳の牝牛もある。生まれたときから、ヒース、ハーブ、からす麦、うまい牧草だけで育てた。大釜いっぱいのワイン、豚肉と牛肉のほかに、蜂蜜入り小麦ケーキを焼いてある。」

財産

それに伝説には、ケルト社会を映しだす重要なものがもっとある。すなわちそれは「所有物」だ。「クアルンゲの牛捕り」は、王の所有物に対する王妃の嫉妬が原因となる。寝物語に妃メーヴは夫アリルの所有物が彼女のものを上回っていることを知る。絹、錦織《ブロケード》、麻、羊毛、木綿などの衣服。これはメーヴがわずかに優っていた。だが家畜に関しては夫のほうが勝っていて、ここに確執が生まれる。そもそも二人ともすばらしい家畜を持っており、そのすばらしさを市の売り値で比べないことには気がすまなくなった。種馬の丈の高さ、牡羊の胴回り、豚の体重を計り、いちいちの高さ、長さ、重さをはっきりさせると、両者のあいだにはツバメの羽根の重さか幅ほどの差もなかった。しかしそれも、牛に至って一変する。牛の数を数え大きさを比べはじめるや、メーヴは悔しがり、苛立ち、ついに怒りを爆発させた。アリルは強靭で精力的なすばらしい牡牛を一頭持っているのに、メーヴにはそれにかなう牛がなかったからである。

　ことほどさように、ケルト社会では所有物は重大なものである。実際、貴族は物や土地を手に入れて財を蓄え、戦士は乱暴にも力ずくで財をかき集めて社会的地位を築いた。伝説のなかにも、次から次に所有物を手に入れようとする話や、財を手に入れて地位を高める話が出てくる。たとえば「エーダインへの求婚」では、オイングスの計略でエルクウァルは土地をなくしてしまったので、代わりに別の土地で埋め合わせをしてもらわなければならなくなった。

饗宴

伝説のなかで人々は派手な宴をよく開く。宴を張ることと、それに招かれることは、その人の地位を示すものだ。宴の規模、並べられた御馳走ばかりでなく、偶然あるいはあらかじめ特別の招待に応じてやって来た客の地位などで、宴の程度が計られた。

　宴で肝心なのは、催しを決定する時と、始める時と、お開きにする時である。「勝者の分け前――ブリクリウの宴」と「マク・ダトーの豚」は宴の話そのものであり、社会的・階級的なものを完璧に表現していて重要である。「ディアルミドとグラーネの恋物語」の王女グラーネは、ディアルミドを宴で見初めてくどく。母の体内にいた〈悲しみのデルドレ〔デアドラ〕〉の泣き声が初めて聞かれるのも宴においてである。美しいエーダインは生まれ変わって、宴で飲まれていた蜂蜜酒《ミード》の杯のなかに飛び込んだ。「マビノーギ」では、友人や同僚が立ち合って、婚姻の契りが宴でつつがなくとり結ばれる。ダヴェドの領主プイスは、宴の御馳走の一コースが終わって散歩に出たとき、フリアンノンを初めて見た。

　また宴は裏切りの舞台ともなる。たとえば、フェルグスは逃亡していたデルドレとウシュネの息子たちを国に連れ戻すよう王に頼まれる。フェルグスは宴の招待を決して断らないという禁忌《ゲシュ》を誓っていたため、策略によって招待を受けねばならぬはめになり、結局任務を果たすことができなかった。また別の物語（「トゥレンの息子たち」――「アイルランド国造りの神話」中）で、ルグはトゥレンの息子たちへの復讐を宴において誓っている。あるいは、ブレスは歓迎の宴を張らなかったがために、詩人に揶揄される。ブラヌウェンの運命は宴に封印されている。

　「泉の貴婦人」では、「翌朝オワインは再会を祝する宴の疲れの抜けないなか、アーサー王には留まって歓待をうけるよう説いた。準備に三年かけた歓迎の宴は三月の間続き、その疲れを癒すにはさらに三週間が必要であった」というくだりがある。

英雄の御馳走

ところで、古代ケルト人の饗宴に関するローマのストラボンの記述には、次のようなことが書かれている。

> 彼らは見ず知らずの人間に御馳走をふるまう。その客が誰でどんな用件で来たのかは、宴が終わってから尋ねる。あるいは宴の最中に折りあらば議論をしかけたり、挑戦して一戦を交えるということをよくする。

　このことはまさに、「ブリクリウの宴」としても知られている「勝者の分け前」という物語の核を形づくっている。その宴で戦士たちは、戦いの報酬として受ける自分の御馳走の質と量を他と競う。それほど、勝者だけに与えられる御馳走は抜きんでたものだった。アイルランドの民俗誌研究者J・J・ティアニー教授は、古代ギリシアの歴史家ポセイドニオスの記述を参考に、次のように推定している。

〔ケルト人の習慣では〕最も勇名を馳せた英雄には、獣肉の後ろ四半部のうち、太股の部分が与えられる。もしその権利を主張する者が他に出てきた場合は、一騎討ちの死闘を行う。

ブリクリウの提案で行われた一騎討ちでは決着がつかず、命を賭けていろいろな闘いを行うのである。さらに他の歴史的記述にも伝説の内容とぴったり合致するものがあり、シェイクスピアがホリンシェッド〔年代記作者。一五八〇年没〕に負うごとく、ひょっとすると伝説の語り部たちが地中海世界の著述家の記録を引いてきたのではないかと思えてしまうほどである。

権力者を真ん中にして、彼らは車座をつくって大宴会を催す。（中略）権力者は戦術において、あるいは出自の高貴さにおいて、財力において、他に勝っている。彼の隣には宴の主催者が座り、その両側に位順に席が設けられている。彼らの後ろには楯をもった戦士が立つが、槍持ちは座のなかに入って彼らの主人たちと一緒に宴に参加する。飲み物は注ぎ口のついた素焼きや銀の瓶でふるまわれる。

ある宴の描写は次のようなものである。

誰もが何日もかけて楽しむことができるほどの実にたくさんの御馳走が、ひっきりなしに注ぎ込まれる。

また、ストラボンによれば、

彼らはたっぷりの食べ物を、牛乳やあらゆる種類の肉――とくに新鮮な塩漬けの豚肉――とともに楽しむ。そうした豚は放し飼いにしたもので、丈高く、活発で、動きのすばやいものがよしとされる。

「宴」に関する出土物で興味深いのは、ホーホドルフの遺跡で荷車の上に、死後の長い宴に供するナイフなどの食器が積まれていたこと。あるいは、イングランドのある墓所からは、死の旅路にあっても生前と同じようにとの願いからか、豚の足がみつかった。
さらに、死者の姿勢が権力者をよく表している。

彼らは誇り高く、威嚇的で、自己をおおげさに劇化しているのである。（ストラボン）

詩人《バルド》

シチリアのディオドロスは、粉飾せずにケルト人の賢者について書いている。

彼らのなかには「バルド」と呼ばれる詩人がいる。（中略）竪琴《リラ》に似た楽器を爪弾きながら、あるときは祝歌《ほぎうた》を、あるときは風刺歌を歌う。（中略）また、詩人のほかに、「ドルイド」と呼ばれる哲学者にして神学者がおり、多大な尊敬を集めている。

この賢者たちもまた伝説に登場する。アイルランドの最初期の物語では、カルブレというドルイドはブレス王を風刺する歌をうたって王を失脚させた。ウェールズの物語では、男たちは名誉ある詩人に身をやつしてとり入ろうとする。アイルランドのアルスター王国の男たちは、「デルドレ」という名の女の子が生まれ、その子がアルスター王国を滅ぼすというドルイドの予言を厳粛に聞きとめた。
以上のように、ケルトの伝説そのものは、歴史や考古学が明らかにしたものと繰り返し対応する内容をもっていることが、ある程度わかる。歴史と考古学は、ケルト社会が、森の闇のなかの狩猟と採集の営みから飛躍的な発展を遂げ、黄金と装飾による権力の表現をもち、強い王権が支配を固めたことを明らかにした。伝説を創造したのは、まさにそうした社会であったのだ。

Ⅱ 物語相互の交流

歴史と考古学の連関(それを科学的に検証することは一生をかける に値する魅力に富んでいる)が見いだされるように、ケルトの伝説物語の最も重要な様相は、各ケルト民族の神話相互の、あるいはケルト神話と他民族の神話相互の関連のなかに見いだすことができる。

それに関してまずケルトの物語相互の関連からみていくとき、アイルランドの物語をとり上げてみると、しばしば互いに照応する要素が認められる。本書の最初の物語は、物語要素の凝縮性が魅力だが、一二世紀に書かれた『来寇の書』から取られている。この『来寇の書』が文書化された年代には、同様に「トゥレンの息子たち」も成立しており、後者の出来事や登場人物は前者と響き合っている。

たとえば、最初の侵入者たちの生き残りであるフィンタン(本書「アイルランド国造りの神話」参照)は鷲や鷹に変身するのだが、このモティーフは、課せられた仕事の一つでトゥレンの息子たちがリンゴを盗むとき鳥に変わるという話に繰り返されている。ウェールズの「グウィネズの息子マース、マソヌイの息子」では、セウの不実な妻が愛人に彼を殺させようとしたとき、セウは鷲に姿を変える。

〈叫び〉も繰り返される。トゥレンの息子たちは彼らに課せられた最後の仕事として、丘の頂で三回叫ばなければならない。あるいは、オルウェンを得るための助けをもとめてアーサーの宮殿に行ったキルフフは「私を入れないなら、大声で三回叫んでやる。私の声ははるか隣の島まで、そして高く雲までも響くのだ。その声を聞けば、孕《はら》み女の子宮はすべて空っぽになり、妊娠していない女は石女《うまずめ》になるぞ」と言う。「シーズとセヴェリスの物語」では、三つの災いの一つが〈叫び〉である。「泉の貴婦人」では、オワインは三つの叫びを聞く。それは黒衣の騎士の死を意味していた。

〈門番〉も繰り返される。ルグはタラの王宮の門で門番に質問をされる。ウェールズの英雄キルフフもアーサー王に会いにいったとき、門番にさえぎられる。

〈犬〉もしかり。マク・ダトーは数個の軍隊に値する犬を飼っている。また「クアルンゲの牛捕り」ではクー・フリンは猛犬を倒して名前をもらう。トゥレンの息子たちは、世にもまれな猛犬を捕まえることを課せられる。

〈変装・身をやつすこと〉も繰り返されるモティーフだ。トゥレンの息子たちに課せられた別の試練では、彼らは探し物を手に入れるため詩人に変装する。これは「グウィネズの領主マース」でマースのために豚を捕らえるとき、グウィディオンとギルヴァイスイと仲間たちがしたことと同じである。またこの話の後半では、青年セウに名も付けず武装もさせない女を出し抜くため、グウィディオンとセウは「二人の名高い詩人がグラモルガンからやって来た」と門番に嘘をつく。「勝者の分け前」では、物語相互に照応する別の重要なモティーフに光が当てられている。それは社会の仕組みと財産の計り方である。ブリクリウは壮麗な城を建てるが、ウェールズの伝説では、「マクセン帝の夢」でも帝が同様に壮麗な建物の夢をみるし、「シールの息子マナウアザン」では、泉に囚われた二人の騎士は「よく知った土地であるのに見たことのなかった並はずれて巨大な要塞らしい建物へと導かれた。高くそびえ立ちなめらかで力あふれるこの砦は、マナウアザンとプラデリにはなじみのないようなすばらしい石造りであった」。

〈動物〉もいろいろな役割を演じる。猫、鳥、猪（あるいは豚）が代表的だ。ディアルミド（「ディアルミドとグラーネの恋物語」）は猪に殺されるし、マナウアザンとプラデリは白い猪を追っていくうちに怪しい泉に出会う。

〈巨人〉もよく登場する。「勝者の分け前」では、クー・フリンが牧場で巨人を倒し、また海から上がってきた人食い鬼をやっつけるのだが、このふたつの怪物はロイガレとコナルに襲いかかったやつである。「泉の貴婦人」では、オワインがライオンの助けで巨人を倒す。

〈霧〉は面白い効果をもつ。「コルマクの黄金の杯」では、コルマクが妻と息子を探して馬で行くとき、霧に阻まれる。プイスは、霧のなかで仲間にはぐれた代わりにアラウンに出会った。プラデリとマナウアザンと彼らの妻たちがアルベルスにいたとき、濃霧につつまれているうちに、廷臣も動物もみな消えてしまっていた。

〈人間の思慮〉は重要な役割を果たす。〈悲しみのデルドレ〉(「デルドレとウシュネの息子たち」)は、バロルの娘エトネのように、男を見せないために監禁されるが、英雄が救いだす。エトネの監禁は、自分の子孫によって殺されるという予言を恐れた父親が、いかなる世継ぎも出来ないよう謀ったためだが、結局孫のルグに殺されてしまう。「キルフフとオルウェンの物語」では、巨人の王が同様の予言を恐れて娘オルウェンの結婚を阻むが、キルフフが課題をすべてやり遂げたので、結局凶運にみまわれる。

〈悲恋〉は重要である。ディアルミドとグラーネの恋物語や、〈悲しみのデルドレ〉のデルドレとウシュネの息子の恋は、「トリスタンとイゾルデ」伝説と響き合う。これらのどの物語でも、戦士・英雄・騎士が王や目上の男から女を奪って、復讐の追跡を受け、凄惨な最期を迎えるのだ。

このような悲恋物語の筋のなかで、伝統的なロマンティックなモティーフが現れる。デルドレが死ぬと、イチイの木がその墓から生え、ノイシウの墓を探し当てるまで国を横断して伸びていく。また、コンウォールのティンタジェルの教会内陣の両側にあるトリスタンとイゾルデの墓から、イチイの木が生えてきて絡まり合い、マルク王がどんなに切っても生えてくるのである。同じような話は、ヴィクトリア時代に民間で親しまれたバラッド「バーバラ・アレン」(「スウィート・ウィリアム」としても知られる)にも見られる。

ケルト神話と世界の神話

神話に備わる恒久的な魅力のひとつは、世界じゅうの他の文化圏の神話と横断的に参照できることである。ケルト神話も、インドやギリシアなど最古の神話から、グリム兄弟が紹介したメルヒェンのように口語による物語の型をもつものにいたるまでの、世界の神話物語と関わりをもち、大きな和音と小さな和音をつくりだしている。明らかに広く浸透しているモティーフとしては、〈牛〉、循環的〈探求《クエスト》〉、〈男らしさ〉〈自己探求／意味探し〉といった元型がある。また世界の神話との関わりとは別に、たとえば強烈なモティーフや細部のきらめきはなくとも人を楽しませる話として、紀元前三三五年ケルト人使節がアレクサンドロス王に謁見したとき、自分たちにとって怖いものはただひとつ、空が落ちてくることだと言ったというものがある。これは少なからず指摘されているように、空が落ちてくると王様にあわてて言った「ヘニー・ペニー」もしくは「ヘン・ペン」の類の童話に通じる要素をもっているといえよう。

ケルト神話とギリシア神話

ケルト神話は、世界の他の神話がそうであるように、先史時代の信仰から生まれている。信仰は、首長や英雄への崇拝などの宗教を生み、豊饒・出産・誕生・脅威・生存・死といった個人にとって重大な出来事を、その時その時に分かち合うためにあった。また先史時代の人々は移動のうちに観念の交換を果たし、普遍的な人間精神を分け合っただろう。賢明な統治者にして豊饒の神であるエジプトのオシリス神の神話が、アイルランドの「エーダインへの求婚」の王の物語と呼応するのは、そのためである。「エオヒド王には底知れぬ力があり、まるで神のように天気や季節、雨や温暖な気候を思いのままに操って、期待どおりに穀物を成長させ収穫を得ることができた」と後者は語る。

〈神聖な牛〉は世界の多くの神話に避けがたいモティーフである。アイルランドでは「クアルンゲの牛捕り」の牛はほとんど神格化されており、牛をめぐって国と国とが戦争に陥るのであって、この場合動物は神的な活力を表している。「クー・フリンは、めくるめく変身をみせる戦いの女神モリーガンの登場によって困難になった局面にも、勇気を奮いたたせることができた。ある時は鳥、ある時は獣に、風に、女にと変身するモリーガンは、黒い鴉となって牡牛の肩にとまり、死と殺戮を叫んだ。煽られた牛は頭を低く下げて目の前のものをことごとくなぎ倒し、角で地面を深くえぐって暴れ、人々は命からがら逃げだした。」ギリシア神話のミノス王は牛（ミノタウロス）を殺されて名誉を傷つけられたし、ポセイドンは国中の民を脅かしている牛に復讐した。

〈狩り〉のモティーフも縦横に語られている。フィン・マク・クウィルとフィアナの戦士は猟犬を連れ、アイルランドの山や湖で狩りをするが、ギリシア神話の狩りの女神アルテミスもアルカディアの山野で狩猟する。アルテミスの話から他のケルトの物語が連想されるだろう。「グウィネズの領主マース」のマースはグウィディオンとギルヴァアイスイを一年ごとに鹿、猪、狼のつがいに変え、アルテミスは彼女の裸身をぬすみ見たアクタイオンを鹿に変え、犬に食い殺させた。

〈豪傑〉は世界の神話に最も共通するモティーフである。ゼウスの息子アポロンは、光り輝く万能で強力な青年神としてアイルランド神話のルグに比較できる。クー・フリンは強力で剛毅な英雄の典型で、ギリシア・ローマのヘラクレスと類似している。またキルフフは、トゥレンの息子たちと同様に、難題をこなすことにおいてヘラクレスになぞらえられよう。フィアナ戦士団や赤枝の戦士団のような戦士の性格は、ギリシア神話の男性の理想型との共通点がある。

あるいは、片目を石で射抜かれる〈邪悪な目〉のバロルは、ギリシア神話の一つ目の怪物キュクロプスと同じ運命をたどるし、「泉の貴婦人」の森の守り手も片目である。

ギリシア神話に際立つ〈ヘラクレスの一二の功業〉の内容と共通する話は、ケルトにも現れる。ヘラクレスが最初になし遂げる功業はネメアの獅子とレルネの水蛇《ヒュドラ》の退治だが、「泉の貴婦人」のオワインはライオンと闘っている蛇に出くわす。ヘラクレスは次にエリュマントスの猪をつかまえるが、恋に落ちたディアルミドは猪に殺され、マナウアザンの物語の英雄は白い猪を追いかけるうちに敵につかまってしまう。

〈鳥〉はどうか。ヘラクレスの第六の功業として、人肉を貪るステュムパリデスの鳥はヘラクレスの矢に射止められる。クー・フリンは飛ぶ鳥を追いかけるのを余技とし、「フロナブイの夢」では籠の中の鳥が野営の人間に殺される。

〈牛〉については、「クアルンゲの牛捕り」が、〈ヘラクレスの一二の功業〉の内の〈アウゲイアスの家畜〉や〈クレタの牛〉と響き合っている。アウゲイアスの輝くばかりに白い牛は、「クアルンゲの牛捕り」の美しい褐色の牛に比肩するだろう。

〈リンゴ〉も面白い。〈ヘラクレスの一二の功業〉の中で、ヘスペリスたち（アトラスの娘たち）は世界の果ての庭に黄金のリンゴを育てている。ルグはトゥレンの息子たちに「海を越えた東の果ての光の庭に生《な》っている」リンゴを取ってくるように命ずる。

〈監禁〉。ヘラクレスは、岩に鎖で縛りつけられて瀕死の状態になっていたトロイア王の娘ヘシオネを救出するが、「泉の貴婦人」のオワインは、地下の石室に閉じ込められたリネドを発見する。

〈建物〉のモティーフも、ケルトとギリシアの神話のあいだに共通するだろう。ポセイドンがエーゲ海の底深く住む黄金の宮殿は、マクセン帝が夢に見、またブリクリウが宴を張り、ウェールズの騎士たちが森の中に見いだす城に似ている。

そのうえ、ポセイドンはケルトの海神マナナーン・マク・リル同様、海陸両方を駆ける馬をもっているのは偶然だろうか。

ケルト神話と東洋の神話

こうしてみると、世界の古代神話は互いに反響し合い、言葉を交わし合っているということができるかもしれない。中国神話の狩人も森で光り輝く不思議なものに出会う。妻となる女性を探して旅する男たちは、彼女らが水辺で沐浴をしたり身づくろいをしたりしているのを見かける。「エーダインへの求婚」でエオヒド王の騎士が川辺でエーダインを見たように、中国の牛飼いは〈天の織姫〉に天の川で出会って契りを結ぶ。

偉大な首領の身体は山よりも大きい。ブランが〈力の島〉から海を渡って、姉妹ブラヌウェンを苦しめているアイルランド人を懲らしめに来たとき、豚飼いは山や森が動いたと思った。インドのパンジャブ地方の神話では、王を空まで届く山として描いている。

ペルシアの物語では、英雄のザルが見ず知らずの乙女に出会い、その名前を聞いたとたん身が震えるほどの情熱にとらわれる。同じようにキルフフは巨人の王の娘オルウェンの名を初めて聞いたとたん「顔を赤らめた。まだ見ぬ乙女に愛を感じたのである」。

インド=ヨーロッパ語族のルーツの地であるインドの神話とケルト神話との関わりが予期されるが、実際その神話にはケルトの光に照らしだされるものがある。善悪相備える神ダグダはいつも、無限の食べ物を生む〈大釜〉から大量の粥を食べている。一方インド神話のクムバカルナは年に二度大食をし、一万頭の羊と一万頭の山羊をたいらげ、四〇〇〇杯の酒を猪の頭蓋骨で飲みほす。

インド神話のクリシュナ（ヴィシュヌ神の第八権化）は、子供のころ牛飼いの家に〈里子〉に出される。一方キルフフは豚飼いのところで生まれ、プイスとフリアンノンの息子プラデリも初めグウェントの領主テイルノンのもとで育てられる。

インドのシッダールタはハーレムを離れて僧侶になり、修行して自分の体を骨と皮ばかりに「縮めた」。「泉の貴婦人」では、オワインが「萎びた身体で下草の中で餌を探す姿は、まるで卑少な獣のようだ。（中略）血管が浮き出るほどにやせ衰え、（中略）半裸で徘徊し、草をくんくん嗅ぎまわる」。ちなみにこのようなモティーフは二〇世紀の小説にも登場し、トーマス・マンの中世を舞台とした『聖なる罪人』は、ハリネズミほどに小さくなってしまった主人公が岩の上で禁欲的な修行をし、最後にヴァティカンからの遣いに発見されるという話である。

神話の物語は人をわくわくさせ楽しませる一方で、大切な何ものかを教え、喚起を促す。そこには人間のもつ善・悪・貪欲・寛容・執念・恩赦・非道・率直・暴力・平穏などの性質が描き出されている。その要素を強調し目立たせるように、人間たちは巨大で摩訶不思議な存在の型《モデル》になり、驚異の物語をつくりだしている。ケルトの伝説は古い時代の「物語《フィクション》」がもっていた機能、つまり人を楽しませつつ、思考や感情を刺激する働きを、限界はあるが大いなる仕掛けで見せてくれるのである。

Ⅲ 伝説の発掘と再創造

ケルトの神話や伝説は、それを再話して現代に蘇らせてほしいと願っていた人々を再び楽しませることになった。物語は再話されることによって、本来の胸躍らせる面白さばかりか、話の筋、登場人物や行動、サスペンス、ユーモアや大胆不敵さの機能を、ずっとわかりやすく鮮明なものにする。そうすることによって物語はさらに生き延びる。そもそもケルトの伝説は一〇〇〇年以上前から文書化されていたため、再話者はそれに基づくことができた。初期中世の〈暗黒時代〉から、ヨーロッパの政治体制の激動期、中世修道院の黄金時代、エリザベス朝時代、そして一八世紀末と一九世紀から今日まで、それぞれの再話者はそれぞれの主義と様式でケルトの伝説を語り継いだ。ある者は学問的に、ある者はロマンティックに、ある者は物語の起源と発展に興味を示しながら、またある者は詩的に、さまざまな動機から伝説を蘇らせようとしたのである。

たとえば、そのような多くの再話者の一人にレディー・オーガスタ・グレゴリーがいる。彼女はアイルランド西部のキルタータンという土地の人々のために「クアルンゲの牛捕り」を再話した。

親しい友人である皆さん、私がこれらの物語を集めるときに考えていたのは皆さんのことでした。皆さんがこれらの物語を読んでみたいと思っているのではないかと。村のお年寄りから、フィンやゴルやオシーンの物語のすべてを聞くことはできませんし、人々の記憶のなかにクー・フリンやその仲間たちの物語はほんの少ししかとどめられていない。クー・フリンたちが勇敢だったとか、デルドレはきれいな女の人だったとかはわかってもです。古い文書で探していくうちに、そもそも伝説を綴った複雑なアイルランド語は、誰にとってもどんなに勉強したとしても読むのは難しいだろうと思いました。(中略)そこで私は、子供の頃に老乳母のメアリー・シェリダンが語ってくれたような簡単な易しい言葉で再話することにしたのです。

(このことについていえば、「奥様《グッド・レディー》」が使った言葉にはたまたま「お屋敷《ビッグ・ハウス》」の主人として得た以上のものがある。レディー・グレゴリーは「『土地の人々』の方言」と彼女が考えた言葉をわざと用いた。しかしアイルランドの人々は仮借なく、この種の言葉を使うという考えを嘲った。このような言葉のスタイルは、「泥炭地に漂う霧　the-mist-that-does-be-on-the-bog」のような文学的表現に「wisha」〔indeed に相当するアイルランド語〕や「begorrah〔by God に相当するアイルランド語〕」が付けられるようなものとして知られ、芝居がかったアイルランド語として軽蔑されるようになった。)

ともあれアイルランドの詩人ウィリアム・バトラー・イェイツは、この『クアルンゲの牛捕り』の序文でケルトの伝説をこう呼び起こしている。

すばらしい書物はアイルランドから生まれた。それが語る物語は、世界の想像力に捧げるアイルランドの最も大いなる贈り物である。

そしてまたイェイツは、レディー・グレゴリーがアイルランドに「『マビノーギ』や『アーサー王の死』や『ニーベルンクの歌』に匹敵するものを蘇らせるのに貢献した」と讃えている。いうまでもなくイェイツも、ケルト神話の広大な基礎の上に自分の詩や戯曲を創造した。彼は言う。

教会は最も強大であったとき、知識ある者と文盲の人々に、天使のケルビムやセラフィムの位階や、数多くの聖人や天使たちそれぞれの義務や特権を説明することで、人としての倫理に到達するように教化した。アイルランドの語り部は――たぶんどんな未開の国でもそうであろう――知識ある者にも文盲の人々にも同様に、人間同士の交友をもたらした。語り部は、物語の英雄たちの下に人々が心をひとつにし、たくましい目撃者の下に集うことを促したのである。

ジェイムズ・スティーヴンズやジョン・ミリントン・シングといった人々も、ケルトの伝説に魅せられ、それを現代に生きる遺産として蘇らせた再話者であることは疑いえない。だが、詩人のトマス・キンセラは一九六九年「クアルンゲの牛捕り」を翻訳し、翻訳を手がけた理由を次のように述べた。

> 妖精物語はあまりにもロマンティックに再話され、〈アルスター物語群《サイクル》〉はさまざまに劇化され削除訂正されてしまい、もとの「クアルンゲの牛捕り」の物語を忠実に伝える翻訳はなく、他の資料を整理して完全なものとした版が皆無なのには驚かされる。もとの物語の中身を伝えるものが、英語に訳された再話にはまったく無いのだ。

再話や翻訳に際して別の動機をもつ人々もいた。レディー・シャーロット・ゲストが『マビノーギ』を英訳したのは、ウェールズとその文学にかつてあった大いなる魂を吹き込もうとしたためである。きちんと再生させなければ、と夫人は書いている。

> 起源は定かならぬも偉大な過去の物語。たとえこの土地の起源でなくとも、他のどのヨーロッパの民族からも伝わらなかった物語を。

そうしてこう締めくくった。

> ウェールズの民族は（中略）インド＝ヨーロッパ人のうちでも早期にまとまりをみせ、他と交わらずに繁栄したが、後発の民族に征服されると、その英雄の名声や行いや、詩人《バルド》の詩歌は侵入者にも

広く知られるようになり、長い年月の間に彼らの感覚や文学に深い影響を与え、それはヨーロッパ文学のゆりかごと考えられるようになった。

さて、本書ではケルトのすべての伝説を紹介できないが、誰もが子供のときから親しみ楽しんできたよく知られている魅力的な物語を選んでいる。私はそれらをシンプルに再提示し、それらを読者とともに分かち合い、味わってみたいのだ。少なくとも一二〇〇年間物語の核は在りつづけた。それらの物語を大人も子供も、声を出して読み、かつ心のなかで味わえるのだ。

確かにそうだろう。そのうえ物語は現代の語り部にも語られるものとして貢献している。現在、映画やテレビの物語の多くは、伝説と同じ空想や行為や魔法やヒロイズムに負っているし、おそらく無意識にそれらを参考としている。そんな例として、人気の空想物語《ファンタジー》のジャンルは、何千年も前にケルト神話が表現した光景や戦闘を大いに映し出している。クー・フリンが野蛮なコナンを見抜いたように、輝かしい戦士が怪物や大軍隊やドラゴンや魔女や魔法使いの姿をした邪悪なものと戦っている。それは私たちの内にある邪な力や恐れの心理なのかも知れない。

伝説の登場人物や状況は、おしなべて、独自のドラマを支えるために破格な性質をもっている。美術監督なら誰でも城や衣装をきらびやかにしたてるだろう。緊張、陰謀、裏切り、美女、屈強の戦士、追跡、説得。語り部は、暖炉の前や大宴会の場で、草創期の映画台本作家のように、面白い物語をつくろうと努力したにちがいない。決してアイディアの貯蔵庫を閉めることなどはしなかった。魔法を使うごとく難なく物語を仕立てているように信頼させた。その魔法は誰をも虜《とりこ》にした。時間を宙吊りにすることだってできた。現実では二、三日狩りに行った男が、一〇〇年戻ってこないというように。

ケルトの伝説の再話は、聖書を再話するのとは違って、基本的に危うさを伴う。私は子供のころ、アイルランドの伝説をはじめ、アーサー王伝説はもちろん、ウェールズの伝説も驚くほどたくさん知っていた。本で伝説を紹介する際は、子供のときに覚えたようなスタイルではないが、フォーマルな文体であるにしても、話し言葉の面白さを大切にしたものでなければならないと思っている。

だから本書は、あらゆる語り部がさらに物語を引き受けるという伝統に加えるかたちで、私なりの色づけがあっても、可能な限り資料に忠実で、歴史的・考古学的な証明でも裏付けされたものである。そしてまた読みやすさを考慮して特に単語の綴りを英語化したので、本来の発音とずれることもある。アルスターの戦士が自ら「クー・フリン」と発音したであろうゲール語の名前を、英語でCuchulainnと表記すると「クー・カラン」という発音になる。しかしBricriu（ブリクリウ）にも二種類の読み方があるように、アイルランドのなかでもいろいろな発音があるのである。

本書の構成

ケルト神話には、基となる三つの「枝」がある。一つは大陸の主にガリアの神話。一つは永い間口承で伝えられ最終的には文書化されたアイルランドの神話。一つはレディー・シャーロット・ゲストが不正確に「マビノギオン」と呼んだ、中世に華開くウェールズの神話。後の二つはかなりの記録に残されている。しかし最初のガリアの神話は、ケルト神話学者マッカーナ教授が語っているように、主として、彫像に刻まれた碑文や同時代のローマの著述家の報告から再構築された。

ガリアの神話は純粋に口承のものだったので、ガリア語とともに消えてしまった。ガリアのドルイドがその教えを文字に頼るのはよくないと考えていたことは、カエサル（『ガリア戦記』）を典拠として知られる。（中略）その結果、神話もなんらかの形の語りを前提としたので、ガリアの神話は回復しようもなく失われてしまったと言ってよい。もちろん重要な本体が残存する資料としてあるが、それはなにかを描写しているというよりむしろ暗示しているといった類のものであり、間接的な記録なので、今日これを研究する者は、不明瞭なものから知られざるものに向かって骨折って進むという厄介な立場にある。

神話を物語として語る場合、この事情から、ケルト神話をわかりやすく語り直したいと思う者にとっては、主としてアイルランドの神話とウェールズの神話という二つの選択が残される。一般に〈アーサー王〉のロマンスはウェールズ文学に対応するとみなされており、実際「マビノギオン〔マビノーギ〕」の中に「染み込んで」いる。

私はそれに近づくために、ごく明快に「最良の物語」を選んだ。本書ではまずアイルランドの話を取り上げたが、そこには明らかでよく知られている年代記がすでに存在する。すなわちアイルランド人が自分たちに〈歴史〉を与えたところの「純粋な」神話、すなわちアイルランドの最初の居住者と、彼らに対抗する侵入者かつ入植者についての鮮明で年代記的な話で始めることにした。これは「アイルランド国造りの神話――『来寇の書』」に表されている。

次に、戦いに彩られたアルスター王国に関わる英雄物語、すなわち「勝者の分け前」と「マク・ダトーの豚」のような、アイルランドの最初期の記録に属する話が続く。この第一のジャンルでは次に〈フィニアン物語群《サイクル》〉が控えている。「ディアルミドとグラーネ」のような、フィン・マク・クウィルとフィアナ戦士団の物語である。その物語の中には、常若の魔法の国から帰還するオシーンの話にみられるように、キリスト教が後世の伝説に形を与えたもの、つまりマッカーナ教授のいう「統合された伝統」へと展開する。

第一部にはまた、二つのお話が含まれている。それらはアイルランド神話のなかできちんと分類できない種々雑多な物語に属するもので、明確なカテゴリー化ができない部類ながら、ケルトの伝説に属し本質的な特色を多分に含んでいるもの、すなわち「コルマクの黄金の杯」と「エーダインへの求婚」である。これらはともに、魔術と結びついた逆説《パラドックス》という、ケルトならではの特徴をもっている。

第二部は「クアルンゲ〔クーリー〕の牛捕《と》り」。アイルランド神話学者トマス・キンセラに倣えば、ケルトの伝説中もっとも偉大な英雄譚である。

アイルランドが創造した偉大な叙事詩に最も肉薄する物語。説話の各部分からみても、付随する挿話からみても、英雄文学の最高水準に達している物語であると大いに主張されうる。

このように称賛される「クアルンゲの牛捕り」の物語の大部分は、アイルランド中部シャノン河岸にあるクロンマクノイズの修道僧が編纂した一二世紀の写本『茶色の牝牛の書（トイン・ボー・クアルンゲ）』に含まれていて、アルスターとコナハト二国間の戦いを叙事詩的に語っている。その戦いはアイルランドの北東部、北西部、中央部の北方を舞台に荒れ狂うものであり、初期アイルランドの地誌についての貴重な資料ともなっている。

〈牛捕り〉の物語は、初期アイルランド史を研究する者にとっては示唆に富み、作家にとっては大きな魅力をもたらすという特色をもっている。主人公のクー・フリンの性格は、彼に立ち向かわねばならない戦士たちの観点から描かれている。同情的でない側から、いわば敵の側から知ることになるのである。そうして、あらゆる英雄的資質《ヒロイズム》をまとうクー・フリンを、彼の敵を背景に浮き立たせることで知ることができるのだ。たしかに彼は途方もなく偉大なヒロイズムと武勇をもっており、決して、漠然と愛すべきヒーローとしては描かれていない。気むずかしく傲慢な人間の性格をもち、闘いにおけるみごとさは非難されるべきところはないが、人間性には遺憾な点が多いのである。

同様にコナハトのメーヴ女王の性格もたいへん明確に表されている。女王は貪欲でよこしまな女で、膨大な殺戮をひき起こす。凶暴かつ無思慮にクアルンゲの巨大な牝牛という獲物を追いかける、信頼しがたい非道な女として登場する。彼女が女であることは疑うべくもなく、クー・フリンが最後にメーヴズ・ファウル

・プレイス（メーヴが不正を行った場所の意。今日までそう伝えられ、ドニゴール地方の毒の谷《ポイズンド・グレン》にある）で彼女に遭遇するとき、女王は自分の命を守るために女であることを実際に利用する。

こうした〈牛捕り〉の物語は、最高の冒険小説と折り紙をつけられる法則を数多くもっている。物語に大きな迫力を与えるのは、メーヴの貪欲さ、その明確で道徳的に疑わしい動機である。すなわち何かを欲してそれを得るには何物も厭わない邪《よこしま》な人間。私たちはその鮮やかな性格付けを通して、膨大で多岐にわたる交戦にまみえるのだ。すなわちそこに現れるヒロイズム、技巧、物事に対する決断力、野心と達成との間のギャップ、葛藤、挫折の縁へと追いつめられるヒーロー、そして満足すべき解決といった事柄である。

激しい戦闘の合い間に、戦いの次の局面の動機となる論争や議論が聞こえてくる。フェルグスの剣の盗難とか、フェル・ディアの収賄のような、もろもろの小さな副次的筋書である。そこでは無節操な人間たちが、他の人々に恥ずべきふるまいを強いるときにひき起こされる深い道徳的な葛藤が見られる――フェル・ディアはクー・フリンと闘いたくない、フェルグスは決して闘おうとしない。また、戦いが終局に近づくにつれて、戦場をクー・フリンの寝床からパノラマのように客観的に見て取ることができる。分析すれば「牛捕り」における物語のパターンには、ホメロスの時代にも十分通用したであろう古代の英雄譚と、現代の冒険、スパイ、スリラー小説との関連が見いだせるのではないだろうか。

さて第三部の「マビノギオン」に関しては、次のようなジェフリー・ガンツ博士の一九七六年の翻訳の序文がある。

「マビノギオン」は文学の傑作であるとよく言われる。実際その長所は豊富にあるが、その欠陥も快活にそして自信たっぷりにもっているといえる。（中略）まず口頭の作品にはある程度の不統一が避けがたいものだということ。ホメロスの作品でさえこの点では完全ではない。そして次には、現存の写本は語り部たち自身によって承認されたものではないということだ。写本はむしろ、シェイクスピア戯曲の粗雑な四つ折り版に似て、無数の聞きまちがいや書きまちがいをこうむっている。ウェールズの語り部たちの聴衆は、残存する写本に現れているものよりも、はるかに高い水準の芸術性を楽しんだにちがいない。

だが「はるかに高い芸術性」は初めから終りまで輝いている。これらの物語は輝きに満ち、往々にしておもしろく、豪華に飾られ、思慮深いので、人を感動させ楽しませないではおかない。一八四九年シャーロット・ゲストが「マビノギオン」の名祖となる作品集に発展させることになったオリジナルには一一の物語があるが、本書ではそのうちの九編を収めてある。

このウェールズの物語を語り直すにおいて、私は他の場合よりも、本来の語り部にある自由さを行使したといおう。しかしそれらの物語の伝統的な形態、むしろ規則的な説話の系列を保つ話の型を尊重していないということではない。ただ私は、ゲストの作品や他の初期の翻訳や、ガンツ博士の作品においても収められているような、一連のディテイルを、物語展開の速度を考慮して省いた。例えば、巨人の王の娘オルウェンとの結婚の約束をキルフフがアーサーに求める場面で、聖書の連禱よろしく次から次にたくさんの戦士たちの名が呼ばれる箇所などである。

ところで、最後の第四部は、あらゆる文化そして神話のなかで最も偉大な物語の一つ「トリスタンとイゾルデ」の再話である。この物語に現れるイメージは、あらゆるものに照らして最も永続的であることが証明されるにちがいない。例えば、黒い帆と白い帆、性の悦楽を求めてイゾルデに向かって叫ぶ、世間から爪はじきされたみだらな群衆。森の中の恋人たち、すなわち横たわる二人の間にトリスタンの剣〔純潔と性病の暗喩〕を置く恋人たち。トリスタンに足跡をつけさせるため小麦粉を用意する小人、あるいはイゾルデの自己弁護のための偽りという行動の裏表。たしかにこの物語は長く生き残った最も美しい物語であり、ワーグナーのオペラや他のさまざまな芸術的な脚色など、今なお多くの形で流布している。こういう理由で本書では、より古めかしくて猛々しい物語のかたちに対する、現代的な集結部となるにふさわしいものとして再話した。

歴史と生存の方法を与える神話

ケルトの伝説は、氏族あるいは共同体のなかで語られる物語として始まり、規律や儀礼をそこに物語った。その物語によって人々は共に生き、歴史と尊厳を獲得し、処世術を学んだ。物語を聴くことによってそれぞれの共同体は、彼らがより広範なシステムと、より広範な無意識に属していることを知らされた。自分たちは孤立しているどころか、一個の文化的個性をもっていると感じさせられたのである。物語は聴き手に、彼らの敵や誘惑や嫉妬や災厄がいかなるものなのか、不義密通や恐怖に満ちた状況をいかに処理したらよいか教えた。こうして、様式や表現は異なっても、あらゆる神話に共通に現れるモティーフがあり、それはとりもなおさず人間の経験と必要という同じ源泉から来ているのである。(例えばミュケーナイやギリシアの神話とアイルランドの〈牝牛〉伝説の間に違いはあるだろうが、そこに流れるメッセージ――男性性は強力で必要なものだが、誤って用いられたり不適切に扱われたら、それは破壊に向かう力、あるいは動因となるというような観念――はまったく同じである。

民族の神話は、最も古いバビロニア神話であろうと最も現代的な〈都市伝説〉であろうと、多くのレベルで機能する。それは不可解なものに想像力の中で居場所を与えるという機能である。説明できないものをもっと説明して近づきやすくし、あるいは人間性の自己検証の方法を与える。神話は神々や英雄という、人間よりも偉大な、したがってもっと承認された存在を用い、それに依存して語る。神話は、ある文化が自らにアイデンティティーを与え、独自の歴史を語る必要から生じたのだ。チャールズ・トンプソンというアイルランド人――アメリカ合衆国の建国に組織的、政治的に大いに貢献したフィラデルフィアの〈有力な牧師〉

――が、独立戦争の歴史を書くことを拒絶して、大切に保管していた資料を破棄したことがある。それはありのままの真実を語るには、彼があまりにも多くを知りすぎていると感じたからであった（彼は未来のために神話を語らずに残したといえる）。次の世代はヒーローを必要とするだろうと彼は言ったのだった。

ケルト人は、彼らの道徳的、英雄的、魔術的な神話を、自分たちに歴史と生存の方法を与えるために利用した。その結果、ケルト人の物語は、人類のあらゆる最悪の特性――貪欲さ、燃えるような復讐心、陰険さ、暴力を表現しているのに、高揚させ、感動させ、魅惑しないではおかない。神話の中に、人生においてと同様、ケルト人は善と悪とをたっぷりと詰め込み、ただひとつ退屈さだけを恐れたのである。

これらの話とともにケルトの人々は長い冬の夜を過ごした。物語を語り、自分たちの長い鍛練の一部として物語を学ぶ義務をもつ語り部たちは、そのような物語を語るのにしばしば数日、長い話のときは数週間か数カ月をもかけた。（このことから、突然の方向転換や逸脱、時制や場面や登場人物の変化さえもが説明できるだろう。）王たちも奴隷たちも、城館の壁や、ピッチを塗った高い藁屋根の木製の家、そして藁葺きの泥小屋の壁に明滅する、闘いと愛と復讐のイメージとしてそれらの物語を聴いたのである。

言い換えれば、ケルトの伝説は初歩的な水準で人気のある娯楽だった。本書における物語の再話は、あの口承の伝統を継続することを意図している。すなわち、かつておそらく夜毎夜毎に、ひとりの語り部の声が、炉端の聴衆を楽しませ感動させたあの語りをである。

フランク・ディレイニー
ロンドン
一九八九年　夏

第1部 アイルランドの伝説

アイルランドはローマに侵攻されなかったので，紀元後数百年にわたって，ブリテンと異なり大きな文化変容を経験することがなかった。そのため初期のケルト伝説を生き生きと保存した。英雄の物語はケルト以前のアイルランドの起源を伝えている。その文学は，後から到来したケルト文化の人々が，自分たちの系図と歴史と民のモラルを物語るために創作したものである。

ケルト文化のアイルランドへの波及は，学問上一般に紀元前4－3世紀ごろとされている。これは当時のヨーロッパの民族移動から考えて妥当だろう。ケルト以前の侵入者たちがアイルランド・ケルトに征服された物語は，アイルランド最初の「歴史」の一つを形成しているが，伝説的な彼らの名によって，ヨーロッパ大陸のケルト部族と関係があると推測される。例えばフィル・ヴォルグという初期の占領者の名は，紀元前の数世紀ブリテンに植民した大陸ケルトであるベルガエ人の変形とされている。

アイルランドにおける最も初期のケルト的な神話は，ケルト伝説の全作品の中でも華やかで力強いものになった。広範な「聖典」，つまり全世界の始源を物語る書物を持たず，彼らは全く口承伝統に拠っていた。アイルランドは真に孤立して，独自の宇宙に存在し，外界の出来事と関わりを持たなかったのである。

アイルランドの起源を語る物語群《サイクル》は，ケルト以前の時代――ノアの子孫たちの時代から，5世紀のキリスト教宣教師の上陸の時代にまで渡っている。「ケルト以前」の神話には，フィル・ヴォルグやダヌ女神を掲げる魔法を使う一族のようなアイルランド「創始者たち」の物語が含まれる。次に，アルスター物語群が続く。これは紀元前後1世紀辺りの話で，クー・フリンや，エウィン・ワハ（アーマー郊外）にあったコンホヴァル・マク・ネサの宮廷の赤枝の戦士団のような戦士たちが登場する。最後は，分類のむずかしい種々雑多な小作品を除けば，フィン・マク・クウィルとフィアナ騎士団の物語，つまりフィン物語群である。これらの物語は，「オシーンと常若の国」の話の中にも見られるように，最初にそれらを書き留めたアイルランド修道院の修道士たちによって導入されたキリスト教の物語と混じり合っているため，成立年代は厳密には判定できない。

第1部の物語は，できる限り，上に述べた三つの物語群の中の順番に合わせて並べてある。

アイルランド国造りの神話――『来寇《らいこう》の書』

In the Beginning …

『来寇の書』(九五〇―九八四年)によると、最初にアイルランドに侵入した者たち、すなわちノアの子孫である五一人の女と三人の男のほとんどはあの大洪水で死に絶え、たった一人だけが生き残った。その生存者の名はフィンタンといい、魔法の力を持っていたので、鮭に姿を変えて大洪水の中を泳ぎまわることができたのだ。水が退くと鷲に姿を変え、次には鷹になり、地上から高く飛びまわり、水が退くにつれて再び見えてきた山岳や平原を眺めた。

パルトローン一族の侵入とフォウォレ族との戦い

第二の侵入は、パルトローンと、美しいが不実な妻デルグナッド、そして大勢の従者たちの、大西洋の方からの上陸だった。パルトローンはこの島を隅から隅まで調べ、この国には湖が三つ、河が九つ、平原が一つあることがわかった。彼は、森を切り開いて平原をさらに三つ作り、川の流れを変えて湖をさらに三つ作るよう命令した。民は、このような汗だくの仕事は酒なしではやっていられないと、ビールを作った。またパルトローンは住まいを建て、称号や財産についての掟も作った。

しかし不覚にもパルトローンは、アイルランドで最初の訴訟に、しかも自分の宮廷内の出来事に引きずり込まれるはめとなった。妻のデルグナッドが召使のトバと姦通したことが妙な形で表沙汰になったのだ。ところでパルトローンは、アイルランドで一番のビール職人に自分が飲むための特製のビールを作らせ、親しい客人や役人のほかには誰にも飲ませなかった。あるとき土地・財産の調査のために長期間遠い地方へ出かけて戻ってくると、ビールの樽の栓に付いている長い金色の蛇口に、二カ月の印が付いているのに気づいた。その蛇口には、自分のビールを守るため、他の者がこの樽から飲めばその日付が記録される魔法が仕掛けてあったのだ。尋問を重ね、知恵を絞り、蛇口の魔法を使って、ついに妻と召使が犯人であることがわかった。パルトローンは宮廷人全員の前で妻を姦通の罪で問いつめた。デルグナッドは弁解した。「こんなに長い間離れていたあなたが悪いのです。おかげで私はお預けの苦しみを味わったのですよ。まるで自分の持ち物を泥棒の傍にさらしておくようなもの。あなたも私と一緒に咎めを受けるべきではないでしょうか。」こうしてデルグナッドは勝訴した。

パルトローンの治世の間、フォウォレ族という邪悪で姿の見えぬ者たちが、時が始まって以来ずっと空を漂い、この国を苦しめていた。パルトローンは来る日も来る日もこの者たちと戦って追い払おうとした。この敵を抑えるためにパルトローンたちは武器を取って勇猛果敢に戦った。ところが最後には、フォウォレ族ではなく疫病が猛威をふるってパルトローンや従者たちの命を奪い、生き残ったのはパルトローンの従兄弟のトゥアンという男ただ一人だった。トゥアンは、同胞が疫病に倒れ、死体が大平原を埋め尽くしていくのを見て、山奥へ逃げ込んだ。洞窟の奥に隠れて、狼や熊から逃れ、冬の寒さから身を守り、二〇年もの間岩場にこもっていた。この隠れ家から、耕されることのなくなった田畑が自然の草原に戻っていく様子を見ていた。こうして、パルトローン一族の物語は、トゥアンと共に後世に伝わったのである。

ネウェド族の侵入とフォウォレ族との戦い

トゥアンはやせ細り、伸びほうだいの髪は白髪になってもつれ、みすぼらしい隠遁者となった。ある冬の日、トゥアンは山にある洞窟の入口から、次の侵入者がやって来るのを見た。ネウェドという男が四人の男と四人の女をひき連れ、九人で一艘の船に乗ってやってきたのだ。九人は、西へ向かう途中大海で沈没した船団の生存者らしい。もともと三二艘あったうちの三一艘が沈み、九五一人が海に溺れたり、病や餓えで命を落としたりした。

九人のネウェド族はそこに住みつき、栄え、その数を増やした。パルトローンの例に習い、島をさらに開拓しようと、森や藪を切り開いて一二の平原を新たにつくった。川の水路を変えて新たに湖を四つ作り、その一つにネウェドの妻の名であるマハの名を付けた。予言者であるマハは夢と幻を見て、この平原で大きな出来事が起こるであろうと予言した。それは、これからわかるように、本当に起ったのである。マハの埋葬場所にちなんで名付けられた、エウィン・ワハの宮廷において。

何世紀も過ぎ去ったが、フォウォレ族はまだこの地につきまとって悪さを続けていた。ネウェドの子孫らはいくたびも彼らと戦わなければならなかった。小競り合いが繰り返され、激しい戦いも四回起こった。三回まではネウェド族が勝ったが、四度目の戦いで敗れて全滅した。その最後の様子はこうである。ネウェド族は岩だらけのトーリー島にあるフォウォレ族の要塞の入口を破った。その島は北西海岸沖にあり、おぞましい悪霊たちと二人の王の領地となっていた。ネウェド族のフェルグスがこの王のうちの一人を殺したところ、もう一方の王が腹を立て、怒りがこの王に魔法の力を与えて、ネウェド族は皆殺しにされ、海に投げ捨てられたのである。三〇人だけが生き残り、そのうちには東に逃げた者もいた。ブリテンという族長に率いられた一家を含む一団は東隣の島に住みつき、その国はやがて彼の名で知られるようになる。他の者たちはさらに海を越え、ギリシアまでたどり着いた。彼らは時機を見てギリシアを去り、いま一度アイルランドに侵入したのである。

この新たな侵入者たちの中に、大昔の戦いに負けて下僕の身分にまで落とされてしまったフィル・ヴォルグという部族があった。この部族は、肥沃な土地の土を大きな皮袋に入れて岩ばかりの土地に運ぶことを仕事とされていた。そのほか侵入者の中には、フィル・ドウナン族、ガリオイン族という部族がいた。この二部族の間で土地が五つに分断され、それらは後にアイルランドの五つの州――南部のマンスター、東部のレンスター、北部のアルスター、西部のコナハト、そして東中央のミースとなる。それぞれの州には王がおり、小王国をいくつか支配していた。ある州の王エオヒド・マク・エルク、すなわちエルクの息子は、タリティィウ王女と結婚した。アイルランド人はこの結婚を記念して、二〇世紀中ごろまでタリティウ・ゲーム〔フィル・ヴォルグ族がアイルランドに上陸した八月一日を記念日として「ルナサ」と呼び、その日にタリティィウの丘にある墓の周りで行われた〕をやっていた。エオヒドは思慮分別と正義をもって統治を行い、虚言と欺瞞をいっさい許さなかった。この王の治世の間、雨がまったく降らなかったが、朝夕の露で大地は十分に潤い、毎年必ず豊かな収穫があった。

トゥアタ・デー・ダナンの到来と、フィル・ヴォルグ族、フォウォレ族との戦い

フィル・ヴォルグ族はアイルランドに住みついてからしだいに下僕の身分を脱して、平原や渓谷を耕し、何ものにも邪魔されず、豊かな暮らしを送りはじめた。ところが、次にやって来た侵入者はかつてない魔法を使う部族だった。その魔法の力はすさまじく、一度かかったらなかなか解けなかった。この一族は、ブリテン人と同じく、全滅したネウェド族の子孫で、北の島から舟も使わず地上を歩きもせず、まるで霊魂の群れのように空中を漂ってきて、五月の最初の日に草原に静かに降り立った。彼らはトゥアタ・デー・ダナン（ダヌ族）、すなわち〈女神ダヌの民〉と名乗っていた。

ダヌ族は四つの驚くべき魔術道具を持ってきた。まず、正当な王が触れると叫び声を上げる〈運命の石〉。これは今日でも、アイルランドの上王《ハイ・キング》の王座、ミースの神域の王家の敷地に置かれている。それから〈軍神ルグの輝く槍〉。ひとたびこれを投げれば、ルグの戦士たちに必ず勝利がもたらされる。それから、誰ひとり逃げることも隠れることもできない、どんな敵も探しだして皆殺しにしてしまう〈ヌアドゥの剣〉。それから〈全能の神ダグダの大釜〉――オートミールが大好きなダグダ神もこの釜一つで満足するし、この釜の飯を食らう者はみな腹がはち切れるほど満腹になるのである。

フィル・ヴォルグ族はこの国の平和を保とうとして、ダヌ族に和平を申し入れた。しかし最初から意見は衝突、武器をめぐって妬みが生じた。つまり、見事な細工の軽やかな剣と槍を持つ新来の一族に比べて、フィル・ヴォルグ族の武器は荒削りで切れ味が悪く使いにくかったのだ。程なく双方とも和平を忘れ、戦いはじめた。西の海に近いマグ・トゥレド〔モイ・トゥラ〕で激戦が繰り広げられた。フィル・ヴォルグ族は大敗を喫し、ダヌ族は西部地方のコナハトを除く全アイルランドを手に入れた。しかし、すべてがダヌ族の思いどおりになったわけではない。戦いでダヌ族の王ヌアドゥが片腕を失ったのだ。

それは王位を退かねばならないことを意味していた。ダヌ族の掟では、王たる者はいかなる身体的欠陥もあってはならないのである。

ヌアドゥに代わってブレスが王に選ばれた。ブレスの母親は、あの邪悪な、姿を持たないフォウォレ族の出身だ。ブレスはがさつな暴君で、統治の素養はなかった。ブレスはタラに王座を構えたが、そのあまりにひどいアイルランド支配に、長い間静まっていたフォウォレ族は「我々の方がネウェド族より優っている」「やつらをやっつけよう」という声をあげはじめる。フォウォレ族はゲリラ戦でダヌ族の土地に侵入した。ダヌ族はブレスを追放しなければならないことに気づく。詩人カルブレもブレスを風刺した。

ブレスのために嫌な思いをさせられたことのあるカルブレの詩はいっそう毒気を帯びた。あるとき詩人は前触れもなくブレスの館を訪れた。ダヌ族の掟では、旅人は国王と同じもてなしを受けるはずだった。しかしブレスはその晩、カルブレに対して普通以下のひどい接待をした。詩人は居心地の悪い灯りもない部屋に案内され、無愛想な下男が遅くなってから食事を持ってきた。しかもそれはカラス麦のビスケットと酸っぱいビールだった。

カルブレの言葉は、命を奪う鋭い剣のごとく研ぎすまされた。綴られた詩は残忍そのもの。辱められたブレスの顔は、ざくろ石《ガーネット》のように赤くなった。この屈辱はブレスに王位を退くことを余儀なくさせた。聖なる掟、すなわち、分け隔てなく人をもてなすこと、特に詩人は厚くもてなすべしという掟を破ったブレスは、統治者と認められなくなったのである。同じころ、前王のヌアドゥは、魔法使いのダヌ族の銀職人に新しい腕を作らせていた。その腕は輝く銀で出来ており、力強く美しい。銀の腕を付けたヌアドゥは身体に欠けたところなどなくなり、ますます力が増して、上王の座を取り戻した。

〈邪悪な目〉のバロルと、戦士キアン、ルグ父子

一方、王座から追放されたブレスは、母の力を借りて他の国でフォウォレ軍を立ち上がらせ、ダヌ族を攻撃するために戻ってきた。一方、別のフォウォレ族はブレスたちの来る前からずっと、河岸の切れ目の山影からダヌ族を攻撃する機会をねらっていたが、ダヌ族の魔法のために何もできずにいた。ブレスはこのフォウォレ族を自分の軍に加えることにし、そしてついに、フォウォレ族最強の悪者、〈邪悪な目〉とあだ名される片目のバロルがやって来た。獰猛きわまりないバロルの名を口に出すだけで、どんな者でも震え上がった。その大きく湿った瞳のまぶたは四人がかりの手でやっと開き、その瞳でにらまれた者は死んで粉々になってしまうのである。

バロルは、昔ネウェド族が全滅させられたトーリー島に住んでいた。バロルにもたった一つだけ怖いものがあった。古代から伝わる予言によれば、バロルは自分の身内、孫の手で殺されるというのである。バロルの子は娘のエトネただ一人であったので、なんとかしてこの予言を覆すことができると考えた。そこでバロルはトーリー島の北側の日の当たらない土地にある人里離れた洞窟に娘を閉じ込め、一二人の侍女たちに世話をさせた。誰にも見られることなくエトネは成長して類まれな美女となった。男を見たことがなかったので、男と女の区別を知らなかった。

ダヌ族の戦士キアンは、一族がバロルに盗みに入られたことがあり、復讐の機会をねらっていた。ある日キアンは女に変装し、口先で籠絡し、魔法も使って、かの洞窟に入り込んだ。そしてエトネと一二人の侍女皆を誘惑した。女たちはみな赤ん坊を産み、エトネには三人の子が産まれた。バロルはこの知

らせを聞くと、自分の身を守るために、エトネの子が他の子供と取り替えられていることを恐れてすべての赤ん坊を海に投げ捨てた。溺れた子供たちは〈海の民〉すなわちアザラシになった。若いアザラシが人の顔をしているのはそのためである。

しかしエトネの子のうち一人は逃げのびた。その子は幼くして魔法の力を持っており、海岸まで自力で泳ぎ着くことができたのである。血のつながりのある鍛冶屋の叔父が、偶然にも海岸でその子を拾い上げてルグと名付け、成人するまで育て上げ、武器の作り方を教えた。ルグは成長して偉大な英雄となり、やがてアイルランドの英雄神クー・フリンの父となるのである。

神々の導きを受けて、ルグはダヌ族を救うために自分の一生を捧げることになった。二一歳のとき、銀の手のヌアドゥ王に会うためにタラに向かった。門番がルグの入城を阻むので、ルグは自分の身分を明かした。

「私は大工です。」

「ここには大工などあふれるほどおるわ」と門番は言った。

「私は鍛冶屋です。」

「鍛冶屋なら一人いる」と門番。「それ以上必要ない。」

「私は戦士です。」

「それならもういる。」

「私は音楽家です。」

「それもだ。」

「私は学者だ。」

「何十人もおる。」

「私は詩人です。」

「それも同じ。」

「私は魔法使いです。」

「それもおる。」

「私は英雄です。」

「なにをぬかすか」門番は無表情のままで、門を通してくれそうにもなかった。

「しかし」、とルグは最後の賭けに出た。「ダヌ族には、これらすべての仕事を一人でこなせる人がいますか。」


この一言が功を奏し、ルグはタラの王宮に入れてもらうことができた。

銀の手のヌアドゥ王には運命を見通す力があった。ルグが宮廷に入り目の前にやって来るのを見ると、ためらうことなくルグに王位を譲った。最後の言葉としてヌアドゥはルグに、フォウォレ族を滅ぼしてほしい、さもなければこの国は永遠に自由のない国としておわってしまう、と説いた。ルグはこの挑戦を受けた。神々がルグをこの役目にふさわしい者としていたからだ。

ルグが地を歩むとき、民は思った、ルグの顔の輝きに惑わされてその朝は太陽が西から昇ったのだと。神々は、天と地と、その間にあるすべてのものを、ルグの財産とした。天の川がまるで銀鎖のようにルグの首を飾り、虹はルグの石投げ器となった。〈応答丸《アンサラー》〉と呼ばれる剣を携え、どんな鎖も切り裂くことができた。〈静波号《ウェイヴ・スウィーパー》〉と呼ばれるルグの舟は舵取りが要らなかった。波の神マナナーン・マク・リルは、水上でも陸上でも自在に駆ける馬をルグに与えた。

新たな使命を受けて武装したルグはついに、ダヌ族に大戦闘の準備に取りかかるよう号令をかけた。この戦いは戦場の名にちなんで「マグ・トゥレド〔モイ・トゥラ〕の第二の戦い」と呼ばれている。ルグは、これまでのアイルランドの歴史とダヌ族の経験を考えると、フォウォレ族を滅ぼすのは至難の業であることを知っていた。ルグにはあと一つの魔法が必要だった——特にバロルに対しては。そして、この魔法の力を現実のものにしてくれる武器と道具を取ってきてくれる人が必要だった。それらの道具や武器をどのようにして手に入れたか、それ自体が一つの物語となる。

トゥレンの息子たちと八つの課題

まず初めにルグは、兵を集めさせるために、バロルの娘を誘惑した戦士、愛する父キアンをアルスターに派遣した。ルグの二人の叔父、クーとケシンも同じ使命を帯びて他の地方に派遣された。ところで、キアンの家族は、ブリアン、イウハル、イウハルバというトゥレンの息子たち三兄弟と仲が悪かった。キアンがムルヘヴネ、こんにちダンドークと呼ばれている平原を横切っているとき、トゥレンの息子たちが行く手をさえぎろうとした。

キアンは三人に気づき、危険を避けるために、ダヌ族の魔法を使って豚に姿を変え、平原で草を食む豚の群れの中に身をひそめた。トゥレンの息子たちは、遠くに見つけたキアンの姿が見えなくなったので、あれは魔法か、それでなければ我々をごまかしそうとしているのだと思った。兄弟たちは、キアンが魔法で豚の群れに紛れ込んでいるに違いないと考え、ブリアンは魔法で二人の兄弟を猟犬に変えた。

二人は身をやつした豚の臭いを嗅ぎ分け、ブリアンが豚の胸を目がけて槍を投げつけた。キアンは叫び声を上げ、勝ち誇った兄弟たちに取り囲まれた。キアンは、最期の時が来たと悟り、人間の姿で死なせてくれるよう兄弟たちに懇願した。兄弟たちもその方がよいと思った。豚よりも人間の姿のキアンを殺す方がずっと楽しそうだ、とブリアンが言った。

キアンはそこに立ち、最後の笑みを浮かべて言った。「お前たちを出し抜いてやったぞ。一人の人間、しかもルグの父親キアンを殺したために支払わなければならない血の代償は、豚一匹を殺すよりずっと重いのだ。父親を殺されたルグは、お前たちを見つけるまでけっして休まないだろう。ルグは遺体の傷の形から武器の持ち主を察してしまうだろう。」

するとトゥレンの息子たちは自分たちが殺したという痕跡を隠そうと考えた。持っていた武器は使わず、代わりに巨大な岩石でキアンを打ち殺し、身体を押しつぶして見分けのつかない塊とした。黒ずんだ血が平原の砂にほとばしると、トゥレンの息子たちはその上で踊り、足でじゃぶじゃぶと跳ねちらかし、大声で笑った。最後に三人は深い穴を掘ってキアンの遺体を落とし入れ、殺すのに使った石で塚を築いた。そして三人は馬に乗ってはしゃぎながら去っていった。

ムルヘヴネの平原でキアンが殺されたとき、ルグはフォウォレ族との激しくつらい戦いの最中であった。ルグは、頭の中が真っ白になってしまうような暑さの中でさえ父親のことを考えている自分に気づき、父親から何の連絡もないのが心配になった。ルグはその日最後のフォウォレ族の一人を打ち負かすと、戦士たちを率いてタラに引き返した。ムルヘヴネの平原を横切っていたとき、ルグは石塚から不気味で悲しげなうめき声を聞いた。石塚はうめきつづけて、ルグにキアンの遺体が横たわる場所を告げ、殺した者の名まで教えた。ルグの従者が馬を降りて素手で石の山をかき崩してキアンを掘り出し、その砕けた身体をルグに差し出した。ルグは身も世もない悲しみに、絞りだすような大声で七時間も泣きつづけた。そしてルグは、トゥレンの名を持つすべての者に対して必ず復讐することを誓った。

ルグはキアンの遺体を丁重に土の中に戻し、弔いの言葉を唱え、誓約を述べると、従者たちを両側に従えてタラに戻った。今日の戦いの勝利の祝典が始まった。この日を祝うにふさわしい手柄を立てた戦士たちに混じって、トゥレンの息子たちも座っていた。この三人もキアンを殺す前にフォウォレ族との戦いで勝利に貢献したので、なにはともあれ他の戦士たちや宮廷の女性たちと共に歓待を受ける立場にあった。

ルグは大活躍をしたので勝者の分け前を与えられた。ところが、夜の祝宴が始まろうとしたとき、ルグは立ち上がり、話しはじめた。会衆はなにか誰も知らない恐ろしいことが起きたのだと感じた。みるまにルグは炎に包まれた赤熱の鉄のような怒りを見せ、ふだんならば低い鐘の音のように魅惑的な声も、一同に問いただそうとして声に力が入る前に震えた。ルグの問いはいわゆる修辞的な質問だった。「諸君、父親が殺《あや》められたときは、どのような復讐を果たすべきだろうか。」一同は驚き、いぶかしげに顔を見合わせていたが、満場一致で「父親が殺されたなら、残酷きわまりない復讐をもって報いるという掟に従うべきだ」と認めた。裏切者のトゥレンの息子たちでさえ、この満場一致の声に加わっていたのである。

話が核心まで盛り上がったとき、ルグは全員に告げた。「以前この食卓に座っていた、誰もが知っている、誰からも好かれていた父キアンは、今日、悪辣で残酷な者たちの手で殺されてしまった。武器も使うことのできない臆病者によって、石で打ち殺された。私はこれから、長い時間をかけて、ゆっくりと、残虐な復讐をするつもりだ。キアンが受けた一撃一撃に対して、私の剣〈応答丸〉が一〇〇回ずつ打ちのめすだろう。私の父キアンの砕けた手足一本一本がもう十分だと言うまで。」皆はうなずき、「そのような復讐こそ正義にかなうものだ」と言ってルグの決意を称えた。トゥレンの息子たちはまたもや、皆と声を合わせていた。

すると、復讐の炎がルグの頭から足までまばゆく燃え上がり、宴の広間をあまねく照らした。それはまるで卓上に立ったかのように高く伸び上がり、怒りと悲しみに震える声が「父を殺した者たちは諸君と同じこの部屋にいる」と言った。ルグは剣を抜いてトゥレンの息子たちを指した。皆は座ったままあっけにとられていた。ひりひりするような恐ろしい沈黙が広間をつつんだ。ルグは続けた、「私はダヌ族の掟に縛られて、思うとおりに復讐をすることができない」と。ルグは父親を殺した者たちに直接復讐するわけにはいかなかった。ダヌ族の掟では、自分の宴の客である以上は当の殺人者であっても、たとえこの宴の間で名指ししても、三人に手を出すことはできないのである。ルグに許された復讐は、相手の財産の没収か、罰金を課すかのいずれかしかなかった。

ルグはまず皆の前で魔法の力を呼び起こした。そして、三人に、誰がみても軽すぎると思われるような仕事を罰として与えた。それは、リンゴを三個と、豚の皮と、槍と、戦車につないだ二頭の馬と、七匹の豚と、若い猟犬と、料理用の串とを手に入れること、それから最後に、丘の上で三度叫び声を上げることであった。誰がみても軽いこの刑罰を、トゥレンの息子たちは受け入れざるをえなかった。ダヌ族の魔法を知る宮廷の長老たちは、眉を恐ろしげにひそめていた。ルグがこれらのものを一つ一つ挙げていったとき、宴の他の客たちも同じような表情をしていた。ルグは何度も強調して言った。「これはみな、フォウォレ族との戦いで非常に役に立つものなのだ。」

まず初めのリンゴは、海の東のはるか彼方にある光の園に生《な》っているものだった。リンゴは一つ一つが赤ん坊の頭と同じくらい大きく、皮は輝く金で、どんな傷も病も治す力を持っている。豚の皮は、遠い南国の王の異国風の館に恐ろしい見張りを付けて守られていたが、これもあらゆる傷や病を治してしまう。槍は、さらに遠く、難攻不落の宮殿の中にあった。猛烈に熱い穂先を持つ無敵の槍で、周りにあるものをすべて溶かしてしまうので、いつもは氷の中に立ててあった。馬と戦車は、まったく反対の方角の、やはり人里離れた王宮の中にあって、固く守られていた。馬は陸でも海でも風より速く走る。七匹の豚は黄金の柱の国の王が持っており、新しく生まれ変わる魔法の力があった。その豚を何度屠って食べても、翌日には生き返る。東の王が飼っている若い犬は、世界中の獣に恐れられている。料理用の串は、海中深く沈む島に住む女が持っていた。三度の叫び声は、ある決められた丘にこだましてタラの北に向かって響かなければならない。その丘の所有者は、死んだキアンが、子供時代、また戦士の訓練時代に、共に過ごした王と三人の王子だった。その宮廷では、キアンの死を悼んで、ルグがトゥレンの兄弟たちに課している罰のことなど露知らずに、丘の上で叫び声を上げる者がいようものなら殺してくれる、と誓っていた。

さて、魔法をかけられたこの世界では、簡単には事が進まない。トゥレンの息子たちも魔法が使えるので、喜んでルグの罰を受けると言った。

三人はまず黄金のリンゴを探しに出かけた。リンゴのなる美しく見事な庭園が固く守られていることを知ると、兄弟は鷹に姿を変えた。真昼の太陽の日差しの中から舞い降りてきてリンゴに飛びかかり、中空でそれぞれついばむと、海原遠く飛び去ったので、おとりの鳥も追いつくことができなかった。こうして三人は第一の仕事を成し遂げた。

次は豚の皮である。これを手に入れるために、三人は持ち主の王の前に、本来の詩人の姿で現われた。三人は、すべてのダヌ族の者と同じく、詩と歌の才に長けていた。王座の前で王を称える長く美しい歌を歌うと、王は三人にほうびをやろうと言い、三人は例の豚の皮を望んだ。王は「それはできないが、もてなしの掟に背かぬよう、豚の皮と同じ容量の黄金を差し上げよう」と答えた。ところが黄金を量っている間に、三人の兄弟たちは豚の皮を奪い取り、追っ手を倒して城から脱出した。この騒ぎの中でブリアンは王を殺し、トゥレンの息子たちもひどい傷を負ったが、脱出して休んでいると、豚の皮の魔法が一瞬にして傷を癒してしまった。

三人の探求も三年目に入った。兄弟たちは赤熱の槍を探しに出かけ、長い長い旅の末に、ある宮殿で氷のくぼみに槍が置いてあるのを見つけた。兄弟たちは再び詩人として現われ、槍を持っている王を大いにほめ讃えた。そしてまた、ほうびとして槍を求めた。今度の王には、豚の皮を持っていた王のような礼節はなかった。王は詩人たちのたくらみを見抜くと、そっけなく彼らの望みを断り、従臣たちに三人を外へ放り出せと命じた。兄弟は詩人の衣の下に隠した剣を抜いた。入り乱れての闘いが始まると、王は王座から飛び上がって階段を駆けおり闘いに加わった。ブリアンは黄金のリンゴを一つ王めがけて投げつけ、頭蓋骨を打ち砕いた。ブリアンがそのリンゴを取り戻すと、従臣たちは恐れて後ずさりする。兄弟はそろって中庭を横切って突っ走り、頑丈に守られた氷の部屋に入りこんだ。槍の立っている巨大な氷塊から槍を抜き取り、それを持って脱走した。

次の課題の馬と戦車を探すために、兄弟は傭兵に姿を変えた。戦車を持っている王を見つけると、三人は「唯一無比の力持ちである」と言って傭兵として雇ってもらった。たしかにそのとおりだった。三人には、無敵の槍と、手傷をすべて治してしまう豚の皮があったのだから。三人は七週間も護衛の番を務めたが、例の戦車と馬をチラッとでも見ることも、あるいは噂を聞くことすらなかった。立派な番兵として信頼されるようになったころ、王に言った。王が持っておられるある物の噂を諸国で聞いた。見せてもらえないならば、もうこれ以上王を護衛するのをやめる、と。

王は三人に戦車を披露した。王の御者は戦車を見事に御して中庭を回り、風のように城門を通りぬけ湖を越えて行った。最後にもう一周しようと城に戻ってくると、トゥレンのブリアンは陽の光よりも速く戦車に飛び乗って、御者を殺した。ブリアンがもう一周して死体を投げ捨てると、兄弟二人が戦車の車軸に飛び乗って逃げ去った。

トゥレンの息子たちの働きの噂が広まり、彼らは世界中で有名になった。三人が黄金の柱の国にやって来ると、王は戦うことなく七匹の魔法の豚を引き渡した。さらに、この王の娘とその夫が黄金の猟犬を持っていることがわかった。手がかりは得たものの、事は簡単には進まなかった。兄弟は犬を手に入れるために熾烈な闘いを強いられた。相手がほとんど全滅するまで戦って、三人はようやく犬を手に入れた。こうして兄弟は六番目の仕事を成し遂げた。

トゥレンの息子たちがどれほど遠くにいても、ルグは魔法の力で三人の様子をずっと見張っていた。フォウォレ族との戦いが激しさを増し、ルグには三人が奪った魔法の道具がすぐにも必要だった。トゥレンの息子たちに呪文をかけてアイルランドに呼び寄せると、ルグの魔法に惑わされて、自分たちの仕事が完了し罪は許されたのだと思い込み、手に入れた大切な武器を渡してしまった。ルグは、最初に言い渡した八つの仕事のうちまだ二つが残っていると三人に告げた。まだ、海底から料理用の串を取ってきていないし、三度の叫び声もまだ聞いていないのである。

三人は楽をしたい気持ちを引き締めて、最後の二つの仕事に取りかかった。ブリアンは葉とユリで出来た水着で水に入り、料理串を持った一五〇人の海の乙女たちに魔法を掛けた。女たちは喜んで串をブリアンに渡し、ブリアンは兄弟と共にそれを持ち帰り、ルグに渡した。

とうとう最後の仕事となった。三度の叫びを、殺されたキアンの古くからの親しい戦友、ミハン王の丘で上げるのだ。トゥレンの息子たちはゆっくりと丘を登った。ミハンは王として訪問者を厚くもてなさなければならなかったので、三人を歓迎した。しかし、三人の話を聞いた王は、丘で叫び声を上げてはならぬと言ったため、戦いが始まった。トゥレンの息子たちにとって、こんな激しい戦いは初めてだった。盾が鳴り、鉄塊が宙を飛び、血が丘の斜面を流れた。ブリアンはいつものように唯一無比の戦士として戦い、ミハン王の頭を王冠から喉もとまで一撃で割り下ろして息の根を止めた。するとミハン王の三人の息子たちがやって来て、一対一でトゥレンの息子たちと戦った。双方が戦いの中で魔法を使いはじめると、とほうもない大激戦となり、山や海や宙を狂ったように暴れまわった。そしてついにトゥレンの息子たちがミハンの息子たちを殺した。やっと三人は、三度の叫び声——傷口が大きく開いていたので弱々しい声だったが——を、ミハンの丘で上げることができた。ルグから課された、英雄詩に語られるような旅を終え、その足かせからようやく解かれたのである。キアンの死のための償いはもう終わったのだ、と三人は思った。

三人の父親トゥレンはルグに、息子たちが傷を負って死にかけているので、彼らを助けるために豚の皮を貸してほしいと懇願した。ルグはことわり、伝統ある戦士の精神に従って言った。「御子息たちは、もう死んで、その栄光の故に人々の記憶に留まるほうがいいのだ。長々と退屈な人生を送るよりも、短くても立派な人生のほうがいいのだから。」ルグはこう率直に述べた。ルグは自分の父親を殺した者を許すつもりはなかったのである。こうしてついにトゥレンの息子たちは死んだ。

トゥアタ・デー・ダナンのフォウォレ族に対する勝利と、ケルト人に喫した敗北

ルグは〈マグ・トゥレド〔モイ・トゥラ〕の第二の戦い〉でフォウォレ族に対すべく、トゥレンの息子たちが持ってきた魔法の道具を携え、ダヌ族を引き連れてやって来た。しかしさらに多くの武器が必要になり、ダヌ族で最も優れた腕前の職人に頼んだ。一人は金槌で三度打つだけで槍を作った。二人目の職人がその槍に柄を放り投げると、そのまま槍にぴったりはまった。三人目がその柄と槍が接している部分をめがけて舌を出すと、鋲が宙を飛んでしっかりと留めたのである。

午後になり、ちょうど太陽が天の頂から動くころ、空を漂う邪悪な霊のフォウォレ族の士気がいちばん低くなった。すると、最も力があり最も恐ろしい男、フォウォレ族の長、〈邪悪な目〉のバロルが現れた。フォウォレ族は一団となってバロルの前を進み、ダヌ族の大軍が見えるところまでやって来た。たくましい身体をした四人の従者がバロルの両側に立ち、力いっぱい〈邪悪な目〉のまぶたを持ち上げた。バロルの視界に入った者は、一瞬にしてそのにらみを浴びて死んでしまった。ダヌ族の勇敢な戦士たちも、銀の手のヌアドゥさえも――ルグだけを除いて。ルグだけは遠くから見ていた。バロルのにらみのきく埒外にうまく退いていたのだ。〈邪悪な目〉が疲れて伏し目になったところで、ルグは風よりも速い馬に乗って駆け、目が再び開こうとするちょうどそのとき、石投げ器で石を瞳の真ん中めがけて投げつけた。石は目に突き刺さり、脳にまで達し、バロルは死んだ。予言は成就した。バロルは自分の孫の手にかかって死んだのである。

こうして、〈マグ・トゥレドの第二の戦い〉をもって、フォウォレ族の悪の支配は終わった。この偉大な日のことは、詩人たちの詩のテーマとなり、永遠に語り継がれた。詩は物語っている。敵の盾がバラバラに砕け散り、戦場が雷鳴のような音でとどろくありさまを。槍や矢が放たれて宙を飛び交い、風がうなるありさまを。神々の腕が投げ下ろす稲妻が炸裂するように、剣が光り輝くありさまを。

その後は、女神ダヌの民が、何百年もの間この島を平和のうちに支配したのである。

ある五月の最初の日、背の高い美しい男たちの一団が、南西部の海岸に上陸した。みなスペインからやって来た戦士たちで、ミール王の息子たちであった。彼らはダヌ族の攻撃をことごとく打ち破った。ついに双方は和平を結び、両者の間で国を二分することに決まった。地下はすべてダヌ族に与えられた。彼らは地下の霊となって今もそこに住んでいる。今でも魔法を使ったり、太古の記憶を呼び起こして物語を語っている。一方、地上の全アイルランドは、このとき以来、スペインから来た背の高い戦士たち、すなわちミール《ミレシアン》の一族が支配することになった。これが、我々の知るケルト人である。

勝者の分け前――ブリクリウの宴《うたげ》

The Champion's Portion

アルスターの領主の一人に〈毒舌の〉ブリクリウという男がいた。この男は、客人を招くために、誰も見たこともない荘厳を極めた館を建てることにした。これは独りよがりの野望のゆえであった。「そういう館を建てれば、客人はみな私のことを、すばらしいあるじだ、まるで神話の中の人物のようだ、などと言いながら帰っていくにちがいない。」しかしブリクリウという男の評判は正反対で、うぬぼれのお騒がせ屋というのがもっぱらのうわさであったのだ。

ブリクリウはこの大計画にとりかかる第一歩として、まず自ら期限を設けることにした。一年と一日を準備にあて、大がかりな宴にありとあらゆる方面から客人を招待することにした。そしてその宴を開く館を建てる大計画に着手した。この計画のためにブリクリウはアイルランド中の宮殿を調べた。特に建築上の着想を得たのは、アルドマハ〔アーマー〕に近いエウィン・ワハにある赤枝の戦士団の堂々たる本拠地、すなわちアルスター王コンホヴァル・マク・ネサに仕える最高の戦士たちである騎士団と近衛兵たちの住む城砦と宮殿であった。それからブリクリウはこれまでに見たどの大建築にもまさる館を建てようと慎重に手配して、名設計家と名建築家の手でこの館を作らせた。円柱、正面入口《ファサード》、彫刻装飾、破風、台輪、美しい影を落とす長い列柱を備えた、一度見たら忘れられない、輝かしい壮麗な館である。臣下がそう遠くないところに住む王の宮殿よりも立派な館を建てたら、無礼になるだろう。しかしブリクリウはそのようなことを慮るような人間ではなかった。

粗野なブリクリウにしては、うまくやってのけた。この館には風情も品格もあった。他国の宮廷の建築家たちが、館の造作の新しさやさりげない富裕な雰囲気を見にやって来た。あらゆるものが落ち着いた華やかさをかもしている。ブリクリウ夫妻は、三〇フィートの壁板で仕切った部屋部屋を作り、それぞれを黄金や金箔で装飾した。また王が訪ねてきた時のための続き部屋《スイート》も作った。この見事な部屋は他の部屋よりも高いところにあって、金、銀、宝石で飾られ、その宝飾の輝きで夜でも真昼のように明るかった。これらの部屋部屋は内郭を成しており、さらにその周りに建築家たちは一二の続き部屋から成る外郭を建てていた。これらの部屋は、王が臣民と謁見する際に王の身辺を守る戦士たちのためのものだった。

建築材だけでも大変な費用がかかった。なにしろ採石場で採れる最高の大理石と御影石を使ったのだから。また、一つの建物に対して国じゅうでもこれまでで最大規模の労働力が動員された。例えば、数百本の柱を建てることになっていたが、柱を一本運んで決められた場所に立てるのに一組の牡牛とアルスター最強の男たち七人の力が必要だったのである。

ブリクリウは客人には最高の品だけを用意したが、自分自身の部屋にも贅を凝らした。館の中に自分と妻のための特別な続き部屋《スイート》を設け、骨董品や最高級の毛皮で埋め尽くした。タペストリーやベッドカバーには、王の部屋に飾ってあるのと同じくらいたくさんの宝石が縫い付けられた。またこの部屋には、館の他のどの場所にも見あたらないものがあった。ガラス窓である。窓の一つはある角度で壁にはめ込んであり、そこからのぞき込むと、ブリクリウは寝椅子に寝ころんだままで、館の中で起こっているあらゆる出来事をつぶさに見ることができた。

幸い、建築を請け負った者たちは期日よりも早く館を完成させてくれた。館はまさに豪華絢爛。サフラン色と青の巨大な旗印が風の中で勢いよくはためいている。樫の木で出来た長い食卓は金、銀、ガラスできらめいている。召使たちは城の周りの野原で、部屋や寝室に用意する新しいリネンを広げてパタパタと振っていた。そして、宴の前の最後の六週間をかけて、山のような食べ物と飲み物を用意した。

客人たちが到着しはじめる中、王がこちらに向かって発たれたとの知らせが届いた。それを聞いたブリクリウは、しきたりに従い、王と護衛の戦士たちに途中で出会って正式に宴に招待するために、華麗なる館を出た。ところが王の一行はブリクリウが思ったほど進んではいなかった。王宮を出てから間もなく一行の足取りは遅くなっていた。王とアルスターの側近たちは、馬で二、三時間ほど行ったところにあるエウィン・ワハの市にいた。ブリクリウはそこで一行に温かく迎えられ、赤枝の戦士団の天幕での午餐に招かれたのである。

アルスター王、かの名高いコンホヴァル・マク・ネサ王の隣に座ったブリクリウは、王を自分の館での豪華な宴に招待した。どのようなもてなしを用意しているか皆に向かってその一端を話してみせたが、アルスターの男たちはブリクリウの毒舌から出てくる言葉を聞いて、にこりともしない代わり嫌な顔もしなかった。コンホヴァルはただ形式的に答えた。「ぜひ伺おう。ただし私に仕える領主たちも同行することになるが。」これを聞いた有力な領主たちは、その招待のことで話し合いたいといって席を立った。宴の輪から離れた男たちは天幕の隅でしばらく相談し、戻って来ると王に「この招待はお断りしましょう」と耳打ちした。「ブリクリウは、ひとたび我々を自分の縄張りに入れてしまうと、もてなしの掟を破り、わざと揉めごとを起こさせて仲たがいさせるでしょう。ブリクリウにとっては、争いをひき起こして、その争いが大きければ大きいほどうれしいのです。やつの〈毒舌〉というあだ名は決してだてに付けられたわけではないのですぞ。」

するとそばで聞いていたブリクリウは、領主たちに反撃した。「王の前ではばかりながら申し上げよう。あなた方が来ないのなら、私はもっとひどい仕打ちをしてみせよう。すべての王、すべての領主、すべての戦士、老若を問わず誰をも仲たがいさせ、またあなた方に逆らうように仕向け、それこそもっとひどい殺し合いが起こるようにしてみせるぞ。何ゆえか。それは、あなた方が私のもてなしを断るほど、無作法な田舎者だからだ。」

王は双方の言い分をのみ込み、間をとりもって威厳と冷静さを取り戻そうとした。「ブリクリウよ」王は、ブリクリウにふつう誰も感じていない敬意を込めて話しかけた。「そのように脅しをかけても、逆の結果を招くだけではあるまいか。皆を脅せば、誰も貴殿の宴には行きたくなくなるのではないか。」

しかしブリクリウは冷静になるどころか、さらに憤って叫びだした。

「結構、結構。ならば、わしはアルスターの男たちがみな自分の父親を殺すように仕向けてくれよう。

兄弟たちも互いに殺し合うように、娘たちは母親を殺すように仕向けてやろう。なおお前らがわしの宴に来ないというのなら、アルスターのすべての女たちの右の乳房で、左の乳房を打ちのめさせてみせよう。両方の乳の味は酸っぱくなり、触ってもがさがさするだろう。さあ、これでもわしの宴に来ないと申されるか。」

領主たちはブリクリウの憤りにたじろぎ、再び話し合いをして、戻ってきた。

「よくわかった」と代表格の領主が言った。「このような御招待をお断りしては、まさしく無作法な田舎者というもの。ただし貴殿のその舌がいろいろと問題をひき起こしているという噂を無視するわけにはいかない。そこで、貴殿の宴には伺うが、条件として、出席する者たちを守る護衛団を連れていくことにしたい。」

「承知した」とブリクリウは応えた。

すぐその場で護衛団がつくられた。領主の一人アリルの息子が言った。「さて、二、三すべきことがある。まず、やつの善意が本物である証として、向こうから人質をもらう。第二に、宴が始まって最初の料理が出てきたら、選りすぐりの剣士八人がやつを食卓から退かせ、部屋に居るようにさせるのだ。やつのあの毒舌も、我々から離れたところでは何の悪さもできまい。」護衛団はコンホヴァル・マク・ネサの息子にブリクリウの元に行ってもらい、これらのことを伝えさせた。驚いたことに、ブリクリウは条件をすべて受け入れたのである。

しかしこれではブリクリウは足かせをはめられたようなものだ。この宴を催す第一の目的は、やはりいざこざを起こすことだったのだから。アルスター人たちの仲をかきまわすことほどの楽しみはない。アルスター人はひとに辛くあたることで有名ではないか。この時のために、時間をたっぷりかけて、仲たがいさせる計画を練ってきたのだ。だが今回は、人質の命を犠牲にすることなく、争いを起こす方法を考え出さなくてはならぬ。ここで経験がものを言う。ブリクリウは人を怒らせる方法を思いつく名人だった。彼はついにあることを思いついた。〈勝者の分け前〉を仕掛けることである。大勢の戦士たちの中で誰が〈勝者の分け前〉を取るかだ……。伝統的にこれは、なごやかに言葉を戦わせるのが慣わしとなっている。特別な御馳走である山盛りの肉が、すべての人に豪傑と認められた戦士に与えられるという昔からの儀式である。ブリクリウはこれを利用してやろうと考えた。

皆が席に着き再び午餐会が始まると、ブリクリウは主人コンホヴァル王のそばを離れた。天幕の扉の隙間から、ロイガレが立っているのが見えた。大英雄ロイガレは、アルスターの戦士たちから何度も勝利を奪った男である。また、ブリクリウがアルスター人たちをどのようにして怒らせるつもりか関心を持っていた。ロイガレはブリクリウが何かを企んでいると思っていた。ブリクリウはロイガレに〈勝者の分け前〉の話を持ち出し、エウィン・ワハでは誰にその権利があるか言った。

「それは絶対にロイガレ様だ。誰が反対するものか。実際、もし貴殿が私の助言をきけば、〈勝者の分け前〉を必ず勝ち取ることができるし、アルスター人の中で優位に立つことも請け合いだ。つまり貴殿は全アイルランドで最強の勝者ということになるのだ。」

「どうすれば〈分け前〉を手に入れることができるのだ」とロイガレがブリクリウに尋ねると、ブリクリウは答えた。「まもなく開かれる宴に出る〈勝者の分け前〉がどんなものか御存じか。まず、アルスター人の大男が三人も入るほどの大鍋に、召使たちがすでに強い赤ワインを満たしているはず。七歳になる肥えてうまい豚も用意してある。それは生まれたときから、季節ごとに、オートミールの甘いかゆ《ポリッジ》、新鮮な牛乳、木の実、小麦、肉、そして肉のコンソメスープだけを与えて育ててきたのだ。それに、七歳の牝牛もありますぞ。これも生まれたときからヒース、ハーブ、からす麦、うまい牧草だけで育てたものだ。この大鍋いっぱいのワイン、豚肉と牛肉のほかに、一〇〇個の蜂蜜入り小麦ケーキを焼いてある。このケーキ一つごとになんと一ブッシェル〔約三六リットル〕の小麦を使うのですぞ。さあ、これが私の〈勝者の分け前〉だ！」ブリクリウは自慢たらたら言った。

「結構なものだな」とロイガレは言った。ブリクリウは続けた。「宴の最中に〈勝者の分け前〉が誰のものかと皆が話しはじめたところで、貴殿の御者が立ち上がって、〈分け前〉はロイガレ殿の手に渡るべきだと宣言するように命じておくように。」

「そこでもし反対する者があれば、血が流れることになろう」とロイガレは言った。

こうしてロイガレをうまく焚きつけたブリクリウが上機嫌で歩きまわっていると、別の二人の戦士に近づいた。まず最初に出会ったのがコナル・ケルナッハで、ブリクリウは深くおじぎをし、おべっかをまくしたてた。アルスター防衛にコナルの立てた手柄を称えたのである。コナルはアルスターの若い戦士たちの中の花形であるだけではなく、アルスター国境から始まったクアルンゲの牛の争奪戦では先頭も脇もたった一人で守った男であると。

「どう考えても、アルスターではコナル殿こそが〈勝者の分け前〉を手に入れるべきだろう」とブリクリウはできるだけ上品な声で言った。

「私が望んでいるのは〈勝者の分け前〉を手に入れることだけだ」とコナルは言った。

次にブリクリウは、最も偉大な男、クー・フリンに近づいた。クー・フリンほどの英雄はいまだかつて存在したことがない。いるとすれば、魔術を使う父親のルグくらいであろう。ブリクリウは、コナルやロイガレにしたように誉め言葉を並べた。戦闘での手柄、女性たちの人気、そしてアルスターの守護者という名誉などを山ほどの美辞麗句で称えた。

「もし宴に来られれば、〈勝者の分け前〉は何もせずとも貴殿のものだろうな」とブリクリウは言った。

多くを語らぬ男クー・フリンは、低い声でうなるように言った。「〈分け前〉が食いたくて俺にかかってくるやつがいたら、首を落としてやるだけだ。」

こうして、ブリクリウはまたもやうまくやってのけた。自分はその場に居合わなくても、世界最強の三人の戦士が、互いののど元に剣をつきつけることになるにちがいないのだ。ブリクリウは市の中を浮き浮きと歩きまわり、あちこちでおしゃべりをしながら、よき客人としてふるまった。コンホヴァル王のところに戻ってきたときには、大きく歯をむきだして笑っていた。

その日の夕方遅くに、狩りを競いながら楽しく長い道のりを旅してきたコンホヴァル王と臣下のアルスター人たちは、ブリクリウの宮殿を見下ろす丘にたどり着くと、その光景にみな目を見張った。谷の下に煌々と輝く美しい館。あのような建物はこれまで見たことがない。憎きブリクリウながら、あっぱれ、と認めざるをえなかった。風を受けてふくらむサフラン色の旗が夕陽に映え、列柱が堂々と立ち並び、人々を招き寄せている。三つの高い噴水が水しぶきを上げている。

一行が門まで下りてくると、ブリクリウは満面に笑みを浮かべて出迎えた。王の馬よりも前には出ないよう気を配って案内した。彼はコンホヴァル王の賛辞を政治家のような態度で聞いていた。側近たちの後ろのお付きたちは、あの〈毒舌の〉ブリクリウもついに人が変わったのだろうか、と噂し合った。異国の鳥や動物から、庭園の隅々、館の周りに延々と植えられている花の並べ方に至るまで、あらゆるものがすばらしかった。

ブリクリウの召使たちはこの壮麗な宴のために何カ月も準備を重ねてきた。アイルランド中を探しても、ブリクリウのようなもてなしを用意できる者はいないであろう。

客たちが馬から下りると、王や王子、領主や戦士の一人一人を、美しく若い侍女たちが見事な部屋に案内した。正式な訪問客は男女別々の部屋に案内するのが慣わしである。男たちは最初の部屋でコンホヴァル王の周りに座り、女たちは別の部屋で妃の傍らに座った。中庭では音楽が始まっていた。一人の笛吹きが調子合わせをすると、次から次へと音を出しはじめ、やがて二四の笛吹きと宮廷音楽隊が高らかに音楽を奏でた。この楽しげな雰囲気に、客人の中には早くも興奮して踊りだす者もいた。

まもなく、王と、ロイガレ、コナル、クー・フリンを含む戦士たちが、王一族の部屋の前の階段を上った所に集まり、宴への行列を作った。王は濃い青と白の錦織《ブロケード》に身をまとい、威風堂々と幅広い石の階段を降りて宴の間に入り、その後に橙色と灰緑の錦織を着た戦士たちが二人ずつ続いた。伝説にまでなった偉大な男たちを、ブリクリウ夫妻に招かれた客人、友人、隣人たちは思わず息をのんで眺めた。

ブリクリウが簡単な歓迎の挨拶をした。たくさんの召使は厨房の扉の前で最初の料理を運び込む合図を待っていた。ブリクリウは例の八人の剣士たちがそばにやって来ると、領主たちの護衛団との約束を守り、宴の間を離れようとした。部屋を出るとき、巨大な銅の鍋を指差し、皆に聞こえるよう大きな声で言った。「あれこそが〈勝者の分け前〉だ、見事ではないか。ワイン、牛肉、豚肉、すべて上等だ。よく考えてからお出しするのだぞ、アルスターで最強の戦士だけにな。」これで導火線に火がついた。ブリクリウはしめしめと自室に戻った。あとは斜めのガラス窓を通して見物としよう、誰にも見られることなく。

食事の第一のコースが終ると、「うまかった」という声が上がった。そして召使たちが食事の後片付けをするころ、ブリクリウの計画どおり、例の作戦が動きはじめた。まず御者の服を着た男が立ち上がって言った。「〈勝者の分け前〉はロイガレ様のものだ。さあ、その大鍋をこちらの御主人様の所へ持ってくるんだ！」そこからずっと離れた所にいたコナルの御者も同じような口上を述べた。その言葉にはいっそう熱がこもっていた。そして、当然のことながら、最も名を知られたクー・フリンの御者も同じことを言った。しかも「クー・フリン様こそアルスター人の中で最高の戦士であるぞ！」とつけ加えたために、さらに面倒なことになってしまった。

他の二人の御者とその主人たちは飛び上がって短剣を抜いた。長剣は食事の席では禁じられている。領主らの護衛団の一人、アリルの息子は、「〈毒舌の〉ブリクリウめ、あの男、騒動を起こすのにここにいる必要もなかったのか。やつはこの宴の間を離れる前から事を始めていたのか」といまいましそうになった。

部屋の中央で二人の御者は顔を近づけてにらみ合っていた。その脇では、ロイガレとコナルがののしり合っている。一方クー・フリンはひとり不平を洩らしているだけだった。ロイガレとコナルはその落ち着きはらった態度が気に食わず、一緒になってクー・フリンに対抗した。

御者たちが戦いの開始を告げ席に戻ると、三人の英雄は互いに討って掛かった。アルスターの人々は激しい戦いを見るのが大好きだが、特にこれは金を払って見るに値するほどの見ものだった。剣の刃から飛び散る火花が高く上がって、垂木に火がつかんばかり。剣の破片が飛んで、屋根に穴をあける。戦士たちの盾から落ちるエナメルの粉のもうもうたる煙で、客人たちは咳き込んで息もできないほどだ。

宴の場でのけんか騒ぎは日常茶飯事だが、年老いて知恵もある王たちの目には、ここにはただならぬ険悪な雰囲気が漂っているように思われた。彼らはこの騒ぎを企んだブリクリウの悪知恵に気づき、怒りを表わした。結局クー・フリンが数の上では二対一で不利になって、不公平だったからだ。饗応側のブリクリウがいないので、王が指図をしてけんかを止めさせ、剣を王の食卓の前に置くよう命じた。男たちは、誰の剣を王の一番近くに置くかでも言い争った。しかたなく王は剣を鞘に納めて席に着けと命じ直し、男たちはまるで子供のようにおとなしく従った。

王は〈勝者の分け前〉については保留して、決闘ではなく、翌日裁決する、と決定した。それとは別に、ブリクリウの企みに対する仕置きとして、今ここにいる皆で〈勝者の分け前〉を分けてしまえ、と王は命じた。しかし王は知るはずもない。ブリクリウはさらに上等な〈勝者の分け前〉を用意していたのである。ブリクリウの自慢は本当だった。ワイン、豚肉、牛肉、蜂蜜入りケーキの大御馳走は、たとえエウィン・ワハの王付き料理人の手でもこれ以上は用意できまい。

ブリクリウは事のなりゆきを見守っていた。争いが大きくならないので不機嫌になり、窓際の長椅子に座って歯のすきまから息を吸いながら、次の悪事を企んだ。〈毒舌〉というあだ名はだてに付いたわけではない。ブリクリウは頭を働かせ、女どもを突っついてやれ、と考えた。

ちょうどそのとき、五〇人もの侍女を従えてロイガレの妻フェデルムが中庭を歩いていた。みな強い酒を飲んでいるらしい。ブリクリウが呼びかけると、フェデルムは手を振って、何でしょうと立ち止まった。

「フェデルム様。なんとお美しい！　数珠玉のように輝いていらっしゃる。気品がおありで……やはり血統なのでしょうか。私の心のうちをお察しください、フェデルム様。」

「何をおっしゃりたいの、ブリクリウ殿」お世辞を言われてフェデルムは答えたが、言葉にはのらず、ブリクリウと時間を過ごす気などなかった。

「フェデルム様、世の女性たちは皆、あなた様の後を歩くべきですよ。アルスターの宮殿に入るとき、どなたもあなた様の前を歩いてはならない。あなた様がロイガレ殿の奥方だからではありません。あなた様自身がそれに値するからです。おわかりですか。アルスターの全女性、いやアイルランドの全女性が、喜んであなた様の後ろについて歩くことでしょう。みな、あなた様の後に立つことを名誉に思うのです。そうでしょう？」

ブリクリウの言葉はフェデルムの急所を突いた。ブリクリウも手応えを感じた。第一に、フェデルムはいつもロイガレの妻として紹介されるのを快く思っていなかった。第二に、アルスターの女性たちの間では、宮廷では誰が先頭を歩くかが大問題になっていた。これは解決したためしがなく、また解決は望めなかった。この問題は女性たちの間にまるで腫れ物のように大きくふくれ上がっていた。

「さあ」とブリクリウは低い声で言った。「今宵は私の宴でございます。申し上げるとおりになさってください。特別の待遇ですよ。女性たちの先頭に立って、宴の間に入るのです。女性たちをあなた様が率いるのです。そうすればこれから何人たりとも、あなた様がアルスター一の女性であることを否定することはありますまい。」

フェデルムは上品にうなずいて、背筋を伸ばした。ブリクリウの誘いを高貴な女性らしく受け入れ、きびすを返して侍女たちと共に中庭を出て、最も外側の三つめの畝に向かった。館の女性も客の女性もここから宴の間に入っていくしきたりだからだ。ブリクリウは思った。これで真っ赤に燃える剣を暴れ馬の尻に突き刺したも同然だ。後はソファーに腰掛けて、高みの見物をするだけだと。

フェデルムとその侍女たちが煌々と明かりのともる中庭を出て、暗闇に包まれて見えなくなると、別の方向からコナルの妻レンダヴィルが五〇人の女性たちをひき連れて酒を飲みながら中庭に入ってきた。そこでブリクリウはレンダヴィルにも、砂糖水のように甘い言葉をかけたのだ。

「レンダヴィル様はどうしてそのようにお美しいのでしょう。あなた様の美貌のおかげで、他の女性の方々は不利でございますなぁ。あなた様を好かれる男が多いことも納得がいきます。どうでしょう、今宵の宴で、アルスター中で最高の女性としての地位を明らかにしては。あなた様の美貌で今宵の宴を誉れあるものにしていただきたいものです。」〈毒舌〉の矢はまたしても的をピタリと射止めた。レンダヴィルはまさに虚栄満々。唯一の望みは、美しさでアルスター一の女性として認められることである。レンダヴィル女はブリクリウの美辞麗句をうのみにして、宴の間に堂々と入場を果たそうと、フェデルムと同じ場所に向かっていった。

さて最後にやってきたのが、クー・フリンの気丈な妻エウェルである。後ろには同じく気丈な五〇人の侍女を従えていた。

「エウェル様！」ブリクリウは呼びかけた。「エウェル様！」

エウェルは立ち止まり、眉をひそめた。無作法なほら吹きにつき合っている暇などないが、招かれている以上挨拶しないわけにはいかない。ところが、ブリクリウの言葉を聞くと、打って変わって気どりはじめる。ブリクリウは女性の虚栄心の最も敏感な所を突き刺す術を知っていた。「天上の星よりも輝かしいあなた様には、神秘的な永遠の若さがございます。あなた様の美貌と比べれば、フェデルム様やレンダヴィル様などまるで成り上がり者でございます。」

「私は待ち遠しい。天下無類、最高のエウェル様が、アルスターの女性たちを従えて、今宵私の宴に入っておいでになるのが。先ほどは最高の戦士である御主人のお姿も拝見させていただきました。」エウェルは畝の方をながめやり、そこから宴の間に入場していく自分の姿を想像した。そこにはすでにライヴァルたちが従者を従えて待っているなどと夢にも思わずに。

さあこれで三つの行列が出来上がりだ。まずは威風堂々と貴婦人たちはゆっくりと進んでいく。先頭の三人の女性は、まさかブリクリウにそそのかされたとは思ってもいない。しかし、ライヴァルの存在に気がつくと、宴の間に向かってしのぎを削ることになった。歩き方を速め、威風は崩れ、館に入ったときには三人はスカートを腰までたくし上げて走った。足音は地響きを起こし、館の中の客人たちは敵襲かと思った。アリルの息子が様子を見にいき、額をぴしゃりとたたいて叫んだ。「ブリクリウめ、またやったな。」そういえば、初めアルスターの領主たちが宴への招待を拒んだとき、アルスターの女たちを仲たがいさせてもいいんだぞ、とブリクリウが脅かしていた。

宴の召使たちが兵に頼んで扉を閉め、猛り狂った女たちが中に入れないように備えたので、男たちはやれやれと宴席に座り、笑い合ったそのとき、アルスターで最も足の速い女、クー・フリンの妻エウェルが到着し、振り返ってフェデルムやレンダヴィルがやって来ないかどうか一目確かめて、門番に扉を開けるよう迫った。他の二人の女の夫、ロイガレとコナルが宴席から立ち上がった。自分たちの妻でなく、クー・フリンの妻が皆の目を惹くことなど絶対に許せない。騒ぎに飽き飽きしていたクー・フリンもしかたなく立ち上がり、ロイガレとコナルの前で扉を開けに走った。

コンホヴァル・マク・ネサ王はこのけんかにだんだん腹が立ってきて、銀の杓子で椅子のひじ掛けを叩いてグワーンというどらのような音を立てた。皆は席に戻り、この茶番じみた騒ぎにどう決着をつけるかを考えた。三人の戦士は、剣ではなく言葉でけりをつけようではないか、と言った。巧みに飾った嘲りの言葉がほとばしって食卓を飛び交う。「貴様の勇気はどれほどのものか！」「お前の妻はどんな女だ！」「貴様の家柄はどんなものだ！」

コナルとロイガレは我慢の限界を超えて立ち上がり、勝者として認めさせようとしたのか、剣の柄を大きく一振りして、ブリクリウの館の正面の列柱二本をなぎ倒した。そこからフェデルムとレンダヴィルと侍女たちは宴の間に入ることができた。退屈そうなクー・フリンは「その程度か」と鼻で笑うと、自らを奮い立たせて、館の壁全体を夜空の星が見えるほど高く持ち上げた。その開いた隙間から、エウエルが尻に火のついた獣のように突入してきた。他の女たちを蹴散らし、侍女たちを宴の間全体に連ねて、王の席まで進んだ。こうなっては、フェデルムとレンダヴィルに従う女の群れもエウェルの後に続くよりほかなかった。

クー・フリンが宙に持ち上げていた壁を離すと、落ちた壁は地中深く数フィートも食い込み、建物全体がひどく傾いた。自室にこもっていたブリクリウと妻は、大きな肥溜めの山の上に投げ出されてしまった。すると館の番犬が臭いを嗅いでやって来て、二人を舐めた。

ブリクリウは、自分の壮麗な館が狂暴な輩どもに壊されてたまるかと起き上がって、宴の広間の中央扉に突進した。しかし、肥溜めの汚物が頭や服にこびりついていたので、門番にはブリクリウが判らず、入らせようとしなかった。回廊を走り抜けて宴の広間に入ると、そこは叫び声と笑い声と、議論する人や嘲り笑う人の声で騒然としており、収拾がつかなくなっていた。王さえも自分の立場を忘れて大騒ぎしていたのだ。ブリクリウは食卓に飛び上がって叫んだ。「聞きたまえ、アルスターの汚れた哀れな息子たちよ！　聞きたまえ！　あなた方は礼儀というものを知らぬようですな。ほとんど豚と変わらぬ行儀の悪さ。よろしい、あなた方に仕事を与えよう。この建物を御覧あれ、私にとって命よりも大切なこの館を……。これを元どおりの塵一つない状態に戻してもらうまでは、いっさい食べることも飲むことも、瞬きもなりません。よろしいですな、塵一つあってもなりませんぞ！」

おもしろいことに、みなブリクリウの言葉を神妙に聞いていた。そして誰もが館を元どおりにしようと動きだしたのである。だがそう簡単には事は片づかなかったので、領主たちは相談をして、最も大きな被害を与えた者が元どおりに直すということになった。それはクー・フリンだった。壁が基礎部分に何フィートも食い込み、列柱や柱廊がこなごなに砕けてしまっていたので、たとえ皆が力を合わせても元どおりにはできそうになかった。

クー・フリンは相変わらずぶつぶつ言いながら崩れた壁の方に歩いていき、二頭立ての戦車が通り抜けられるくらい大きく両手を広げて壁をぐっとつかんだ。持ち上げようとしたが、びくともしなかったので、やっぱりだめかというざわめきが宴の広間に起こった。背後でアルスター人がこそこそ言っているのがクー・フリンにも聞こえた。ブリクリウも「それ見たことか」という顔で半ば嘲笑っている。だがクー・フリンは嘲りの声を浴びたままではいない。一歩下がると、あの有名な武者震いを始めた。小さな玉のような燃える血のしずくが、髪の一房ごとの端から滴る。脈打つ頭を血が覆っていくかのようであった。両腕を高く上げ、戦車の車輪のようにぶんぶん振りまわし、手足を上下左右に大きく広げて、全身に力をみなぎらせた。低くゆっくりとうなると、クー・フリンは館の建物全体を頭上はるか高く持ち上げ、客人らを天にさらしたかと思うと、驚くべき力で壁を元のところにぴたりと戻してしまった。その仕事の精密さはまるで宝石職人のよう。たとえこの館の建築家本人が見ても、ここで破壊的な騒ぎがあったとは思いもよらないだろう。クー・フリンは相変わらずぶつぶつ言いながら自分の席に戻った。

客人たちは茫然としつつ、クー・フリンに倣って晩餐の席に戻った。人々はひそひそと驚きを隠せぬ口調でたった今起きたことについて語り合い、宴の間にささやき声が響き渡った。「しかし君、あの瞬間に気づいたかね……」「あの男は数年前にも同じようなことをしたらしいぞ……」「もし実際ここにいなかったら、きっと思いもしなかったろうよ、クー・フリンがあれほどの男だったとは……」。ブリクリウは、服にこびりついた最後の汚物のキャベツの茎を取り除いて上着のきれいな部分でぬぐいながら、まるで自分がその壁を元どおりにしたような顔でフンと鼻で笑った。

しだいに宴は元に戻っていった。崩れた壁の隙間をくぐって入ってきた侍女たちの中から、宴を彩る大勢の美女たちが登場した。コンホヴァル王は打って変わって陽気になり、やさしそうな顔をしてポッと赤くなった。右の者にも左の者にも話しかけ、周りにやって来た召使には礼を言う。まさに英知あふれる善王のふるまいである。しかし、こんなになごやかな雰囲気がどれだけ続くことか。アルスター人とアイルランド人が一緒にいて、しかも〈毒舌の〉ブリクリウがその間にいて、相変わらず皆が〈勝者の分け前〉を我がものにしようとねらっているこの場で？

そうこうするうち、ブリクリウの誉め言葉を思い出した三人の女性たちは、競争心をあらわに互いに火花を散らしてまた小競り合いを始めた。悲しいかな、三人がそれぞれ自分の夫を誉めるという、とても危険な言い争いである。エウェルはコンホヴァル王とさらに夫のクー・フリンにたしなめられたにもかかわらず、最も辛らつにロイガレとコナルの妻を攻撃した。ついに食卓の一番端からエウェルの大声を聞いて、コナルがさっと立ち上がって言った。「もし御主人に先ほど見せてもらった手品くさいまやかしではなく真の才能があるとおっしゃるのなら、御主人は、奥さんに代弁してもらうのでなく、自分自身でそれを証明するべきではありませんか。一騎討ちで戦ったら果たしてどれほどのものでしょうか。」

クー・フリンはうめいた。「ごらん、お前は何ということをしてくれたんだ」とエウェルに語りかけた。「静かにおしと言ったのに、どうして言う通りにしなかったのだ。」

クー・フリンは王の方を向いて、極度の疲労を訴えた。クー・フリンは朝から荒々しい種馬に国じゅうを引きずり回され、馬を馴らすのに大変な苦労をしたのだ。コンホヴァル・マク・ネサは微笑んだだけだった。王には、アルスターの名誉に関わる問題が起こったとき、頼りになるのはクー・フリンしかいないということがわかっていた。そこで王は、〈勝者の分け前〉は誰のものか、という解決していない問題に皆の注意を向けた。アリルの息子が、中立の立場で意見の言える外部の人間が必要だと言ったので、コンホヴァル王も三人の英雄たちも賛成した。ところが、誰が最も優れた審判者かを決める前に、われこそ勝者と思い込んでいる三人は再び小競り合いを始め、嘲りの言葉を投げ合った。クー・フリンがロイガレに「貴様、なんでもっと品のいい戦車に乗ってこなかった。あんな重苦しい三頭立て戦車なんぞ乗り回しおって」と言うと、みな笑いだした。頭の回転は良く、決して愚か者ではないクー・フリンが何をひき起こそうとしているのか、コンホヴァル王だけは知っていた。ロイガレはまんまとその餌に食らいつき、御者を連れて宴の広間を飛び出した。自分の戦車で芸当を見せてやろうとしたのだ。

二人を乗せた戦車は、荒々しい熱風のように館の門から飛び出し、戦車からロイガレが大声を上げて手を振ったと思うと、またたく間に遠くの砂塵に紛れて見えなくなった。戦車は高い峠や難所のある山へと向かった。御者の腕前と、戦車のしなやかさが試される。二人を乗せた戦車はすさまじい音とともに荒野を駆け抜けたが、濃い霧がたちこめてきて、道をはばまれてしまった。御者は馬をはずして草原を自由に走らせ、霧の晴れるのを待った。

そこに、醜い大男が霧の中から現われた。男は、手入れをしていない草地のようにぼさぼさともつれた硬い黒髪を生やし、汚れた上着で大きく膨れ上がった背中を覆っていた。よだれで濡れた大きな口の黒ずんだ歯茎からのぞく先の尖った短い歯、鼻汁が絶えず流れる鼻、赤く腫れ上がった涙目の上の、古い革靴のようにしわだらけの額。肩に水車の輪の心棒くらいはある木の棍棒をぶら下げている。

「馬の持ち主は誰じゃ」と巨人は御者に尋ねた。

御者は胸を張って「偉大なる我が主人、ロイガレ様のものである」と答えた。

「なんじゃと」巨人は大声を上げげた。「ここから消えろ！」そう言って、棍棒で御者を打ちのめした。

ロイガレは大股で前に進み出た。「このくそ頭！　何様のつもりだ、俺の御者をこんなめに合わせやがって！」

「勝手に入ってくるやつは赦さんぞ、このひよっこめが。同じ目にあいたくなかったら、わしの大事な牧場から失せろ！出ていけ！消えろ！」

「それなら俺を打ってみろ」ロイガレが言うと、二人は戦いはじめた。御者はまちがって殴られないよう、野を二つ越えて逃げだした。

ロイガレの腕っぷしも、このような鼻をつく臭いを放つ大きな人食い鬼が相手では勝ち目がなく、馬も道具も、御者までも置いて、命からがら、恥を忍んで逃げるよりほかなかった。これは、ひどい目に合わされて機嫌を悪くしていた御者にとってはなおさら納得のいかないことだった。

この知らせはブリクリウの館に届いたが、ほとんどの者はあざ笑ったりしなかった。皆わかっていたのだ。ロイガレでもかなわない者ということは、まちがいなく恐るべき相手だということである。

そこで翌日コナルが立ち上がり、精神統一をして、山へと向かった。同じようなキンポウゲや馬の食む青草におおわれた草原に、同じように日ざしがかげって濃い霧が降りてきた。そして同じ大男が現われて、同じ強烈な一撃をコナルの御者に食らわせた。コナルは黒髪の巨人と一戦も交えることなく、同じように退却せざるを得なかった。

そこでその翌日、クー・フリンが出発して、同じ場面に遭遇した。緑の草原、濃い霧、御者、汚らしい人食い鬼。山のあちこちで互いを川や沼に投げ飛ばし、岩の上に打ちのめしたあと、クー・フリンが大男を押さえつけ、粘液のようにぬるぬるしてぞっとするもつれた粗い黒髪をぎゅっとつかむと、ついに大男が降参した。クー・フリンは、御者や馬、戦車、武器など前の者たちが取られた物を取り返した。自慢げににやにやしながら宴へと戻り、客人の前でそれらの武器、戦車、御者をロイガレとコナルに愛想よく返すところをしっかりと見せつけた。

ブリクリウは、またどんな騒ぎをひき起こしてやろうかとわくわくしながら、喜んでクー・フリンに〈勝者の分け前〉を与えようとした。拍手喝采が起こったが、それが止むと、コナルとロイガレから反対の声が上がった。ロイガレは、あの霧は作り物だ、地下に住むクー・フリンの友人が、西部の人間のロイガレに〈勝者の分け前〉を取らせないように濃霧を起こさせたのだ、と言い張った。コナルも、そのとおりだ、もし異界の亡霊どもの助けがなかったら、クー・フリンは決して勝てなかっただろうと訴えた。奇妙なことに、この申し立てに誰も反論しなかった。クー・フリンが濃い霧にさえぎられるのを誰も見ていなかったからだ。

こうして形勢が変わったので、ブリクリウの宴の客人たちは、初めの提案どおり、誰が〈勝者の分け前〉を取るべきかを中立の審判者に決めてもらうことにした。審判者の名は、はるか彼方、西部に住むアリル王である。アリルの息子は護衛団の一人としてブリクリウの宴に招かれてもいた。

ブリクリウの城から、客人たちは戦車隊を組んでアリルの城へと向かった。クー・フリンだけはすぐには出発せず、しばらく女たちの踊りを見て楽しんでいた。クー・フリンの妻エウェルにとってはあまり喜ばしいことではなかったがクー・フリンは女たちのために玉投げをやって見せ、それからリンゴ、剣、ナイフを八つずつ使った手品を披露した。女たちはみな喜んで拍手した。クー・フリンの御者はとうとうしびれを切らした。主人の仕事の面倒をみることも御者の役目の一つ、クー・フリンをせき立てて旅路につかせた。他の者たちがクー・フリンを出し抜いて〈勝者の分け前〉を勝ち取ることがないように。

クー・フリンは自分の戦車の速さをよく知っていた。すばやく旅をはかどらせて、難なく先発隊に追いついた。戦車の大軍は実に勇壮かつすばらしいものであった。王を先頭に、付き添う数人の家臣はみな鮮やかなサフラン色、青、赤の服を身にまとい、槍には小旗が翻り、キラキラ輝く宝石を散りばめた馬具を付けた馬が鈴を鳴らしながら進んだ。大軍をひき連れていたので行進はすさまじい音をとどろかせ、通過した国々では地震が起きたのかと心配したほどだった。はるか彼方のメーヴ女王とアリル王の城では、立てかけてあった武器がカタカタと音を立て、城内に駐屯する軍隊に警報が発せられるほどだった。ただひとり、この轟音の謎を突きとめようと城壁に上ったフィンダヴィル姫だけが冷静であった。

城壁に立つ姫に向かって、メーヴ女王は何か見えるかと尋ねた。

フィンダヴィル姫は下に向かって叫んだ。「お母様、戦車がものすごい速さでこちらに向かってきますわ。」

「どんな戦車なの」メーヴ女王は尋ねた。

「二頭立てです。二頭とも最高の馬ですわ。身体もたてがみも灰色で、尾が風になびいています。大きな胸、恐ろしげな鼻、どこもまだら模様で、先の尖った耳が槍の穂先のように頭から高く伸びています」と姫は言った。

「それで戦車の方はどうなの」と、メーヴは尋ねた。

「美しい、なんと美しい戦車でしょう。見事に磨き上げた木で出来た最高品です。車輪は黒で、あんなに軽やかに回っていますもの、きっとよく油を差してあるにちがいありません。手綱は黄色の組み紐で、まるで芸術品のように美しく編んでありますわ。戦車のくびきは銀を打ち延ばしたものです。」

「それにしても、その戦車に乗っているのは誰」メーヴは叫んだ。

「わかりません、でも立派な男性のようですわ」と娘は答えた。「髪の毛はこげ茶色、金色、明るい黄色の縞になっていて、戦士のしるしである三つのヘアバンドでうまく留められていますわ。見事な紺色の上着に金銀の縁取り、腕には輝く盾。頭上高く野鳥が後を追って飛んできます。」

メーヴは驚きの声を上げた。「それはロイガレだわ！　あの恐ろしい男、もしここへ来たら、私たちは殺されてしまう。」

「待って、待って」フィンダヴィルは叫んだ。「お母様、また別の戦車が来ますわ。」

「それはどんな戦車なの」メーヴは尋ねた。

「立派だわ、なんて立派なんでしょう。二頭立て。一頭は銅のような色、明るくて白い顔で、まるで大地をむさぼるような凄まじい足並み、川を飛び越えている。ひづめが日差しを受けて輝いているの、本当に。もう一頭は、速さは両方とも変わらないわね、身体は朱色、黒いたてがみは編んであって、興奮した暴れ馬のようなロ、力強くいなないて、歯から泡が垂れています。」

「戦車は？」メーヴは尋ねた。

「これも木製よ。すばらしい造りだわ。銀の轅《ながえ》で、手綱には縁飾りと黄色の房が付いている。」

「それで、乗っている戦士は？」メーヴは尋ねた。

「大男です、本当に大きいの、お母様。それにたくましい。人並みはずれた顔つきよ。輝く長髪を首のところで編んで、汗が光って、マントは赤と濃い青。青銅で縁取りした盾を着けて、まるで燃えているような槍を持っていますわ。頭の上にはやはり野鳥の群れが飛んでいます。」

「それは」メーヴは言った「コナルだわ。もし親善訪問でなかったら、あの男、私たちをまるで川魚のように切り刻んでしまうわ」。

「待って、待って！」姫はさらに興奮して叫んだ。「もう一つ来るわ。」

「もう一つって、何が。」

「お母様、後にもう一台戦車が来るのよ。」

「急いで、どんな戦車なのか話してちょうだい。細かいところまで全部。」メーヴは、城壁に続く狭い石段の下で、興奮して飛び跳ねていた。

「すばらしい、なんてすばらしいのでしょう！」姫は叫んだ。「これまでの中でいちばんすばらしいわ。まず片方の馬は美しくひき締まった灰色の身体で、速く駆けるにつれて長い巻毛のたてがみがはたはたと上下にはためいているの。ひづめが幅のある刃みたいに広くて、走るたびに大地が削り取られるのよ。そうそう、やはり頭の上を鳥が飛んでいるけど、馬の方が速いみたい。もう一頭の馬も、同じくらい立ているわ。」

派よ。でもこっちの方が猛々しくて、体もひき締まっていて、足は長く、足並みも見事だわ。よく御し

「それで、戦車は、戦車はどうなの」メーヴは声を上げげた。

「これもまた最高級よ」姫は言った。「本物の職人が作ったのでしょう。この国にある木材ではないよ

うね。全体は銅で出来ていて、背の高い弓みたいよ。鉄の車輪は手づくりの帯金で締めてあって、延べ

金のくびきがぴかぴか輝いて。御者が長くて太い黄色の組み紐の手綱を握っているわ。」

「それで戦車の男は？」

「お母様」フィンダヴィル姫は興奮で我を忘れていた。「これまであのようにすばらしい殿方を見たこ

とは一度もありません。悲しそうで、しかも猛々しい顔つき。あの深い瞳、誰かが火を付けたのか、そ

れとも竜の眼みたいにあらゆる色合いの宝石をまとめて埋め込んだのかしら。それにあの方の胸はこれ

まで見たこともないくらい広いわ。赤い上着の切れ目から見えるのです。それに身のかろやかさ、ほら、

馬が駆けるのに合わせて飛び跳ねているわ、高く、まるで滝を登る鯉のように。ああ、お母様、あの方

はどなた？」

メーヴは答えた。「愛しい娘や、その方は世界最高の戦士、クー・フリン。最初の二人は城内に入れ

てもさほど問題はないでしょうけれど、もしクー・フリンが親善訪問で来たのでないとしたら、私たち

はあの男の逆鱗に触れて粉々にされてしまうでしょう。」

メーヴはすばやく侍女五〇人を呼び寄せ、急いで身支度をし、冷たい井戸水を入れた丈高い壺を三つ、

一人の戦士に一つずつ用意して、城門で待つように指図した。いよいよアルスター人の壮麗な隊列が砂

ぼこりの中から姿を現した。城内の者たちの目に遠くから、隊列が平原の彼方をこちらに向かって進んでくるのが見えた。メーヴは侵略目的ではなさそうだと見て取り、戦士たちをもてなすよう城内の者たちに命じた。

戦士たちが到着すると、メーヴは三人の戦士一人一人を豪勢な部屋に案内し、五〇人の美女の中から選りすぐりの女をあてがった。クー・フリンだけはメーヴの娘が手を取って、自分で用意しておいた部屋に案内した。一行の残りの者たちは到着するなり、立派な宮殿を感心しながら見て回った。もちろんブリクリウも、館を建築家たちに依頼する前の視察にこのアリルの城を含めていた。高いアーチ型の屋根に青銅の天井、その向こうに樫の木の垂木。部屋部屋の仕切りにはイチイ材と銅が使われており、壁のほとんどは樫である。城の中心部にある王の部屋は豊かな富と品格をしのばせ、アリルの執務室には天井に届く長さの銀の棹《さお》が壁に立て掛けてあった。この棹を振ってアリルは城内と王国を統治するのである。

音楽隊が入ってきて葦笛や弦楽器で音楽を奏ではじめ、食事も供された。西部の贅沢な慣習に従って三日三晩宴が張られ、皆で飲みかつ騒いだ。

しかしその間もずっと、かの難問は宴の間の人々の頭から離れなかった。それを解決するために一行はやって来たのである。アイルランドのもてなしの掟では、三日三晩飲み食いした後でなければ仕事の話はしてはならないことになっていた。ようやく三日が過ぎ、アリルはアルスター人たちになぜここまでやって来たのかを尋ねた。訳を聞いたアリルは、〈勝者の分け前〉の審判者になるのだけはご免こうむりたいと応えた。アルスター側は彼の審判を求めてはるばるやって来たのだとアリルに迫り、コンホヴァル・マク・ネサも王同士として説得した。アリルは少し考える時間が欲しいと答え、アルスター人は三日三晩の猶予を与えた。一行のほとんどの者たちはアルスターに戻ったが、ロイガレとコナル、クー・フリンは審議の様子を見届けるために残った。アリルが問題解決のために、三人に何かの試練を課すのではないかと思ったからだ。

事実、三人の男たちは晩餐の席に着こうとしたそのときに試された。近くの洞穴から猫が三匹飛び出した。ドルイドが呼び出した魔法の猫である。恐ろしげな鳴き声、かみそりのように長い輝く爪。戦士たちの食卓へ近づいていく。ロイガレとコナルは共に猫嫌いで、口をそろえて「失敬」と言い残すと垂木に飛び上がったまま、猫が自分たちの食事を食べてしまうのを見ていた。クー・フリンは顔も上げず、ひたすら骨から肉を食いちぎってはむしゃむしゃと嚙みつづけた。三匹のうち醜い大きな猫がクー・フリンの皿に近づくと、短剣の一撃を食らわせた。クー・フリンは短剣が猫の首から横滑りすると、また叩きつけた。今度は残りの二匹が近づいてきたが、クー・フリンがどうやっても、猫をのかせることができない。猫たちが少しでも動いたり音を立てたりするたびにベルトで叩きのめすのだが、猫たちはずっと傍につきまとい、クー・フリンの食事と眠りを一晩じゅう妨げた。朝の最初の光が射すと、猫たちは城の窓から見える洞穴に戻っていった。

アリルはドルイドたちと相談して、この試練から判断すると、クー・フリンだけが〈勝者の分け前〉にふさわしいと決めた。すると、垂木から下りてきたコナルとロイガレは、身体の節々を揉みながら、競争は人間が行うもので、動物を使うべきではない、とアリルに訴えた。

アリルは困り果てて、眠れない夜、悩む日々を、あちこちをうろついて過ごした。メーヴは夫のふがいなさに、一役買おうとした。

「三人を金属に置き換えて考えてごらんなさい。ロイガレは青銅。コナルは合金。クー・フリンはきっと魅力ある純金でしょう。」そう言うとメーヴは、三人を一人ずつ呼び寄せた。

「さてロイガレ殿。あなたは偉大な英雄、あなたこそがアイルランドの勝者。褒美にこれを与えます。さあ、この杯を受け取りなさい。」そう言って、底に白鳩を描いた見事な青銅の杯を手渡した。

「この杯は、あなたがこの国でまちがいなく勝者に選ばれたことを、アルスター人に示すものです。このことを誰にも漏らしてはなりませんよ。宴で皆に見せるときまで、杯は隠しておきなさい。その時になったら、立ち上がって杯を高く持ち上げ、皆に鳥の絵をお見せなさい。王と私があなたに〈勝者の分け前〉を授与した証です。」メーヴが濃いぶどう酒を杯になみなみと注ぐと、ロイガレは王座の前に立ったまま一息で飲み干し、げっぷをした。

「一〇〇年経っても、あなたがアルスターの勝者であることに反対する者はいないでしょう」とメーヴは言った。

次にメーヴはコナルを呼んだ。コナルにも同じことを言い、底に金の鳥が彫られた合金の杯を渡した。

「あなたこそ、まちがいなくアルスターの勝者である……」と吹き込まれて、同じように杯を飲み干し、それを持ち帰った。「宴の終わりまで決して誰にも見せてはなりませんよ、その時にこそ〈勝者の分け前〉があなたに与えられるのですから」と厳しく忠告を受けて。

さてクー・フリンは、メーヴが伝令をやっても、フィドヘル〔チェスのようなゲーム〕に夢中でなかなかやって来ようとしない。何やらぶつぶつ言いながら息を荒げ、邪魔されたくない様子。怒ったクー・フリンは伝令めがけてフィドヘルの齣《こま》を投げつけ、額の真ん中に命中させた。伝令は息も絶え絶えに王妃のところへ戻り、クー・フリンのことを報告すると、床に倒れて……死んだ。メーヴはクー・フリンの部屋へ行き、相変わらずフィドヘルに興じている男に、同じような美辞麗句を並べたてた。首に手をまわし、あなたに〈勝者の分け前〉を差し上げましょう、と申し出た。

「うそつきめ、二枚舌のあばずれ！」とクー・フリンは言った。

「うそではありません、誓います。」

「あんたの誓いが何の役に立つ。」

「そうでしょうね。御褒美がなくてはね。アルスターのだけではなく、天下の御褒美をね。あなたなら当然ですわ、クー・フリン。その強さ、美貌、そしてその精気」とメーヴは応えた。

「ふん」とクー・フリンはあしらったが、結局メーヴにのせられてしまった。そうすべきではなかった最初の態度を貫き通すべきだったのだ。それにしてもこのメーヴという女性は、ブリクリウといい勝負のおべっか使いである。ブリクリウと一緒になっていれば、毒舌が二つの家を損なわずにすんだものを。

クー・フリンはあくびをしながらメーヴと共に玉座の間まで歩いていき、アリルの前で、メーヴから見事な純金の杯を受け取った。杯の底には、鳥の形に宝石が並べてある。王と王妃が最高のぶどう酒を杯に満たすと、クー・フリンは一気に飲み干した。二人はさらにお世辞を重ね、「奥方のエウェル様はまことにお美しい。アルスターで一番の女性ですね」などと言った。クー・フリンはまんざらでもなかったが、退いてフィドヘルを続けた。

翌日の午後、城壁の前の草地で二人の若い宮廷人が、どちらが戦車の車輪をより高く放り上げることができるかを競っていた。ロイガレとコナルも混じってかなり高くまで車輪を放り投げた。車輪は城壁の半分くらいか、力いっぱい投げて城壁のてっぺんまで届いた。若者二人はおざなりにほめた。次にクー・フリンが一番高い砲塔よりも高くまで投げ、若者たちは今度は心から讃えた。しかしクー・フリンはそれをおざなりのものと思って腹を立て、本当に見事な技を見せて二人を絶句させてやろうと思った。

芝の上には、あっぱれな腕白どもの技を見物しようと五〇人の女性が座っていた。クー・フリンはいちばん近くに座っていた女性に歩み寄り、縫い針を所望した。それを両手の手のひらに並べて一本一本高く投げ上げると、針は小さな投げ矢のようになり、それぞれの針先がその一つ前の針の針穴に入り、一本の鎖のようになって宙に輝いた。地面に落ちかかるところでこの鎖をほどいて針を一本一本取り出し、針を女性に返した。そして、クー・フリンは若者たちとロイガレとコナルに舌を突き出し、去っていった。

この宮廷では結論が出ないので、メーヴとアリルは三人の英雄を別の王家の宮殿に連れていって審判を仰ぐことにした。覚えておいていただきたい。勝者の座を狙う三人は皆、いまだメーヴのあの罠のことは知らず、それぞれ自分こそが秘かに勝利の褒美をもらえるものと思っている。ところがこの別の王家の王は、三人を試してみなくてはならないといって、一人ずつ夜中に外に出して亡霊に会わせた。一番手のロイガレは不気味でぞっとするような雑木林におびえ、恐怖のあまり服の中から飛び出し、上着や武器を置いて一足飛びに逃げ出してしまった。コナルも同じだった。クー・フリンは笑いころげて、二人の臆病ぶりを皆に言いふらした。

そして三日目の晩、クー・フリンの番が来て、期待にたがわず、頑固に粘りつづけた。ところが亡霊は、クー・フリンを裸にし死んだ豚のように縛りつけ、その体の上をぐるぐると飛び回りあざ笑った。クー・フリンは我慢できなくなり、武者震いを起こした。体の中にある魔力が激しく震えるのである。この力には、神々も人間も抵抗することができなかった。この力で、身体を縛った紐はちぎれ、クー・フリンは亡霊をひっつかんで踏みつぶし、素手で八つ裂きにした。血が霧のように宙に漂った。

「クー・フリンこそが〈勝者の分け前〉を取るべきである」と言う以外、この王になにを言うことができただろう。コナルやロイガレの方が勝っているなどと誰が証明できただろうか。それでも、二人はまた訴えたのである。クー・フリンは地下の世界に対して力を持っているから、亡霊が簡単に降参するように仕組んでいたのだ、と。

こうして三人は、また別の王家の宮廷を訪ねて審判を乞うことになった。クー・フリンはもうこの狂気じみた争いが嫌になっていた。今度の王は自身で三人を歓迎し、血気盛んな自慢の名馬の話をした。王は三人に騎馬試合を挑んだ。ロイガレがまず王の相手をした。王の馬はロイガレの馬を倒し、王がロイガレをも倒そうと剣を構えると、ロイガレは臆病にも背を向けてブリクリウの館に逃げ帰ってしまった。そしてアルスター人たちに、野蛮な王が他の二人を殺してしまった、と伝えた。

コナルも同じように苦境に立たされ、ブリクリウの宴に逃げ帰って、狂った王がクー・フリンを殺してしまった、と皆に告げた。真っ赤な嘘である。クー・フリンは難なく王を倒すと、縛って戦車に乗せブリクリウの城に連れていった。クー・フリンが入場すると大喝采がわき起こり、ロイガレとコナルは大恥をかいた。

しかしそれでも、〈勝者の分け前〉は解決の糸口を見いだせなかった。この褒美が誰の手に渡るのか、満場一致の決定でなければならない雰囲気だった。皆がそろって宴が再び始められ、今度はクー・フリンの父親も列席した。みな〈勝者の分け前〉についてまちまちの意見を言い合った。

「よくよく考えると、我々は〈勝者の分け前〉を手にする候補をもう一人選んだほうがいいのではないか」と一人が言った。「三人は幾度も競ったが、アリル王や他の王たちの判定の証拠がなにもないではないか。」

「待て!」ロイガレは立ち上がって叫び、例の青銅の杯を高く掲げて、底の銀の鳥を皆に見せた。ロイガレは叫んだ。「この杯こそ、私が〈勝者の分け前〉を受け取ることができるという、誰にも否定できない証だ。」そこでコナルも飛び上がり、自分の合金の杯を振って叫んだ。「どうみても、ロイガレのよりも俺の方が格が上だ」と言って〈分け前〉を要求した。クー・フリンはのっそりと立ち上がり、宝石の鳥の描かれた、見事な純金の杯を高く差し上げた。そして、いちいち主張したりはせず、なにも言わずにただ辺りを見まわした。クー・フリンが自分自身とその杯によって、他の二人より優っていることを示したので、コンホヴァル・マク・ネサ王も他の者たちも異口同音に、〈勝者の分け前〉はクー・フリンに、と言った。

ロイガレはいきり立ち、「クー・フリンがあの杯をメーヴの元から持ち帰ったのは、手ぶらで帰ってはみっともないからだ」と興奮してとどろくような声で言った。コナルも立ち上がって同じようなことを言った。

三人は剣を抜いて戦おうとしたので、コンホヴァル王が三人に剣を捨てるように命じ、もう一度審判を行うことを三人に同意させた。

今回はブダという男の館が選ばれた。ブダは年老いた賢者であったが、「コンホヴァル王の審判も、アリル王とメーヴ王妃の、そして他の王の審判も受け入れないような者たちに審判を下すなど、わしには無理だ」と言って、三人をさらに遠くに住む預言者のところに送った。

その預言者は湖のほとりに住んでいた。偉大なる海神プロテウスの力を操ることができ、神々の論争さえも解決し、そのためにはどのような姿にも変身した。預言者は三人に審判を下すことを請け負ったが、一つだけ条件をつけた。これを最後の審判として受け入れることである。三人は、戦士として、英雄としての名誉にかけても誓わなければならなかった。

「よかろう」と預言者は言った。「そのようにとり計らおう。お前たちも誓約を立てたからには、わしもお前たちとの約束を守る。お前たちもわしとの約束を守らなくてはならぬ。」

「わかった」三人はうなずいた。ロイガレとコナルは少しおじけづいていた。クー・フリンはけんか腰だった。この問題にもう飽き飽きしていたクー・フリンは、狩りにでも行ってしまいたいくらいだった。

「これを見ろ」と預言者は言った。「これはわしの斧だ。今日お前たちがわしの首を斬り、明日わしがお前たちの首を斬る。」

そう言って斧をロイガレに手渡した。恐ろしい斧だった。預言者は家の外の石段の上に自分の首をさしのべた。ロイガレはその首をたたき切った。預言者は立ち上がり、首を拾って小脇に抱え、斧を肩にぶら下げると、ロイガレに明日まちがいなく来るように言って、湖岸をゆらゆらと歩いていった。夜が明けると、ロイガレの姿はなかった。ロイガレはすでに遠くへ逃げ去り、戻ってくるはずもなかった。

預言者はしかたないと肩をすくめ、コナルの方を向いて斧を手渡し、石段に首をつけて寝そべった。コナルはその首をたたき切った。預言者は前と同様に立ち上がり、自分の首と斧を拾い上げて、コナルに翌朝戻ってくるように念を押すと、瞑想するかのようにゆっくりと湖の方へ去っていった。翌朝、湖上の雲が紅色に染まるころになったが、コナルの姿はなかった。なんと、遠く離れた丈高い葦の茂みの中に隠れていたのである。

クー・フリンの番になった。クー・フリンは遅れずに、ぐちもこぼさずやって来て、横たわった。預言者は斧を三度振りまわし、ドスッドスッドスッと打った。巨大な刃の斧は三度クー・フリンの首の上を跳ねた。身を震わせて立ち上がるクー・フリンを、預言者は抱きしめて言った。「さあ、これで終りだ。異論はあるまい。〈勝者の分け前〉はお前のものだ。」

さて宴に帰ってみると、なんとロイガレとコナルは預言者の決定を拒否しているではないか。しかも、誰一人としてその態度に驚いたり、嫌気がさす者もいなかったのである、一人くらいいてもよさそうなものなのに。またもや審判が行われることになると、しかしうんざりしたような声が起こり、クー・フリンの憤激は頂点に達しそうになった。

さて三人は戦車でまた別の王の宮殿に出かけていった。その王はスキュティアの戦いのために不在で、王妃が三人を歓迎するように指示されていた。王妃は、その王家のしきたりに従ってもてなし、三人とも身体を洗って思うままにくつろぎ、食事や水をもらい、用意された立派な寝室を見せてもらった。そうして王妃は王から言われていた試験について話した。その試験とは、年齢の若い方から一人ずつ、城壁の上で見張りをすること、命をかけても城を守る覚悟で見張ること、というものであった。

ロイガレが最初の夜に番をした。何も起こらないと思ったが、夜明け前の最も暗くなるころに、暗がりの方から、短くゴロゴロッという音が聞こえた。西の方を見ると、恐ろしい姿の巨人が体から海水をポタポタ垂らしながら海を歩いて来た。その並はずれた巨体の頭は天に届かんばかり。船が一艘通れるくらい足を開いて踏んばり、両手には一本一本の先を黒く尖らせた樫の木の幹の飛び道具を持っていた。巨人はその幹をまるでダーツでも投げるようにロイガレめがけて放り投げた。ロイガレはそれをかわすと、自分の槍を力いっぱい投げつけた。しかし槍は巨人の体に当たっても跳ねかえるだけだった。巨人は、まるで人が玉を拾うようにロイガレをつまみ上げ、女が石臼で麦を引くように、両手でひきつぶした。これをしばらく続け、失神したロイガレを城壁の向こうのごみ穴に落とすと、海に戻っていった。その姿は朝日の青い空を背にして巨大に黒く映えていた。

翌日の夜、次のコナルが番に就いた。暗黒の中を静かに警護していたが、ちょうど夜が明けるころ、ロイガレと同じ運命をたどることになった。今度は、巨人がコナルを手のひらで擦り合わせる前に手に唾を吐いていたので、コナルはその中で溺れてしまいそうになった。

そして三日目の夜、クー・フリンの見張り番の時、前の二人にはわからなかったことを察知した。この国の敵が城に大攻撃を仕掛けようとしていたのだ。クー・フリンは来襲した敵を迎え撃ち、一度に九人の首を斬って血の滴る生首を椅子のひじ掛けに並べた。運命はさらなる戦いを挑んできた。湖の怪物が、あらゆる男、女、子供、馬、犬、鳥を食い尽くそうとしていたのである。立ち上がった怪物は、どす黒く、見るからに恐ろしく、城を見下ろすほどに丈高かった。クー・フリンは疲れていたが力を奮い起こし、飛び上がって怪物の首を後ろに引っ張り、腕を赤いのどに突っ込んで心臓をえぐり出した。そして、あえぎ苦しむ怪物を剣で切り刻み、その肉片を城の猟犬や野良犬に投げ与えた。

ついに夜が明け、クー・フリンの夜番は無事終わった、しかし、食事をとろうと城壁に沿って歩いていくと、例の巨人が現われたのだ。湖の怪物以上の大きさで、体から海水を垂らしながら大股に歩いてきた。樫の木の投げ矢を投げつけると、クー・フリンは拳で打ち落とした。巨人はロイガレとコナルの時のように両手でひっつかもうとしたが、クー・フリンは巨人をかわすと、剣を握って鮭のように高く飛び上がり、巨人の頭上に乗った。

巨人はひざまずいて命乞いをした。

「言うことをきいたら、助けてやる。」

「わかった、わかった、なんでもきく。どうすればいい。」

「俺は、すべての戦士を完全に支配したい。アルスターだけでなく、この国全体をだ。そして、〈勝者の分け前〉を取り合うような下らぬ争いには二度と煩わされたくない。」

「わかった。」

「それから、妻のエウェルにも同じような地位を与えたい、最高の女性としての地位をだ。」

「そこまでにしてもらおう」そう言って、巨人は消え去った。クー・フリンは城壁から下りるのに階段を使うことなく、急降下する鳥のように飛び降りて、城の本丸の真ん中に立った。

祝いの宴が始まったころ、城の主の王がスキュティアの戦いから戻った。王は城の近くにいた敵からも戦利品をぶんどってきたのだが、それはクー・フリンが九人いっぺんに殺したあの者たちのものだった。

「誰がやっつけたのか」と王は尋ねた。皆がクー・フリンだと言った。

「そうか。では決まった」と王は言った。「異論はあるまい。もう論争は終りだ。この国で、いったい誰がこの戦士と肩を並べられようか。〈勝者の分け前〉をクー・フリンに与えよ。そして奥方にも同様の地位を与えるのだ。」ロイガレとコナルには耐えがたかったが、さらに悔しいのは、王がクー・フリンに貨幣と宝石を惜しみなく与えたことである。そして三人の戦士は故郷アルスターの宮廷に向けて出発したのだった。


しかし信じがたいことだが、これだけ証拠を並べられてもなお、ロイガレとコナルはこの決定に反対した。二人はうまい口実を考えた。外国で行われた審判は、国内の規則とは違う、と言いだしたのである。クー・フリンは不快だったが、あの巨人がもう何も起こらないと約束をしたのだから、この口実には絶対に耳を貸さなかった。

そのとおり、ロイガレとコナルが望むようにはならなかった。まさにこのときアルスターでは、最後の決着をつける試練が起こっていたからだ。あの汚らしい人食い鬼が再び現われたのである。

晴れた日の夕方、人々がみな一日の終りを楽しみ憩おうとするところだった。鬼の背丈はアルスター人の二倍はあり、幅も二倍、胴周りは四倍あり、指は人間の太ももほどもある。黄色い目は硫黄のこびりついた大鍋のように燃えて煙を上げ、顔は汚らしい茶色に染まっていた。片手には先の尖った巨大な木の幹を、もう一方の手には髭を剃れるほど鋭い斧を持っていた。

巨人は宮殿の広間の真ん中をまっすぐ歩いていって、暖炉の前に陣取った。領主たちがおずおずと顔をうかがいに来たところで、口を開いた。それによると、自分は世界中を歩きまわり、自分と約束を守ることのできる名誉ある戦士を探してきた。その約束は、かつて湖畔の預言者が三人に投げかけた挑戦と似たものだった。

「ここにいる中で」と人食い鬼は尋ねた、「今夜私に首を落とされ、明日は私の首を落とす、という約束をしようという者はいるか。」

ある者が立ち上がって、笑いながら言った。「私がお前との約束を守ろう。ただし今夜私がお前の首を斬り、明日お前が私の首を斬るのだ。」

「しかたない。それが臆病者のアルスター人にできる精いっぱいの約束ならば、そうしろ。」人食い鬼はそう言って、頭を食卓の上に乗せた。名乗りを上げた戦士が人の背丈より長い人食い鬼の斧を取り、思い切り振り下ろすと、刃は人食い鬼の首を貫いて食卓につき刺さった。首がころげ落ち、ドラゴンの唾液のようにべったりした血が噴水のようにほとばしり、壁にも床にも天上にも客人にもはねかかった。しかし首が暖炉の方へ転がっていくと、人食い鬼はそれを拾い上げ、斧を取ってその場を去った。

次の日の夜、人食い鬼がやって来て言った。「あの戦士はどこだ。」しかし戦士は約束を破って消えていた。代わりに誰かがこの恥をそそがなくてはならなかった。逃げた戦士の卑劣さに苛立ったコンホヴアル・マク・ネサ王は、〈勝者の分け前〉を争ってきた三人に男のことを話した。

ロイガレが前に進み出た。あの湖畔の預言者に対するふるまいから考えて、ロイガレはきっと約束を守らないだろうと誰もが思った。ロイガレは前と同じように大見得を切ったが、人食い鬼の首を切り落とした後、自分が斬られる番が来ると逃げ去った。翌晩のコナルも同じだった。人食い鬼はかんかんに怒り、この宮殿はおろかこの国のすべてを破壊してやると脅した。このときまでにその場に集まっていた女性たちの前で、人食い鬼は、誰もが恐れる最も名誉ある王付きの騎士団である赤枝の戦士団のことを「臆病者の戦士団」とあざけり、アルスターの男たちをことごとく馬鹿にした。女性たちも人食い鬼と一緒に、男たちをあざ笑った。

クー・フリンが立ち上がった。嘲笑に加わりたくもなく、また他の男たちと一緒にそれに甘んじたくもなかったのだ。クー・フリンは斧を引っ摑み、人食い鬼の首を力任せに切り落とし、首はその勢いで天上まで跳ね上がり、それが落ちてくるところをめがけてもう一度斧を振りかざし、一撃で木っ端微塵にしてしまった。人食い鬼はそれらを全部、上着の膝の部分に拾い集めて、斧を取ってふらふらと去っていった。

翌朝、館ではこの話題で持ち切りになっていた。クー・フリンは、他の二人のように、約束の半分を反故《ほご》にしてしまうのだろうか。あの男はレンガの上に自分の首を置くだろうか。館は、宴の様子を見ようと人々が詰めかけたために、あふれるほどであった。

時間通り、人食い鬼は現われた。

「あの男はどこだ」と鬼は尋ね、再び巨大な暖炉に大股を広げて座り、汚くよどんだ黄色い炎のような瞳を輝かせていた。

「ここだ」とクー・フリンは言った。

「おお、今夜の貴様の声はか細いようだな」と人食い鬼が言った。「死ぬのが怖いのだな。」

「怖くなんかないぞ」とクー・フリンは言い、すぐさま食卓の脇にひざまずき、斧の刃の前に首を差しだした。ところがその刃は厚みがありすぎて、もっと大きめの標的でなければうまく切れないので、人食い鬼はクー・フリンに、首をもっと長く出せ、と言った。

「切り損ないは勘弁してくれよ」とクー・フリンは言った。「素早く切ってくれ。俺がお前のを切り落としたようにな。それとも鶴みたいにもっと首を長く伸ばしてお前を上からついばんでやろうか。」

「ほら早く、体を伸ばせ、体を伸ばせ」と人食い鬼は言った。「どこを切ったらいいかわからんではないか。」

クー・フリンがしなやかな体を伸ばすと、あばら骨どうしが人の足の幅ほど離れて、首は鷺か鶴のように長くなった。人食い鬼が樫の木三本分の太さの柄を持って巨大な斧を振り上げると、その刃は天上に届いて垂木をガリガリと削りとった。館の中の者たちが見守る中、刃がキラッとひらめいて落下し、雷のような轟音、稲妻のような閃光を放ってクー・フリンの首に当たった瞬間、斧は跳ね返った。巨人が斧の刃を返したのだ。

「起きてくれ、クー・フリンよ」と人食い鬼は言った。「貴殿こそ真の英雄だ。真の勝者たる者は、力と勇気だけではなく、誇りをもつものだ。貴殿はこのすべてを備えている。」

そのとき、人々の前で人食い鬼が変身しはじめた。まず湖畔の預言者となり、次にはクー・フリンが勇敢に守り抜いた城の王となった。王は、アルスター人たちの優柔不断が歯がゆくて、〈赤枝の戦士団〉の館に姿を現し、自分の下した審判が功を奏しているかどうか確かめに来たのである。

クー・フリンは王と握手し、〈勝者の分け前〉を受け取った。エウェルは、人々の前で、全女性を引き連れて宴の間に入場すると、夫の隣に座り、不謹慎な笑いがこみ上げてくるのを必死に押さえた。ロイガレとコナルは敗北し、その名誉は地に落ちた。人々はあざ笑い二人めがけて肉を投げつけた。それぞれの妻もすっかり面目を失い、やがて宴の間を出ていった。

かくして、ブリクリウの宴は大成功ということになり、誰もが、この館は建築の英知の賜物だ、などとほめ称えた。

しかし、その後人々はあの〈毒舌〉にはできるかぎり近づかないようにした。その毒気は引き際というものをまったく知らないからである。結局その舌のために、ブリクリウは喉から手が出るほど望んでいた地位を失うはめになったのであった。

コルマクの黄金の杯

Cormac's Cup of Gold

ある五月の朝、コルマク王はタラの城壁に立っていた。霧でくもの巣が宝石のようにきらめいていた。眼下に目をやると、コルマク王の治めるミデ（ミーズ）王国の草原が広がり、畑にはまだ若い麦の緑が、野を吹きぬけるそよ風に揺れていた。ふと北西に目をやると、ボイン河の方から一人の男が歩いてくる。服装からすると戦士であろう。王や王子、戦士だけに許される立派な服装をしている。金の錦に太い紫で縁取りをした服に、真っ赤な短いマント。早足で歩くとマントが背中ではためき、サフラン色の裏地が時折顔をのぞかせた。

右肩に見事に打ちのばした銀の枝が差し込んであり、その先には黄金のリンゴが三つ、まるで本物のリンゴのようにぶら下がっていた。軽快な歩みに合わせてリンゴが揺れると、音楽の調べが聞こえてくる。その調べには悩みある人の心を安らかにする力があることを、コルマク王は見抜いた。たしかに、傷ついた戦士も、出産で苦しむ女も、中風の人や老いた兵士も、どんな人の心もその調べは癒してくれた。

この戦士は王に近づいてきて敬礼し、媚びへつらいのない、はきはきした自信に満ちた声で話しはじめた。

「私は、真実だけを話す国、何者も老いて朽ち果てることない国、憂いも妬みも憎しみもうぬぼれもない国から参りました。」

王は答えた。「それならば、わが宮廷でのもてなしも、三倍にして用意しなければなるまいな。」旅人が上王への礼儀を心得て丁寧におじぎをすると、二人は固く握手を交し、すぐさま親友となった。さて歓待の儀式が始まった。この国のしきたりでは、王や家のあるじは、客人の持っているものを何でも求めてよいということになっている。コルマク王はこの客人に、黄金のリンゴの付いた銀の枝が欲しいと言った。男はためらいもなく承知したが、王が男の願いを三つ聞き入れるならばという条件を付けた。王は「もちろんだ」と答え、男は黄金のリンゴの付いた銀の枝を王に渡すと去っていった。

王は城壁を降りて宮殿に戻った。中庭まで来て、王は銀の枝を振ってみた。黄金のリンゴが美しい音を奏でるや、王家の人々はみな眠りに落ちてしまった。

一年と一カ月が過ぎ去った。去年とまったく同じ朝の時分に、立派な身なりをしたあの戦士が再びタラの城壁にやって来た。夕暮れにも負けぬ赤と、明け方にも負けぬ淡紅色の衣を身にまとっている。コルマク王は歓迎した。「あなたの三つの願いを聞こう。さあ、何でも言ってくれ。」男は敬礼した。「私の第一の願いは、王の姫君を私の妻に頂きたいということにございます。かなえてくだされば、王と姫君にとっても、私にとっても、名誉となるはず。」

王は手を打って喜んだ。しかし王家の女性たちは口をそろえて反対した。「なぜですの。この男はいったい誰です、どこの生まれですか。」王は子供のようににっこり笑って、銀の枝を振った。すると皆やすらかに眠り込んでしまった。

一カ月が過ぎたある日、朝日と爽やかな風がタラの城をつつむころ、あの戦士がまたやって来た。今度は、大海原のように濃い青と雲のように柔らかい白の服を着ていた。

「さあさあ」とコルマクは言った。「あなたの残りの願いを喜んでかなえよう。」「一回に一つだけでございます」と男は言った。「二つ目のお願いをするために参りました。あまり大きい願いごとをするつもりはございません。王の御子息を養子として頂きたく存じます。これも、王、御子息、私の三人にとって大きな名誉となることでしょう。」

王は喜んで承知した。ところが、王子を大好きで、髪をすいたりして傍らを離れず可愛がっている宮廷の女性たちは反対した。王はまたもや銀の枝を振って、この騒がしい者たちを眠らせ静かにさせてしまった。なんと便利な枝であろうか！

一年と一日が過ぎ去り、再びあの不思議な戦士がやって来た。今度は、若い小麦の緑と、真昼の太陽のように明るい濃黄色の金を身に着けていた。

「最後の三つ目のお願いをしに参りました。王の奥様、王妃を頂きたいのです。」

妻をこよなく愛していた王にとって、これはなんと悔しいことであろうか。しかし王は承知するよりほかなかった。今度ばかりはひどすぎる、と王は思った。王妃は、悲しみととまどいの表情を見せて、ただ一度だけ振り返り、男に連れられていった。王は家来たちを集めて追跡した。すると、突然海の方から深い霧がものすごい速さで向かってきて、家来たちを散り散りにしてしまった。

王は、広大な草原のなか、たった一人で馬に乗っていた。狭い谷間の小道を、マントの端を藪の枝に取られそうになりながら進んでいった。すると、その小道の終りに、堅固な要塞がそびえ立っていた。金属の壁に囲まれて光り輝き、まるで夢か幻のようだった。王は馬から降りて、その壁のそばの短い石柱に馬をつないだ。さらに進んでいくと、扉がゆっくりと開いた。中はすべてが銀で作られた館であった。中に入って上を見ると、屋根が半分しか葺いてなかった。屋根の上では数人の屋根葺き職人たちが両手に羽根を抱えてその羽根を一本一本置いては、腕くらいの長さの柳の枝で留めようとするのだが、風が吹いて羽根は飛ばされてしまうのである。

巨大な暖炉の前では、一人の男がしゃがみ込んで、ゴウゴウと炎を上げている炉に薪をくべていた。男は奥の部屋から薪を運んできては次々と炉に投げ入れていく。炉は勢いよく燃えているのですぐに灰になってしまい、男はひっきりなしに薪を運んできては投げ込んでいるようだ。この不思議だらけの銀の館の裏戸のすきまをのぞくと、四つの塔のある大きな宮殿が見えた。中庭には、こぶだらけのハシバミの木が九本、まるい銀の溜池を囲むように植えてある。ハシバミの実が池に落ちるたびに、泳いでいる五匹の鮭が食いついてくる。池の水は日光に反射してキラキラと輝き、サラサラと明るい水音を立てて五本の小川に流れていった。

宮殿にある大きな樫の木の椅子に二人の人が座っていた。勇士と美女であった。二人とも王が現れても驚かなかった。召使が王のために風呂を沸かした。王がもう少し熱くしてくれと頼むと、魔法の石が現われて湯を温めた。

そのとき戸口から、がっしりした無骨な男が斧と棍棒と子豚を持ってやって来た。そして棍棒で豚を叩き殺し、斧で四つに裂いて、煮え立つ大釜の中に投げ込んだ。男は言った。「ここにいる四人がそれぞれ真実を言うまでは、この豚は決して煮えないのだ。」最初にその男が物語を語った。次に美女が、つづいて勇士が語った。三人が語り終えると、豚の三つの部分がおいしそうに煮えてきた。皆、王の方を向いてじっと待った。

コルマク王は、妻が消え去った物語を、実に雄弁に語った。すると、豚は煮え上がって食べられるようになった。皆が豚ののった皿を王に差し出すと、王は断って「側近がせめて五〇人はいるところでなければ食事はせぬ」と言った。それを聞いた勇士は椅子から立ち上がって歌を歌い、王を眠らせてしまった。王が目を覚ますと、周りには五〇人の戦士が立っていた。その先頭には愛する妻、姫、そして息子が立っていて、皆こちらへ向かってくるではないか。

たのしい宴が設けられ、音楽が満ちあふれた。食事をしながら、客人のコルマク王は勇士のもつ純金を打ち出してつくった見事な杯を見て、「立派な杯ですな」と言った。勇士は「これは不思議な杯なのです。これは、美しいだけでなく、魂を持っているのです」と言った。

「どういうことですか」と王は尋ねた。

「嘘を三度言うと、壊れて三つに割れてしまいます。しかし、真実を三つ言えば、また元に戻ります。」

勇士が三度嘘を言うと、杯は人々の目の前で小さな音を立てて三つに砕けた。勇士は王に言った。「さあ、これから元に戻します。タラを離れてから、王の御子息は女を御覧になっていない。王妃は男を御覧になっていない。また姫君も男を御覧になっていない。」そう言うと、三つの破片は三度鐘のような大きな音を立てて、元どおり割れる前の見事な杯に戻った。

コルマク王は尋ねた。「なぜこのようなことが起こるのか。」

勇士は答えた。「私は、死の招きを受けぬ者、海神マナナーン・マク・リルだ。海から霧を起こしたのも私だ。王にぜひ〈約束の地〉を見せたく、ここまで来てもらったのだ。」

勇士は、あの晴れた朝、草原を歩いてタラの城壁にやって来た戦士に姿を変えた。

「私は王の眠りを守ろう。」マナナーンはそう言うと、すでに与えていた「心地よき楽園のため」の銀の枝と合わせて、「真実のため」の黄金の杯を与えた。

宴も終りに近づくと、海神マナナーン・マク・リルはゆっくりと宮殿の謎を解き明かした。

「羽根で屋根を葺く者たちは、富を蓄えようとする詩人を表している。ああ、なんとつまらぬことを考えるのだろう、世間が詩人どもの富など吹き飛ばしてしまうというのに。中庭の池は、あらゆる知識をしぶきのように湧きださせる泉だ。そこから流れ出る五つの小川は、見る、聞く、嗅ぐ、味わう、触れるの五感を表したもの。五感はみな心と魂から外へ流れ、五感を通して知識は蓄えられる。泉の水そのものを飲むと、王の心と魂をよくし、小川の水を飲めば、王の望みのもの、しかも最高のものが手に入るだろう。」

マナナーンが手を打つと、楽隊が最後の行進曲と最後の別れの歌、そして最後の子守唄を奏でた。館の者たちはみな席を立ち、王に敬礼して、この不思議な大晩餐会を後にした。

翌朝、王は眠りから覚めて目をこすった。気づいてみると、そこは、前の晩に寝た寝床ではなく、なんとタラの高い緑の城壁だった。すべて王の夢だったのだろうか。遠くを見ると、王妃と姫、息子がおり、宮廷も普段と変わらぬ様子だった。そして新しい一日が始まろうとしていた。

しかし、体を動かし目をまたたき、伸びをしてから立ち上がると、傍らには、朝まだきの陽光を受けて輝く黄金の杯があり、その隣には、リンリンとやさしく鳴る黄金のリンゴを付けた銀の枝が置いてあるのだった。

マク・ダトーの豚

Mac DaTho's Boar

昔、レンスター州にマク・ダトーという王が住んでいた。王には自慢の持ち物が二つあった。一つは猟犬で、たった一匹で王家の土地全体の番をしているという猛獣だった。もう一つは食用の豚で、六〇頭の特選牛の乳だけを与えて七年間と七日間かけて育て上げた豚だった。この豚はもうすっかり大きくなり、一年間宴を開いても十分間に合うほどになっていた。もともとマク・ダトーはそのために豚を育てたのである。

ところが、豚よりも、猟犬の方に人々の関心が集まっていた。一〇〇の軍隊にも匹敵するこの猟犬は、飼い主にどれほどの力を与えることであろう。マク・ダトーが宮廷にいようと外国にいようと、ほとんど毎日のようにあちこちから、猟犬が欲しいという申し出があった。中でも強く頑固な申し出が二つあった。一つは西部《コナハト》のアリル王とメーヴ女王の宮廷から、もう一つはアルスターのコンホヴァル・マク・ネサ王からであった。コンホヴァルが強く頼み込むと、アリルとメーヴはさらに強く頼み込んだ。

マク・ダトーは持ち前の鷹揚さで、猟犬への関心に応じていた。寛容なマク・ダトーは訪問者がやって来れば温かく迎え、接待の見事な腕前を披露しようと自分で建てた館に招いた。この建物はあらゆるところに七という魔法の数字が関わっていた。七つの門に、七つの扉、七つの暖炉、そして牛肉、豚肉がどっさり入って絶えず煮立っている鍋が七つ。マク・ダトーが言うには「ちょうど人の頭に目が二つ、耳が二つ、鼻の穴が二つ、そして口が一つ、全部で七つの穴があるように、私の客人のためにも七つの穴を館に設け、そこを通ってもてなしを受けていただきたい」のだそうだ。このあるじのもてなしの心遣いに合わせて、宴の間での作法も決まっていた。例えば、客人が鍋の傍を通ったのに、中の料理を食べなかったら、館のあるじに無礼を働いたことになるのだ。

ある日を境に、例の猟犬の奪い合いが過熱してきた。コンホヴァルのアルスター州と、メーヴのコナハト州との間に険悪な争いが起こったのだ。この日、両王国からそれぞれ使者が到着し、マク・ダトーはすぐに拝謁を許可した。

「私が命ぜられているところを殿に申し上げます」と、メーヴとアリルから派遣された使者は口上を始めた。「本日、一六〇頭の最上の牛を殿に差し上げとう存じます。丘の向こう側まで連れてきておりますので、殿の牧場までお持ちします。それから、西部産の最高の馬二頭をつないだ第一級の二輪戦車もおつけしました。さらに、命ぜられているところを申し上げますと、これと同じものを毎年、殿のあられる限り、そして殿の御孫の代まで、献上いたす所存にございます。」

一方「私どもが殿にお約束いたしますのは、貴国とのうるわしい友好関係を保ち、確固とした同盟を結ぶこと、そして宝石と家畜を毎年献上することでございます」と申し出たのは、アルスターのコンホヴァル・マク・ネサからの使者である。きっと前のやり取りを壁の裂け目から聞いていたにちがいない。使者というものは、宮廷での外交術に長《た》けていなければならず、どのような交換条件を差し出すかはある程度まで使者の裁量に任されていたのである。

マク・ダトーはいざとなってどちらとも決めかね、なんとも困り果ててしまった。悩みぬき、眠れぬ夜が続いたあげく、食欲も失せてしまった。王妃が「テーブルにおつきになって。召し上がってくださいな。どうなさったの、こんなにおいしいのに」と言っても、王は一言も話さない。思いやり深い王妃は、王の心を詩の力で揺さぶろうとした。

思いもよらぬ申し出を　受けてしまって困り果て
悲劇の男　マク・ダトー
返事を受けるコンホヴァルの　耳に無礼と聞こえれば
攻撃されよう　マク・ダトー
もう一方のアリルとメーヴ　犬が我が物になり得ぬと
知れば名高い戦士を連れて　妻共々に皆殺し
悲劇の男　マク・ダトー

「よい考えがございます」と王妃が言った。「こういたしましょう。猟犬を両方に与えるのです。そして、互いに戦わせてしまうのですよ。あなたはその争いには加わらないで、みているのです。」

王はしばらく悩んだが、気分一転、自信をもった。滞在を続けていた西部《コナハト》の使者とアルスターの使者は、優雅で見事な宮殿で善良王マク・ダトーの名高い歓待を満喫していた。王は、もっとぶどう酒を運べ、音楽を奏でよ、と命じた。皆が十分に食べ、ゆったりとくつろいだころ、王は西部からの使者を広間の一方の端に招いた。

「貴殿もおわかりのことと思うが」と王は少しもったいぶって話しはじめた。「こんなに重大な決定を迫られたのは、今度が初めてだ。いろいろと考えたのだが、やはり貴殿の王と王妃、アリル殿とメーヴ殿の申し出を受けることに決めた。貴国に戻り、最高の部隊を率いて参られるように、お二人に伝えられたい。厳粛に猟犬の授与を執り行うゆえ、正式の戦さの装いをされること。この上ない猟犬を受け取られるのだから、第一級の戦士たちが立ち会わなければならない。」賢い西部の使者は練りに練った言葉で謝辞を述べると、直ちに使節団を集合させ、城を出発した。もう夜中を過ぎていたが、このよき知らせをできるだけ早く伝えようと、故国への道を急いだ。

この一団が去ってしまうと、マク・ダトーは宴の名残を後にして私室に戻り、アルスターの代表団を連れてこさせた。「私は決心した」と、王は少し緊張して言った。ここは神経を使う場面だ。「貴殿たちもわかったであろう、長いあいだ私がどれだけ真剣に考えてきたかを。こんな難題は初めてのことだった。」アルスターの大使は程よい敬意を表しながら髭を揺らせてうなずいた。マク・ダトーはこの敬意に気をよくし、さらにもったいぶった口調と身振りで話を続けた。

「貴殿らの申し出を受けようと思う。コンホヴァル・マク・ネサ王との友誼を重んじ、我が優秀なる猟犬をお譲りしよう。戻って、王にそのように伝えよ、私の敬意を添えてな。そして、王が猟犬を受け取りに来られるように。ただし……」そこで指を一本立てて言った。「軍隊を率いて来られるように。これはそうするにふさわしい貴重な猟犬なのだから。」　そして日取りを決めた――メーヴとアリルの派遣団たちと定めた同じ日に。

四週間後に約束の日が来た。輝かしい色とりどりのいでたちの人々が様々な方向からやって来て、城の前に広がる草地に集まった。北部から来た者たちは赤と白で身を包み、西部からの者たちは鮮やかな青をまとっていた。双方とも翻る小旗を槍の先に付けていた。マク・ダトーは、妃を伴って彼らを城門のところで迎え、城の中庭まで案内した。アルスターの者たちは庭の一方の端に整列し、西部の者たちはもう一方の端に並んだ。両者の間には、噴水の水が日差しの中で踊っていた。全員が馬から降りて、館の中に入ると、中ではマク・ダトーが巨大な豚を屠って調えた宴が始まろうとしていた。召使たちが豚の料理を車に乗せて運び、四〇頭の巨大な牛を使った牛肉の料理も広間を横切るように並んでいた。アリル王とコンホヴァル王は、マク・ダトー王の両隣に座った。

「なかなかの豚ですな」コンホヴァル王が賛辞を述べた。

アリルは言った。「しかし、どうやって公平に分けたものでしょうか。」

事を荒立てる時機をねらっていた〈毒舌の〉ブリクリウが、ここぞとばかり口を出した。

「異なる州から来た戦士たちが大勢、一つ屋根の下にいるのですぞ」とブリクリウは言った。「方法は一つ。皆の前で決闘をするのです。一騎討ちで。」

悲しいかな、コンホヴァルもアリルもこの餌に掛かってしまった。二人の王はそれぞれ最強の戦士を手招きした。いつもの決まりきった儀式が始まった。双方なじり合い、けんかを始めるのに十分な怒りを燃やす。激しい取っ組み合い。日が暮れるころ、たった一人の戦士が、切られもせず負けもせずに生き残って立っていた。アリルとメーヴの宮廷から来た戦士ケトだ。勝利を得たこの男には、壁の一番高いところに自分の武器を掛ける権利があった。そして肉切りナイフに手を伸ばして言った。「俺を負かせる者がいないのなら、この豚にナイフを入れることにしよう……どうれ。」

見ていたアルスター人は、もうだめだと思った。ケトがどれほどの男であるかがわかっていたからだ。この広間には、ケトと対等に戦える者は一人もいなかった。ただ座って見ているよりほかなかった。しかしコンホヴァル・マク・ネサ王はどうにも我慢できず、少しいい気になっているケトをしり目に、臣下の戦士ロイガレを呼び出した。

「よいか。どうにかするのだ。何でも構わぬ。こんなことが我慢できるか。じっと座って、きゃつめがあの見事な豚を切るのを見ているなど。」

ロイガレは脇の下を掻きながら、まさに悪者のような声で言った。「お任せあれ。ケトにマク・ダトー王の豚を切らせてなるものですか。」

ケトが顔を上げた。

「そこを退け！」ケトはいやみを込めて、大きな歯を顔いっぱいにむき出して言った。

「自分自身とその口に聞いてみろ！　説明してみろ、強情でうすのろのロイガレよ。どういうことなんだ、ロイガレ。アルスター人は西部に侵入しようと脅してばかりいる。貴様ごときまでが国境までやって来る。が、俺が出ていくと、情けない虫けらのように手を振って、しっぽを巻いて逃げてしまう。この間など、貴様は戦車も御者も捨てて逃げてしまったな。その貴様がどうして、俺が豚を切るのを邪魔するというのだ。」

別の声が割り込んできた。それは背が高く、しっかりした顔立ちの、美しい髪の戦士だった。

「俺がロイガレの味方だ。いいかげんにしろ、ケト。貴様などにこんな名誉が与えられてたまるか！」

「今度はどこのどいつだ。」ケトは、ロイガレに対するのと同じように、相手を見下して言った。

「オイングスだ。」アルスター人たちは叫んだ。「あの偉大なる戦士が来たか。」

「それはどうかな」とケトは言った。「俺は奴の父親を知っている。いつだったか、ある日の午後、暇つぶしにそいつの手を切り落としてやったぜ。その息子が俺に挑む勇気があるとは思えんがな。」

ケトはだんだんいらだち興奮してきた。「いいだろう。戦うのか、戦わんのか。貴様は俺とやる気か、それともアルスター産のうすのろみたいに口だけなのか。早くしないと、本当にこいつを切りはじめるぞ。俺は腹が減ってるんだ。」

また別の戦士が進み出た。

「お前は誰だ」とケトは言った。

「フェルンマグのエオガンだ。」

「アハハッ、こいつは何を言う気か」と、ケトは高笑いして息を切らしながら言った。「俺はお前のところから家畜を盗んだ、お前のところからな。自分の顔をよく見ろ、この片目男め。どうして片方の目がないのか、皆に言ってやるがいい。俺が話してやろうか。こいつ俺に逆らって、目を槍で一突きされたのさ。そういうことだ。さあ、今度はもう一つの目もなくしたいのか、え？」

エオガンは黙って席についた。ケトは「誰かもっといないのか。どんどん来い！　相手になってやるぞ！」

そこへある三人が進み出た。ケトはそれぞれを罵倒し退散させた。ケトは三人の仲間の首をはねたり、その身内をひどい目に合わせたりしたことがあったのだ。三人自身もケトに指か耳か目を傷つけられていた。とうとう進み出る戦士は誰もいなくなり、アルスター人は皆ケトから大波のような嘲りと毒舌を浴びせかけられ、ケトの味方はそれを楽しんでいた。アルスター人たちがなすすべもなく黙ってしまったのを見届けて、ケトはごちそうの豚の前に英雄らしく立ちはだかり、ようやく誰にも邪魔されることなく肉にナイフを入れる時が来た。

しかしそのとき、扉が叩き開けられた。叫び声が宴の間に響きわたった。

「そこから退《の》け！」と、壊れた扉から出てきたのは、アルスター最強の戦士コナルである。

「貴様、自分のしていることがわかっているのか。貴様はたしかに最も勇敢で寛大な心の戦士だろう。槍や投げ矢の腕前は一流だし、剣や刃のように鋭い盾を持たせたら世界一だ。しかし、マク・ダトーの豚を切るのは、貴様ではない。」アルスター人から大歓声が上がった。コナルとケトは互いを見まわし、相手が自分と対等であることを認めて、ほほうと言った。

ケトも、好敵手に対する賛美の言葉を織り込んで応えた。「その心臓は石の如し。燃える心は山の獅子の如し。澄んだ瞳は氷の閃光の如し。多くの傷を負ったお前こそ真の戦士。まもなく新たな傷をつけてくれよう、お前のような勇者が相手ならば。」

コナルの返事にも、同じように相手への賛辞が込められていた。「うむ、ケトよ。お前は白鳥の如き優美な心を持ち、怒れるときは大海の如し。不屈の精神は雄牛の如し。我らが対決すれば、世の者たちは必ずそのことを知り、二人の獅子の物語を語り、その闘志と勇気は皆の手本となろう。しかし今こそその豚から離れて、肉切りナイフを置くのだ。お前にそのナイフを扱う権利はない。さあ、そのナイフを渡せ。お前には悪いが、ナイフを入れるのはこの私だ。」

二人の声は、アルスター人たちの歓声にかき消されてほとんど聞こえなかった。一方、マク・ダトーと妻は目を大きく開けて、自分たちの館を舞台に二大戦士が相まみえようとしている名誉を味わっていた。

ケトは、どけと言わんばかりにコナルを肘で突き飛ばした。するとコナルは言った。

「ケトよ、正式に軍に入ってアルスターの戦士としての身分を認められてからというもの、私は毎日のようにお前の国の黄色い肌の者たちを殺し、毎晩のように、血みどろになって床に転がる西部《コナハト》の者たちの首の隣で寝ていたのだ。」

「それならば」とケトは別の事を思いつき、「貴様は俺よりも優れた戦士なのかもしれぬ。たしかに見上げた男だ。だが、どうだ、もしここにアーンルアンがいたら、貴様はきっと態度を変えていただろうよ」と言い返した。

「アーンルアンならここにいるぞ」と、コナルは腰の後ろに手を伸ばし、腰帯の首袋からアーンルアンの血みどろの首を引きだして放り投げた。

「わかった」と青ざめたケトはやっとの思いで言った、「たしかに俺はこの豚を食べるのにはふさわしくないようだな」。そしてゆっくりと退き、初めに座っていた席を探してそろりと腰を下ろしたのだった。

コナルがマク・ダトーの豚にナイフを入れはじめると、アルスターの戦士たちは総立ちで拍手喝采した。しかし負けたメーヴとアリルの臣下たちは物を投げはじめた。最初はまずパンや他の食べ物のかたまりから、スプーン、杯、最後には矢を投げてきたので、アルスター人たちはコナルを盾で守らなくてはならなかった。

そんな中、コナルは毛むくじゃらの顔に大きな歯をむきだして笑みを浮かべ、見事にナイフを入れた。しきたりに従い、宴のあるじマク・ダトーと自分の主人コンホヴァルがうなずいたのを合図に、二人によく見えるように食べ初めをした。半身を食卓の上にかがめて、豚の胃袋を口に運んだ。豚の腹を割いて引きずりだすのに九人の男の手が掛かる豚の胃袋を、コナルは一人でさっさと取りだし、一気に噛み砕いて飲み込んでしまった。そして、西部の者たちに向かって嘲りの舌打ちをしてみせると、笑いながら豚の両前脚を分けてやるそぶりをみせて、まるで自分の両手のように豚の前脚を前に差しだして振って見せた。

西部の者たちは剣を抜き、戦いが始まった。食卓に乗り、その下を転げまわり、椅子を引っくり返し、柱の蠟燭を叩き落とし、よろめき、帯皮で相手を叩きのめし、剣をのこぎりのようにして切りつける。ほとばしる血は小川のように石床の坂を下って、回廊に流れ込んだ。争いは血の流れに沿って広がり、ついに館の中庭は、こわれた武具から出られず身動きできない戦士だらけになった。男たちは泉に投げ込まれたり、柵や杭に引っ掛けられたり、城壁の上を追いかけられたりした。蹴り合い、目玉をえぐり取る。戦士たちは奇声をあげながら争いを続けた。武器は垣に引っ掛かったまま、目玉は土の上を跳ね回り、耳たぶが食卓の上ではためき、床に転がる死体を城の犬がなめまわしていた。

こうして犬が現われたところで、マク・ダトーがかの有名な猟犬を連れてきた。猟犬は眠そうな顔をしていたが、血の臭いを嗅ぐとさすがに耳をそばだてて辺りを見まわし、アルスター人たちの味方をして、西部の者《コナハト》たちを追い出しにかかった。西部の者たちはケトも含めてみな逃げだし、猟犬は後を追って、馬の尻を食いちぎり、戦車の車輪を嚙み切り、戦士たちのかかとや足首や足や、尻まで食いちぎった。みな城外に逃げだすと血に滑りながら草地を西へ向かい、この大乱闘から逃れていった。

この猟犬は、なにか一つ嚙むたびにみるみる大きくなり、嚙みついたものはすべて飲み込み――敵にとほうもない被害をもたらした。猟犬に見つかったが最後、絶対に逃げおおせることはできなかった。猟犬は、老人も若者も上官も下っぱの戦士も、病人も元気な者も、人間も戦車も馬も、なんでも構わず追い立てた。これぞ、どんな軍隊よりも強い犬。それが今まさに証明されたのである。

しかしその後、劇的な出来事が待っていた。猟犬がメーヴとアリルの戦車を襲撃すると、名のある英雄戦士だった御者が犬を打ちのめして首をはねたのだ。首は戦車の車軸に突き刺さり、首を失った犬は戦車と並んで数ヤードよたよた歩いた。御者は藪の中でぐるりと向きを変え、そこで追ってくるアルスター人を待ち伏せた。アルスター人の注意をそらすために、血と脳みそだけになった犬の首を道の真ん中に置いて。

そこにコンホヴァル・マク・ネサ王の戦車が全速力でやって来た。「あれは、皆が探し求めていた猟犬の首ではないか」とあわてて戦車を止めた瞬間、隠れていた御者が藪の中から声を上げて現れ、戦車の前に立ちはだかり、コンホヴァル王を脅して言った。「王よ、私をエウィン・ワハの宮廷に連れて行き、仕事を与えなさい。」 御者はさらに王に迫った。王の喉元《のど》に剣を突きつけていたのだから、難しいことではなかった。「家臣に命じなさい、この御者をアルスターの女性たちが恋人として迎え入れるようにと。」

御者はまんまとアルスターの宮廷で思いどおりの時を過ごした後、金の手綱をつけた二頭の王馬の引く戦車に乗って西部に戻った。

マク・ダトーと妻の暮らしには、その後は何も起こらなかった。当然であろう。二人はあのとき名誉の豚を食べてしまったし、名高い猟犬も死んでしまったのだから。

エーダインへの求婚

The Wooing of Etain

昔々、はるか彼方に、エオヒドという魔法使いの王がいた。王には底知れぬ力があり、まるで神のように天気や季節、雨や温暖な気候を思いのままに操って、期待どおりに穀物を成長させ収穫を得ることができた。王と手を結んでおけば悪いことはなかったのである。ところが、エオヒドの魔法はいつでもよいことをもたらすというわけではなかった。例えば、こんな話がある。

エオヒド王は、エトネという美しい女性が好きになった。エトネは、ボイン河畔の、埋葬場所として知られる聖所の近くに住んでいた。エトネを自分のものにしようとしたエオヒドは、無法にもエトネの夫エルクウァルを軍事および外交の使節として他国に派遣した。さらに、あまり早く帰ってくることのないように、魔法をかけてエルクウァルから朝昼晩の感覚を奪い、さらに食欲も取り去った。エルクウァルは空腹も喉《のど》の乾きも感じなくなり、生活のリズムを失ってしまった。

こうしてエトネは王のものとなり、二人の間に男の子が生まれた。その子はオイングスと名付けられ、エオヒド王は事が露見しないように、ミディルという他国の王に預けた。もちろんこの手配はエルクウアルが戻る前に済まさなくてはならなかった。エルクウアルはエオヒドの魔法に掛かったたままで、九カ月も外国に派遣されているのに、自分では数時間のこととしか思っていなかった。彼には、今が昼なのか夜なのか、食事の時間かどうかも全くわからないのだった。

オイングス少年の成長ぶりを見た人は誰でも、類まれな才能を持つ血筋に生まれたにちがいないと考えた。ミディル王の宮廷の少年少女の間でオイングスは生まれつきのリーダーシップを発揮していたからである。しかしオイングスは傷つきやすい少年でもあった。ある日のこと、それまでの輝かしい小世界が崩れ去ってしまうような事件が起こった。オイングスは、他の少年に捨て子とばかにされ、混乱して泣き出してしまった。慰めてもらいたくてミディル王の部屋に駆け込むと、オイングスを格別に気に入っていたミディル王はやさしくなだめ、本当の出生について話して聞かせた。オイングスは涙をふいて本来の勇ましい少年に戻り、本当の父に会わせてほしいと王に頼み込んだ。

衝動的な性格のミディルは、オイングスをエオヒド王のもとに連れていった。父親に会ったオイングスはいくらかおずおずしていたが、エオヒド王の方は大喜びでオイングスを迎えた。それから二人は将来について話し合った。当時のしきたりに従って、土地を分配し、財産や統治権についても決めておかなければならなかったのだ。そこで、母エトネの夫エルクウアルがボイン河畔の土地をまだ領有しているため、自分に与えられるべき財産がまだ相続できないということがわかった。オイングスはこのことに腹を立て、エルクウアルから土地の権利を奪う方法をエオヒド王に教わった。

「エルクウアルを襲うのだ、チャンスを見てな。競技の観戦をしているときならきっと何も武器を持っていないだろう。喉元に刃を突きつけて、すぐにも土地を渡さなければ殺すと脅してやるのだ。」

作戦は見事成功した。エルクウァルは逃げ出そうとするところを捕らえられて、なすすべもなかった。その後土地を返してほしいと頼んでみたが、オイングスには応じるつもりなどない。二人はエオヒド王に裁判をしてもらうことにした。実はこれには裏があり、オイングスはすでに王と話をつけていたのだ。王はエルクウァルに不利な判決を下した。エルクウァルは、自分の土地よりも命を大事にして逃げ出そうとしたという理由で、土地を没収されてしまった。王は埋め合わせに、その土地と同等の価値のある別の土地をエルクウァルに与えた。こうして、王の実の息子オイングスが、王国の支配者となった。


一年後、ミディルがオイングスを訪ねてボイン河にやって来た。到着したちょうどそのとき、競技場で少年たちが激しい取っ組み合いを始めた。止めようとして間に入ったミディルの目に木の枝が当たりトゲが刺さってしまった。オイングスは使者を送って国じゅうの名医を集めて治療に当たらせ、なんとか目を完治させた。オイングスはミディルに一年間ここで療養してほしいと頼み、ミディルは承知した――ただし、王国で最も美しい女性を与える、という条件で。

さて同じころ、アイルランドにアリルという王がいた。アリルにはボイン河領域の王たちほどの富も権力もなかったが、自慢できることが一つだけあった。それは娘のエーダインだった。エーダインは類まれな美女で、誰もが「エーダインは生まれながらの王女様」と口にするほどだった。ボイン河の宮廷でもエーダインの噂は広がり、エーダインこそがミディル王の望みにぴったりの女性である、ということになった。そこでオイングスは北方のアリルの国へ向かい、ミディル王のためにエーダインに求婚した。しかし父親のアリルは拒絶した。もし、エーダインにオイングスの国へ行くことを許して、万一そこでひどい目に遭うようなことがあったとしても、アリルにはその屈辱に報復するだけの力も財産もないからである。

話し合いは丁重に進められた。オイングスが代わりに金を支払おうと言うと、アリルは取引を持ちかけた。「オイングス殿が我が国の広大な一二の沼地に水路を作り、一二の森林を切り開いてくれるならば、交渉に応じよう。」オイングスは承知し、魔法の力で一晩のうちにやり遂げた。ところが翌日には、アリルは別の仕事をもち出してきた。「今度は、一二の大河の水路を変えて我が国を通って海に注ぐようにし、荒れ地で耕作ができるようにしてほしい。」

「終わりました」とオイングスはすずしげに言った。もちろん国土はそのとおりになっていた。アリルはさらにもう一つ要求した。エーダインと同じ重さの金と銀である。これも難なく揃えると、ついにエーダインをめぐる取引は終わった。気高く、まばゆいばかりに美しく、比類なく優雅で、アイルランド一の乙女エーダインは、オイングスの馬に乗り、ミディルのいる宮殿へと向かった。使者が先に着いていたので、二人が到着したときには、ミディル王は立派な装いで待っていた。整えられた長い金髪に、金の細い留め帯。紫の上着に、青銅のやじりの槍と、宝石を散りばめた大きく丸い楯を持って城門に立つ姿は、いかにも堂々としている。ミディル王は灰色の瞳をきらきらと輝かせて、やって来たエーダインに求愛の言葉を投げかけた。

この女性の美しさをどうしたら表わすことができるだろう。詩人は言葉を失ってしまうほど。花のように鮮やかな瞳。かぶと虫の羽のように黒い眉。口元からは二連の真珠のような白い歯が見える。長い髪を編んだ房ごとに、金色の小さな玉飾り。その頬はジギタリスのような淡紅色で、唇はナナカマドの実のように赤く、ほっそりとした腕は雪のように柔らかで白い。首は白鳥のように長くしなやかで、太ももは波のしぶきのように滑らかで白く絹のようだった。

エーダインも一目でミディルが好きになった。歓迎の宴が終わるやいなや、二人は寝室に入った。そして翌朝、二人はミディルの国に向けて出発した。

エーダインに夢中のミディルは、その道すがらも楽しそうだった。つまり故国に妻のファムナハがいることをすっかり忘れていたのだ。この結婚話のあいだ、ミディルは国に妻をおいてきていることをおくびにも出さなかったため、誰も彼に妻がいるとは思いもしなかったのだ。ファムナハ妃は、馬に乗って城へ向かってくるミディルの腰をエーダインの腕が抱いているのを見て、激しい嫉妬にかられた。そして、エーダインが実に美しく、ミディルがじっと彼女に見とれているのをみて、ファムナハの嫉妬の炎は何百倍にも燃え上がった。

しかしファムナハはそんな気持ちを表には出さず、親しげにふるまった。そしてミディルに「エーダインを連れていってあなたの国土と財産を見せて差し上げたらいかが。見せておやりなさい。見せびらかしておやりなさいよ」と言った。

二人が出かけている間に、ファムナハは呪いの準備をした。エーダインが帰ってくるとすぐ、妃は先に宝石の付いた魔法の杖で触れた。すると、エーダインは小さな水たまりになって、妃の手のひらに乗ってしまった。妃が水たまりを管に吸い込ませると、エーダインは大きな毛虫になり、ついには美しい蝶となって飛び回った。その蝶は人の頭くらいの大きさで、宝石のような目をして、明るい藤色とヘリオトロープの紫色をしていた。

エーダインの蝶が羽ばたくと、あたりの空気は心地よい響きにつつまれた。また羽の鱗粉が病人の上にかかると、病はたちどころに治ってしまった。

ミディルはこの蝶が恋しいエーダインであることに気づき、心を痛めた。ミディルの魔法では、蝶を元の姿に戻すことはできなかったのだ。しかしどうにか蝶が自分の周りを飛んでいるようにした。ミディルは悲しかったが、この美しい紫の蝶が近くにいるだけで少しは満足することができた。蝶はいつでもミディルの右側を飛び、羽音の調べで王を慰めた。一方フアムナハは、呪いが効いたのを見届けたあと、ミディル王の怒りを恐れて城の外に逃げていたが、ミディルが怒るどころか悲しんでいると聞いて、城に戻ってきた。そして王と蝶が四六時中いっしょにいるのを見て、またしても嫉妬の大嵐を巻き起こし、蝶のエーダインを吹き飛ばした。蝶は、ミディルにもミディルの知り合いにも会えない遠い土地に七年間も飛ばされた。その大嵐は凪ぎもせず止みもせず、昼も夜も一時も休まず吹きつづけた。その間ずっと蝶は一つの場所にとどまることができなかった。絶え間なく吹き荒れる嵐のために、エーダインは木にも小山にも石の上にもとまれなかったのである。

嵐はたまたま蝶をオイングスの国に吹きやった。その時からエーダインの運命は好転しはじめる。蝶はオイングスのマントにぶつかった。オイングスは、打ちのめされ傷ついてもなお美しい紫の蝶が、実はエーダインであることを魔法の力で見抜いた。オイングスは蝶を館の中に入れて、優雅で暖かい部屋に隠してやった。しばらくすると蝶は元気を取り戻した。オイングスの魔法の力はフアムナハよりも優れていたので、夜の間だけならばエーダインを元の女性の姿に戻すという、ミディルにはできない技ができた。オイングスは、ミディルと同様エーダインが好きでたまらなくなり、ミディルに負けぬ熱い思いで求愛した。二人は愛と音楽につつまれて夜を共に過ごすようになった。こうして元の姿に戻った美女エーダインは、毎晩日没から日の出まではオイングスの寝室で彼の腕に抱かれて過ごし、夜が明けると蝶の姿に戻るのだった。

だが、楽しい安らぎも長くは続かなかった。ファムナハ妃が追いかけてきたのだ。またもや無情な強風は白く凍てつく軍隊のように荒れ狂い、美しい蝶を屋敷の外へ吹き飛ばしてしまった。それからまた七年間、エーダインは山から谷合いへ、谷間から平野へ、あちこちの地面に叩きつけられ吹き上げられた。とうとうすさまじい大嵐が、北国のエーダルという勇士の宮廷の屋根に吹きつけた。勇士の多産の妻が蜜酒の入った杯を口に運びかけていたちょうどそのとき、蝶が杯に入ってきた。妻は、飲みかけていた杯を止めることができず、蝶を一緒に飲み込んでしまった。蝶は体内を泳ぎ下って子宮までたどり着き、そこで再び人間の姿になった。そうして、最初に生を受けた日から一〇〇〇と一二年経って、エーダインはとうとう人間の子供として生まれ変わった。ミディルとオイングスを魅惑したあの内気な少女に劣らぬ美女として。

ところで、ファムナハが二度目の大嵐を起こしたとき、オイングスはミディルを訪ねて出かけていた。帰ってきたオイングスは、エーダインがまたもや大嵐に吹き飛ばされてしまったと知るや、ファムナハを追いかけて殺し、切り取った首を馬の鞍にぶら下げてボイン河畔に帰った。

さて、エーダインは勇士エーダルの娘として、宮廷の少女や女性たちのもとですくすくと育った。比類なく美しい乙女になったので、五〇人の首長たちが、将来エーダインの侍女になれるようにと、自分たちの娘をエーダルの宮廷に連れてきてエーダインの近くで養育させるほどだった。エーダインはその魅力をいつも振りまいていたが、それを鼻にかけることはなかった。ある日のこと、河口で女たちが沐浴しているところに、立派な装いの戦士が馬で通りかかった。巨大な銀の丸い楯が陽光に輝き、槍の先には五つの穂先。金色の長い髪を風になびかせ、額の周りを金の留め帯でとめている。戦士はみごとな馬を止めて、黒い瞳で沐浴している女たちを見た。そして、エーダインの姿に目を留め、彼女の美貌を称える歌をうたった。女性たちや少女たちはくすくす笑っていたが、エーダインは黙って耳を傾け、歌が終わると兵士にお礼の言葉を述べた。戦士は馬を駆って、主人のいる宮廷へ向かった。彼はエオヒド王の信頼厚い臣下だったのだ。

戦士が見てきたものは、エオヒドの宮廷にとって朗報であった。というのも、そのころ最強の王となっていたエオヒド王は、そろそろ妻を娶《めと》ろうと考えていたからだ。王だけでなく民も、王国が平穏無事に続くことを願っていたので、王の結婚を望んでいたのである。そのため、ここしばらく王の使節たちは国じゅうをまわって、王妃としてふさわしい乙女を探していた。そこへ、この戦士がエーダインの美貌の知らせをもたらしたのである。

エオヒド王は自らエーダインを見に行った。王がやって来たとき、エーダインは前と同じ河の近くで、侍女たちと共に髪を洗って櫛を入れていた。右手に金の飾りの付いた輝く銀の櫛。顔を洗った銀のボウルは、マッシュルームほどの大きさの宝石で縁どられ、大きな把っ手には宝石をちりばめた四羽の鳥が舞っている。楕円形の大きな鏡を左手に、両手がふさがるときは木に掛けて、自分をうっとりと眺めていた。

侍女たちは楽しそうにエーダインに、銀で縁取りをした服とあざやかな紫のマントを着せた。上品にはおられたマントの胸元は、宝石をちりばめた金の長いピンで留めた。さらにその上から、錦織《ブロケード》に光沢のある緑や赤、金で刺繍を施したフード付きのやや短い上着をはおった。エオヒド王の供の男たちは馬に乗ったまま王の周りに集まり、息も止まらんばかりに驚いて、静かに口笛を吹いたり、互いに顔を見合わせたりしていた。エオヒド王はエーダインの美しさにぼうっとしてしばらくの間なにも言えずにいたが、やがて馬を下り彼女の方へ歩いていった。

王はエーダインに、タラの女王になってくれるようにと求婚した。結婚式でエオヒド王はエーダインに戴冠して、王の女王に対する誓いとした。人々は、たとえ神々であっても、二人の婚礼の宴の豪華さに及ぶものはあるまいと噂した。

やがて、この時代の混沌とした社会ではよくあるように、色恋沙汰という厄介事が起こった。エオヒド王の弟アリルが、エーダインがタラの長い宴の間《ま》に歩み入るのを見た瞬間から、エーダインに深い恋心を抱いてしまったのだ。それからというもの、エーダインを恋い焦がれるあまり何も手につかなくなってしまった。その恋の激しさゆえに、アリルの顔は青白くなり、やつれていった。死にたがっているようにさえ見るほどだった。宮廷の医者の診立《みたて》では、二つの致命的な病、恋と嫉妬に罹《かか》っているとのことだった。施すべはない。若い王子は日に日に衰えていくばかりであった。

まもなくエオヒド王は、もう長い間延期してきた国内の行幸に出かけなければならなくなった。いやいやながら出発する際、王は、エーダインがアリルの不思議な病を心配して泣いているのを見た。これが初めてではなかったが。

さて、エーダインは妙なことに気づいた。アリルの身体の調子は、エーダインが訪ねてきたときだけよくなるのである。彼女は、このひどい病は何が原因かとアリルに尋ねてみた。アリルは顔を背け、あいまいなことを言って、彼女の不審をますます深めることになった。さらにエーダインが問い詰めると、ついにアリルの恋の思いはあふれ出た。彼はエーダインに告白した。「あなたへの思いが荒れ狂う洪水のようにあふれて、どうにもならないのです、この病を癒す方法はたった一つ。どうかあなたの腕の中で一夜の慰めを。」

エーダインは当惑した。彼女の葛藤はいかほどであったろう――私は夫を愛している、夫はアリルを愛している、そのアリルは私を好きだという、しかも同じ熱い思いで。このような輪をこわすことができようか。若者の命を救うためだけに承諾しよう。エーダインは王子のたっての願いを聞き入れようと決心した。ただし事はこの上なく慎重に運ばなければならない。二人は、タラから遠く離れた丘の中腹で逢いびきをする約束を交わした。

ところが、逢いびきの宵、アリルは深い眠りに陥り、約束を破ってしまった。アリルは知らなかったのだ、自分があの魔法使いのミディルにまじないをかけられているということを。ミディルはアリルを眠らせてしまうと、アリルの姿に変身した。変身したミディルはエーダインに対してわざと、悲しげで無関心そうなつれない態度をとった。エーダインはもちろんこの男をアリルだと思っているため、当然ながらアリルへの思いやりも薄らいでしまった。こんな調子で逢いびきは三回つづいたが、エーダインは、自分が哀れみをかけた目前の男が、まさかミディルの変身だとは思いもしない。いっぽう本物のアリルは毎晩ミディルの呪文を解かれて目を覚ますのだが、それはいつでもエーダインと丘で逢う時刻を過ぎてからで、自分に何が起こっているのかさっぱりわからなかった。

ミディルはついにエーダインに打ち明けた。「私はミディルです。あなたに逢うために、こうしてアリルの姿に変身したのです。」ミディルは、エーダインが勇士エーダルの娘となる前の物語を語った。フアムナハの魔法と、七年間の大嵐、音を立てて飛ぶ藤色と淡紫色の大きな蝶についてを。また、一〇〇〇年以上も前の偉大なる時代、当時のエーダインもやはり絶世の美人と噂されていたことも。そしてミディルは告白した。「こんなふうに魔法を使ったのは、あなたに近づきたかったからなのです。」そして最後に、エーダインを誘った。「さあ、いっしょに常若《とこわか》の国、永遠の生命の国へ飛んで行きましょう。」

ミディルは比類ない詩才を持っていた。

愛しい人よ　楽の音の響く　かの誉れの国へ　共に旅立ちましょう
かの地では　髪は桜草の花びらとなり　身体は雪にも優る白さを帯びる
小川はやさしい音を立てて田園を流れ　蜜酒や葡萄酒も溢れんばかり
民は非の打ちどころがなく　愛には汚れがない
女人よ　共に来て　我が良き民に会ってくだされば
あなたは金とミルテの花の冠を戴き
蜂蜜　葡萄酒　エール　新鮮な甘い牛乳　ビールもすべてあなたのものとなるのです

麗しの女人よ

初めエーダインは、自分の宮廷、民、それから王の元を離れるのが嫌だった。エーダインにとっては、ミディルもその一族もみな他人なのだから。しかしついにはミディルの誘いを受けることにした。ただし自分が出ていくことをエオヒド王が承知してくれたらという条件で。ミディルは微笑んで、姿を消した。

それからしばらく経った、ある晴れた日の朝。タラの城壁に立っていたエオヒド王の傍らに、色鮮やかな衣をまとった美しい若者が現れた。銀のフィドヘル盤と金銀の齣《こま》を脇に抱えていた。そして「私はミディルと申す者です。王がフィドヘルの達人であられるとの噂を聞き、ぜひお相手をしていただきたく参上いたしました」と言った。この挑戦を、王は受けないわけにはいかなかった。

二人は賭けをした。賭けたのは、鹿のように足の速い斑の馬を五〇頭に、エナメル細工を施した馬勒を五〇組だった。最初のゲームは最初のさいころの一振りからエオヒドの勝利だった。翌朝、約束の馬の大群が城の前の草地へ駆けてきた。馬が通った後の砂塵の中から、ミディルが再び現れた。二人は新たにフィドヘルの賭けをした。金の柄の剣を五〇振、白い牝牛を五〇頭とその白い子牛を五〇頭、それぞれ角が三本ずつある去勢羊を五〇頭、象牙の柄の短剣を五〇振に、斑点模様のマント五〇着を賭けて。またもや何度さいころを振ってもエオヒドの勝ちだった。とそこへ、エオヒドの養父で城のすぐ傍に住む知恵のある老齢の領主がやって来た。賭けで得た新しい財産を見た領主は、エオヒドにこう注意した。賭け事でこれだけのものを捨てることができるからには、きっと莫大な財産を持っているにちがいない。富は力なり、という言葉もある。この男は、払い切れないほどの負債か重労働で束縛してやるといい、と。この助言を聞いたエオヒド王は、ミディルが再び負けると、とてつもない要求をした。七つの大森林の開拓、七〇〇エーカーの大湿原の埋め立てと、そこを通る七つの土手道である。しかしミディルはこの仕事をたった一日で完成してしまった。その後も、エオヒドがどんな大仕事を課しても、ミディルはまたたく間にやり遂げてしまうのであった。

ミディルは自分がエオヒドの王国の開拓のためにうまく利用されていることを知っていた。だが怒りは胸にしまい込み、最後の試合の一振りに挑んだ。ミディルは、さいころが転がっている間に、何を賭けるかは勝った方の自由ということにしてください、とエオヒド王に頼んでいた。すると今度はミディルが勝ったのである。そこでミディルが要求したのは、エーダイン妃とのくちづけであった。エオヒド王はむっとした。それでもひとまず、よろしいと答えて、一カ月後にその褒美を取らせようと約束した。

約束の日になった。これまで以上に立派な装いのミディルが、ボイン河を挟んでタラの反対側にある丘の上に現れた。遠くに、ミディルを入城させまいとエオヒド王が召集した大軍隊が構えているのが見える。だが、例え戦士が一〇〇〇人集まっても一〇万集まったとしても、ミディルの魔法にかなうはずがなかった。さて宮殿の奥深くでは大宴会が行われていて、エーダインはそこで葡萄酒を注いでまわっていた。エオヒドは自分たちは絶対に安全だと思っていた。王とミディルのフィドヘルの試合をずっと観戦してきた客人たちの間で、突然驚きの声があがった。なんと、あのミディルが鎧をまとって、晴れやかな表情で宴の間の真中を歩いているではないか。

ミディルは左手に武器を持ち、右手でエーダインの腰を抱きしめた。二人は鳥のように食卓の上に舞い上がった。そのときエーダインの手から葡萄酒の瓶が落ち、卓上でゴロゴロと音を立てて床に転げ落ちた。二人は、宮殿の小さな天窓を抜けて飛び去っていった。そのとき外で城壁の警備をしていた兵士たちが見たのは、月を背にした二羽の白鳥である。二羽の白鳥は一度輪をかいて、南のシュリアヴナマン、つまり〈女の山〉へ飛んでいき、そこからミディルとエーダインはミディルの祖国、常若の国に入ったのである。

タラでは怒りが沸騰していた。つづく憤怒の日々、とうとうエオヒド王のドルイドがイチイの木を三度振って、ミディルとエーダインをミディルの国まで追いかけた。王の仕事はすべて延期となり、九年もの間エオヒドと家臣たちは攻撃を繰り返した。しかし、いくらエオヒドたちがミディルの城を破壊しても、ミディルの魔法ですぐにもとに戻ってしまう。だがついにミディルがエオヒド王の攻撃を止めさせる時が来た。ミディルがエオヒド王の前に現れて、エーダインをタラに返そうと約束したのだ。王が了承すると、たちまちそこに五〇人の女が現れた。しかも一人一人がエーダインと瓜二つ。この中からエーダインを探せ、というのである。エオヒド王は女たちに葡萄酒を注がせて、エーダインを探し出そうとした。本当に上手に葡萄酒を注ぐことができるのは、エーダインだけだと思っていたからである。五〇人のうち上手に葡萄酒を注ぐ女がいたので、エオヒド王は少しためらいつつも、その女性を選んだ。とにかく王の名誉にかなう女性だったのだ。王が妖精たちの手からついに妻を救い出したことが知れわたるや、大きな歓呼の声が湧き起こった。王もエーダインそっくりの女性をタラに連れ戻すことができて大満足だった。

ところが、ミディルはなおもエオヒド王を悩ませた。フィドヘルで負けたときにさんざん屈辱を味わわされたので、そう簡単にエオヒドを許すわけにはいかなかったのだ。ある日ミディルは例のごとく魔法を使ってエオヒド王の前に現れ、秘密を明かした。エーダインが私と共に飛び立ったあの晩、エーダインは子を宿していた。そして、その子供、つまりあなたの実の娘が、王が五〇人のエーダインそっくりの女の中から選んだあの女性なのだ。つまり、いま妃として王と共に暮らしている女性は、王の実の娘なのだ、と。あまつさえ、王と妃との間にはすでに女の子が生まれていた。王はもう我慢できなくなり、エーダインではないとわかった妃を追放し、娘を獣の餌食にしてしまえと家臣に命じた。家臣たちは王の娘を、タラからそう遠くないあばら家に置き去りにした。そこに住む善良な一家は、外出から帰ってきて美しい髪をした女の子を見つけると、大切に育て上げた。

時は過ぎ去り、少女は、人間ではあるが、名高い母と同じように美しい女性となった。そして英雄と結ばれ、英雄を産み、そうしてケルトの英雄たちの長く続く家系を作った。伝説的なエーダインへの求婚の物語は、一時は災いと魔法に溢れていたが、ここにようやく人間の幸せな物語として幕を閉じるのである。

デルドレとウシュネの息子たち

Deirdre and the Sons of Usna

はるか昔の、偉大なる時代のこと。ダル《マク・ダル》の息子フェドリウィドは、アルスター王コンホヴァル・マク・ネサの宮廷の最上級の語り部《バルド》で、権力と富をほしいままにしていた。その権勢は自分の館に王を招いて宴を催すほどのもので、誰にもまねのできないことだった。

ある日フェドリウィド・マク・ダルの館で王を招いて宴が開かれたときのこと。身ごもっていたフェドリウィドの妻は、しきたりに従い、客人たちに酒をついで回り、給仕らを働かせて戦士たちに滞りなく料理を運ぶよう世話をやいていた。宴は錚々《そうそう》たる顔ぶれで、王のほか、王付きの最高位のドルイドのカトヴァド、遠方からやって来た大勢の語り部たち、幾人もの名将たちが、城内からも城外からも集っていた。

夜の宴が終ろうとするころのことである。フェドリウィドの妻が慣例どおりに皆に葡萄酒をついで回り、宴の広間の真中へゆっくりと進んでいったそのとき、なんと胎内の赤子が叫び声を上げた。その声は誰の耳にも聞こえた。耳をつんざくその声は、宴の広間にこだまして、杯にも共鳴するほどだった。妻に駆け寄った侍女たちは、お産が近いと考えて奥へ連れていった。男たちは不気味な叫び声を聞いて不安を感じた。あんな恐ろしい叫び声はいまだかつて聞いたことがない。ついには恐ろしさのあまり席を立ち、動揺でけんかも始まらんばかりとなった。

王は重々しくフェドリウィドを呼び、あの叫び声には何か訳があるのか、できるなら妻に広間に戻ってきて話してくれるよう頼んでくれ、と言った。フェドリウィドはうなずいた。

フェドリウィドの妻は、王に命じられたとおり高僧ドルイドに向かって、貴婦人らしく静かに答えた。「うまくお答えできませんわ。それでもとおっしゃるのなら、こう申し上げるしかありません。自分のおなかにいる子供がどんな人間になるかなどわかる女は一人もいないでしょう。」

さすがはフェドリウィド殿の奥方、機転の利いたうまい答えだ、と周囲の者たちはうなずいた。ドルイドは皆を静かにさせてから、しばらく考え込むと、予言を語りはじめた。

フェドリウィド・マク・ダルの妻がまもなく出産しようとしている子供、「それは、亜麻のように滑らかな髪、灰色がかった緑の瞳、ジギタリスの花のように薄紅色の頬、つやつやと赤い唇をした女の子であろう。すでに胎内から産声をあげたこの子は、最高の美女となり、諸国の王が求愛にやって来て、王妃たちは嫉妬するであろう。この乙女のために殺し合いと争いが起こり、アルスター人は互いに反目するようになるであろう」。これがドルイドの予言であった。

「この子に名を与えよう」とドルイドはつづけた。「この子の名はデルドレ。デルドレの名と美貌は、多くのものを破壊し、デルドレの美しさゆえにアルスター人はみな苦しみを味わう。最後にこの乙女は

〈悲しみのデルドレ〉と呼ばれるようになるであろう。デルドレゆえに、アルスターで名を馳せる三人の息子たちが流浪の旅に追いやられる。デルドレゆえに、王宮と王座に不幸が訪れる。家々は分裂して没落し、戦士らは御者と対立し、誓約は腐った木材のように破られる。〈悲しみのデルドレ〉のために、悲しみと無情の日が続くことになろう。」

その言葉は集まった人々の上に、命を奪う矢のように突き刺さった。そしてついに出産が始まると、ほとんどの武将たちは赤子を殺してしまった方がよいと思った。しかし女たちは猛反対し、フェドリウィド・マク・ダルの妻の周りに集まって懇願した。どんな子でもいいから産ませてさし上げて！　妻は産みの苦しみに耐えながら、ドルイドの暗い予言と人々の非難を比類ない気高さで耐え忍んでいた。

ついにコンホヴァル王が仲介に入り、誰も考えつかないような形で解決することになった。この予言が現実のものとならないように、王自身がデルドレの世話をして成人するまでの間なにも問題が起こらないように見守り、おとなになったらデルドレを自分の妻にしよう、というのである。王の保護の下ではデルドレも大きな騒ぎを起こせるはずがない。ドルイドは危ぶむような顔をした。しかし、王がこうと決めたことには異議を唱えてはならなかった。

コンホヴァル・マク・ネサ王はできる限り約束を行動に移した。まず初めに、他人の子供を養育する際のしきたりに従い、フェドリウィドと彼の一族に大きな名誉を与えた。王が他人の子供を育てることなどめったになく、あったとしても地位も名声もある臣下の子供くらいのものであった。次に、人里離れた深い森の中の城を手に入れて、子供をそこへ送った。その城で子供は、王の信頼厚い良識ある中年の乳母レヴォルハムの手で育てられるのである。

天気のよい日、宮廷の仕事があまり忙しくなければ、王はその城まで足を伸ばしてデルドレの顔を見に行った。少女はみるみるドルイドの予言にまさる美女に育っていった。もう若くはないコンホヴァル王にとっても、事が滞りなく進んでいることがうれしかった。デルドレが結婚できる齢になるまでとても待ちきれぬとまで言いだす始末。コンホヴァルの計画どおり、その時までデルドレは他の男を知らないはずであった。

しかし事はそのようには進まなかった。ある冬の日に偶然起きた出来事が、何千人もの人生と運命をことごとく変えることになるのである。

デルドレとレヴォルハムが城壁の上で雪が降るのを見ていたとき、その下で召使が子牛を屠っていた。子牛の血は白雪を真っ赤に染めた。すると大鴉が飛んできて、雪の上の血を突っつきはじめた。それを見ていたデルドレは、レヴォルハムに言った。ちょうどそのとき少女は、男というものについて、そして将来自分が王と結婚することをめぐって乳母と話をしていたところだった。

「ねえ見て。なんてすてきな色どり。あんな色合いの顔をした男の人がこの世にいるかしら、大鴉のような黒髪と、血のように生気みなぎる頬と、雪のように白い肌をもった男の人が。それとも男の人ってみな王様みたいに、白髪だらけで、いつも疲れた様子で、顔もしわくちゃなのかしら。」

レヴォルハムはため息をついた。人生を知っている乳母はときどき、人の力ではどうすることもできない出来事のために、コンホヴァルの計画がだめになってしまうのではないかと考えることがあった。だがこのとき不意にレヴォルハムは、言ってはならないことと知りながら、言ってしまったのである。

「近くに住む若者ノイシウ様は、王様と違ってすてきな顔色をしていますよ。」ノイシウと二人の兄弟アルダーンとアンレは、コンホヴァル・マク・ネサ王に仕える若い立派な戦士であった。三人は誉れ高いウシュネの息子たちで、戦車を上手に乗りこなし、球技の腕前も見事なもの。アルスターにおける騎士の御三家の一つに名を連ねる三人を、乳母レヴォルハムは「赤枝の戦士団の中で最も強く名高い男たち」と言った。話してしまった後で、乳母は戦慄した。思い出したのだ、あのドルイドの予言を――「アルスターで名を馳せる三人の息子たちが流浪の旅に追いやられる」。何年も前に赤子が産声を上げたその晩、乳母も宮殿の中にいた。そして「家族は分裂して没落し、戦士たちは御者と争う」というドルイドの予言を聞いていたのだ。

もう遅い。もう後戻りはできない。デルドレにノイシウとその兄弟のことを話してしまったその時に、賽《さい》は投げられたのだ。ウシュネの息子たちについて知らないふりをしようとしても、デルドレは会わせてほしいとねだった。そしてついに、二人を引き合わせることになってしまった。乳母は現実的な女性だったが、夢みる一面もあり、可愛いデルドレを、たとえ相手が王であろうと老いた男との結婚に縛りつけたくないと思ったのだ。また、少しずつデルドレに譲歩して、心がぐらついてしまったのだ。この女同士の話し合いの末に、乳母はまずデルドレにこっそりノイシウを見せ、それから二人を対面させることにした。

その計画の第一段階。デルドレは変装して、ノイシウが歌をうたう城壁のあたりを散歩した。ノイシウの歌を聞くと、その声に魅せられて、牛は豊かな味の乳を溢れんばかりに出し、鳥たちはノイシウに負けないくらい甘美な声で歌い、命ある生き物はすべて心安らぎ座り込むという。デルドレが城壁を通りすぎると、ノイシウは歌をやめて彼女の方を見た。二人の間に推理が始まった。ノイシウはこの乙女が、山奥に住んでいるあの有名なデルドレであることに気づいた。デルドレのことは誕生以来、老王コンホヴァルから聞いていた。宮廷ではもうずっと、デルドレは年老いた牡牛よりも若い牡牛の方が好ましいだろうとささやかれていたが、ここは慎重に構えたほうが身のためである。それでノイシウはデルドレに気づかないふりをし、デルドレもノイシウに気づかないふりをした。ところが翌日になると、デルドレはすぐ乳母を遣ってノイシウを探させた。

その時までには、互いの愛の炎はすでに燃え上がっていた。ノイシウはデルドレの美貌に言葉を失い、彼女のほうもノイシウにすっかり魅せられていた。なにしろ、デルドレがまさに求めていた、雪のような白さ、血のような赤、大鴉のような青みがかった黒さが、ノイシウの肌と頬と髪に映えていたのだから。並んで座った若い二人は、最初は内気な心と高まる感情で緊張して手も震えていたが、しばらくすると話しはじめた。甘い恋の話などほとんどできなかった。厳しい現実が二人の前に立ちはだかっていたからだ。コンホヴァル・マク・ネサ王は二人のことを聞いてどれほど怒り狂うであろうか。二人には、特にノイシウには、王の怒りの恐ろしさがよくわかっていた。

途方にくれたデルドレは、ノイシウにどこか安全な所へ一緒に逃げてと頼んだ。そこでノイシウは二人の兄弟を呼び寄せた。三人そろったウシュネの兄弟たちはその晩のうちにデルドレを連れ、五〇人の男、五〇人の女、そして五〇頭の家畜の群れに紛れ込んでアルスターを脱出した。コンホヴァル王が四人の逃亡に気づいたのは、それから数日後のことだった。王は腕の立つ戦士と最高の猟犬と駿足の馬を寄せ集めて追跡を始めた。ここに、アイルランド史上最も有名な追跡物語が始まったのである。

デルドレとウシュネの息子たちは何年もの間、野を越え山を越え逃亡を続け、流浪の生活を送っていた。コンホヴァルは、手塩にかけて育ててきた大事なデルドレを奪われた怒りに震えながら、彼らの後をどこまでも追いかけた。今でも、巨石墓《ドルメン》や高い岩山の下や森の洞窟の奥深くに、恋人たちが隠れて休んだという場所が残っている。

ノイシウの兄弟たちは小さいころから誰よりも狩りがうまく、荒野にあっても二人のために十分に食べ物を集めてくれた。天気の悪い日には家畜を盗んで焼いて食べた。流浪の旅の道すがら出会った人々は皆、むごい老王の手から逃れようとしている若い二人の夢物語に同情し、危険を冒してでも二人をかくまってくれた。ある日ついにコンホヴァルの手が四人を追い詰めた。とそのとき運よくボートが見つかって、四人はスコットランドに逃げ出すことができた。

事態は好転した。ウシュネの息子たちの評判は外国にも知れ渡っていたので、彼らはすぐにスコットランドの王国で、誉れ高い王の軍団の外国人傭兵となることができたのだ。ところが、スコットランド王はデルドレを一目見るや好意をいだいた――デルドレはそんなそぶりを決して見せはしなかったのだが。王はじゃまな三兄弟たちを追い払い、デルドレを我がものにしようとたくらむ。兄弟たちにはこれまで以上に危険な任務を与え、やつらが必死でかくまっているデルドレから引き離してやろう。うまくいけば、奴らを死なせてしまえるだろう……。しかし兄弟たちは王の腹の内を読み、この場を切り抜ける策を皆で話し合い、スコットランドを脱出することに決めた。すでに遠く離れた岩山の間につごうのよい峡谷を見つけてある。そこは住まいと要塞に使えるだけでなく、自分たちの領土を広げる本拠地にもなった。やがて兄弟たちは、この峡谷を中心に少しずつ勢力範囲をスコットランド西部に広げていった。

さて、コンホヴァル・マク・ネサのほうは悲しみのどん底にあった。デルドレを失った悲しみを癒すものはなにもなかった。王をここまで苦しめているのは、デルドレを失ったための男の嫉妬心か、それとも若い牡牛のノイシウに乙女を奪われた悔しさか。王は考えていた、王宮の若い戦士たちは、このいざこざを楽しんで見ているにちがいないと。コンホヴァルは日々の大半こんなふうにふさぎ込みながら、ウシュネの息子三人への復讐を思いつづけた。

そこへ、王に有利な事が起きた。アルスター宮廷の貴族らが王のもとにやって来て、立派な戦士たるウシュネの息子たちには、アルスターに住む権利を与えるべきだと進言したのである。「あの三人が本当に仕えるべきは、わが国の、わが民ではないでしょうか。もし外国のスコットランドの谷間に追われ、あげくの果てに流浪の途中で命を落としでもしたら、恥の恥ですぞ。ここは王としての品位と寛大さを示して、三人と和解してはいかがですか」と貴族らは王に意見した。コンホヴァルはそれを呑み、三人を探して話し合いをすることになった。

アルスター側の代表者たちは、三人兄弟を見つけたが、初めは近づくこともできなかった。当然のことながら、三人はアルスター訛の人間を誰一人信用しなかったからだ。なんとか和解のための話し合いにこぎつけ、ようやく三人は故国に戻る約束をした。実際彼らもそれを望んでいたのだ。帰国する条件は、こちらから指名する保証人を立てることだった。三人が指名したのは、かつての〈赤枝の戦士団〉の戦友、フェルグス・マク・ロイである。フェルグスは赤枝の戦士団の元指揮官で、誠実な話しぶりと実直さで知られ、アルスター戦士の中でフェルグスほど任務に真剣に取り組む者はいなかった。フェルグスの保証があれば、ウシュネの息子たちとデルドレはなんの危険もなく帰国できるはずだ。しかしコンホヴァル・マク・ネサはフェルグスのように誠実な男ではなかった。王は、保証人が誰であろうと、デルドレを取り戻し、血のにじむような復讐をしてやろうと考えていたのである。

さて、話し合いが終り、すべての支度が調い、付き添う者たちも全員そろったところで夜が明けた。四人の流浪者たちは再びアルスターの海岸に上陸し、夢にまで見た祖国の大地に幾度も接吻した。王の住むエウィン・ワハの宮廷では、赤枝の戦士団の戦士たちが帰還を祝う大宴会の準備を始めていた。王の心は怒りで煮えたぎっていたが、平静を装い、宴の準備を進めさせた。王のたくらみは、間もなく実行されるのだ。

フェルグス・マク・ロイは保証人として旧友としてウシュネの息子たちを迎えに行き、再会した彼らは涙を流しながら抱擁し合った。そして一行はエウィン・ワハの宮廷に向けて勝利の帰還に出発した。その途中で、王から賄賂をもらって言い含められた地方貴族たちが待ち伏せているのも知らずに。

フェルグスは以前、「通りかかった土地の貴族から招待を受けたら、決して断らない」という誓い《ゲシュ》を立てていた。フェルグス一行は非常に速く進み、誰からもてなしを受けず、この誓いのために足止めを食うことはなかった。ところが一人の地方貴族がフェルグスの行く手をさえぎった。コンホヴァルの望みどおり、だまし討ちをかけるべく、貴族はフェルグスに、宴を催すからどうしても招待を受けてくれと頼み込んだ。しかしウシュネの息子たちはこの宴に参加することができなかった。先に行われた話し合いでウシュネの息子たちは、王の食卓で食事をするまで、アイルランドでは何も口に入れてはならない、という王の和解の条件をよく意味もわからないまま受け入れてしまっていたのである。三人は愚かにも、この条件を自分たちの謝罪のしるしぐらいにしか考えていなかったのである。

これで彼らは罠にはまってしまった。フェルグスは誓いを守るためにこの貴族の館に立ち寄り宴に出席したが、三人の兄弟はアルスターの宮廷に着くまで何も口に入れてはならないという王との誓いを守るために、その宴には参列しなかった。こうして兄弟とデルドレはフェルグスと離れ離れになってしまった。フェルグスは自分の息子たちに四人の供をしてお守りするよう命じた。こうして正式な保証人のいないまま、ウシュネの息子たちと、彼らに守られたデルドレは、エウィン・ワハにあるコンホヴァル・マク・ネサ王の宮廷に向かったのである。

エウィン・ワハまでもう一息というところで、ウシュネの息子たちが馬を降りて歩きはじめたときである。コンホヴァルの「和解」に疑いを抱いていたデルドレは、前の晩に見た夢のことを、愛する夫ノイシウと兄弟たちに話した。このような夢であった。三羽の鳥がコンホヴァルの宮廷から飛んできたが、それぞれくちばしに輝く蜂蜜のしずくを湛えていた。鳥はぐるりと円を描いてまわり、三人のウシュネの息子たちの上にそのしずくを滴らそうとしたが、落ちた瞬間そのしずくは三滴の血に変わった。デルドレは、涙が溢れそうな眼を押さえながら、夢を解き明かしてみせた。蜂蜜のように甘いコンホヴァルの約束は破られ、必ず三兄弟の血が流れる、と。ノイシウは、アイルランドの王がフェルグス・マク・ロイとの約束を破るはずがないと言って、デルドレをなだめた。しかし、四人が外堀の縁をまわり、宮廷に入ろうとしたとき、デルドレの不安は恐怖に変わった。見たのである、ノイシウの頭の上に、血のしずくが滴りながら輪になって浮かんでいるのを。

ついに四人は宮殿に入った。迎えの者たちがうやうやしく挨拶をしたが、コンホヴァル王は現われなかった。侍従官がやって来て、正式な歓迎の宴は翌日の正午に行う、という王の言葉を伝えた。王からの食事が出されたが、念のために遠慮して、フェルグスが追いついてから食事をしたいと断った。四人はフィドヘルをして待つことにした。

その夜、王座の間で考えをめぐらしていた王は、今はもう老婆となった乳母のレヴォルハムを呼び、デルドレが前と変わらず美しいかどうか見てくるように命じた。四人のところへやって来たレヴォルハムは、乳母の役目を終えて以来会うことのなかったデルドレと再会し、涙を溢れさせながら抱きしめた。デルドレが悪い予感がするとレヴォルハムに打ち明けると、彼女も、だまし討ちの噂が城内に広まっていると告げた。レヴォルハムは四人を脱出させようと思い、時間稼ぎのために王のもとに戻って、こう報告した。「デルドレ様は、おつらい流浪の長旅の末、青白いお顔でございました。ウシュネの兄弟たちは以前にもまして猛々しい様子でございました。」

ところがコンホヴォル王は、別にトレンドホルンという北欧系の詮索好きな男を偵察に送り込んでいた。ウシォネの息子たちは、その晩泊まる赤枝の戦士団の兵舎の自分たちの部屋の回りに防塞を築いていた。トレンドホルンはしかたなく屋根伝いに四人の部屋の天窓までやって来た。そのときデルドレが男に気づき叫び声を上げた。ノイシウが銀で出来た齣《こま》を天井めがけて投げつけると、トレンドホルンの片目に見事命中した。男は這いつくばりながら兵舎を離れ、顔の片面を血みどろにして王に報告した。「ノイシウは、以前にもまして美しくなったデルドレと仲むつまじく座っておりました。まるで自分がアルスターの君主であるとでも思っているような、傲慢な態度でありました。」

夜が明けた。ウシュネの息子たちは、覚悟を決めた赤枝の戦士団からのわずかな護衛とともに、宮殿前の草地に向かった。この時までにだまし討ちの噂は広まり、コンホヴァルが歓迎の宴を開くと思う者は一人もいなかった。宮殿の前には大群衆が集まり、歓迎どころか残酷な殺戮を予感させる雰囲気が漂った。後にフェルグスが欺かれたことを知って怒り狂ってやってきたとき、ここでさらに残酷な場面が繰り広げられるのだ。

格子模様の服を着た召使の女たちは、錦織《ブロケード》の衣裳をまとった貴婦人たちの傍らに、高い土塁の上で並んでいた。コンホヴァル王の宮廷付きの軍隊が草地に隊列をつくった。そこへ、ノイシウとデルドレ、その後からアルダーンとアンレがやって来て、しんがりを昨晩四人の護衛をしたフェルグスの息子たちが守っていた。四人は、太陽のもと自分たちを取り囲む沈黙の大群集を見るや、並んだまま立ちすくんでいた。そこへ突然、コンホヴァル王が小さな金の冠をかぶり、馬に乗って、高い木製の仕切りの裏から現われた。王が合図をすると、兵士たちがデルドレを捕まえ両手を前で縛ると、まるで家畜のように王の近くまで引きずっていった。フェルグス・マク・ロイの姿はまだ見えない。王が、赤枝の戦士団に古代より伝わる忠誠の誓いを大声で唱えると、赤枝の戦士たちはたじろいでしまった。

コンホヴァルの盟友エオガンが恐る恐る小隊を率いて前に出たが、フェルグスの息子たちはこれを撃退した。形勢が王側の不利になり、戦いはしばらく止んだ。休戦状態の間に、コンホヴァルはフェルグスの息子たちに使者を送り、王の味方をすれば広大な土地を与えると伝えた。フェルグスの未熟な息子たちはこの褒美に釣られ、いとも簡単に父との誓いを破ってしまった。

王側に待ちに待った好機が訪れた。エオガンは部下と共に再び攻撃を仕掛けた。ノイシウを槍で打ちのめし、背骨を打ち砕いた。背骨が砕けるその音は、宮殿前の草地に鳴り響いた。ノイシウが倒れて息絶えようとしているのを見た兄弟たちは、武器を捨てて逃げだし、草地のあちこちを逃げまわった。しかしとうとう捕らえられ、豚のように惨殺された。真っ赤に染まるアンレの首にとどめが刺され、最後の悲鳴が上がったとき、山の頂から蹄の音がとどろいた。フェルグスとその部下たちがようやく到着したのである。それを見たコンホヴァルはデルドレを引ったくり、馬車を駆って宮殿に入った。

フェルグスは三人の死体を見るや、コンホヴァルに対する復讐の誓いを大声で叫んだ。すぐその場でコンホヴァルの息子が殺され、また大勢のアルスター人が殺された。まさにフェドリウィド・マク・ダルの館での予言のとおり、母の胎内で産声を上げた子供のために、何百人ものアルスター人が死んだ。フェルグスは立派に戦ったものの、結局多勢に無勢で退却せざるを得なかった。三〇〇〇人を引き連れて西部に向かい、そこでアリル王とメーヴ女王に迎えられ、その勇猛心を称えて栄誉が与えられた。

デルドレを奪ったとはいえ、コンホヴァル・マク・ネサ王とアルスターには何もよいことがなかった。王とデルドレの間に、夫婦の喜びなど生まれはしなかった。この女性はただうなだれ、瞳はいつも涙に濡れていた。年老いた乳母レヴォルハムは恥辱に苛まれて死んだ。

デルドレはいまだに輝かしい美貌を保ちながら、いつしか〈悲しみのデルドレ〉の名で呼ばれるようになった。そして、いつまでもこの名で呼ばれつづけるであろう。デルドレは、自分を捕らえて得意げな王の腹心たちとは決して言葉を交わさなかった。コンホヴァルが泣き叫ぶ彼女を血まみれのノイシウの身体から無理やり引き離した時からずっと。デルドレはウシュネの息子たちへの嘆きを込めた哀歌を歌った。その声はエウィン・ワハの宮殿の広間に響き渡った。

丘の獅子の群れは去ってしまった
残されたわたしは、たった一人
誰か墓をもっと深く広く掘ってください
病み疲れて、わたしも眠りたい

森のハヤブサの群れは飛んでいった
残されたわたしは、たった一人
誰か墓をもっと深く広く掘ってください
身を寄せ合って、一緒に眠りたい

岩山の竜の群れは眠っている
こんなに泣き叫んでいるのに、目を覚ましてはくれない
それなら墓を深く掘ってください
愛した人に身を重ね、わたしも眠りたい

デルドレの愛する夫の死から一年と一日が経った日の朝、コンホヴァルは、長いあいだ苦労して勝ち取った美女が、枯れた花のようにしぼんでしまったことに我慢できず、デルドレに尋ねた。「この世の中で、一番厭わしいものは何だ。」 デルドレは答えた。「あなたです。そしてノイシウ様を殺した男、あのけだもののエオガンです。」

デルドレの辛辣で冷淡な態度に報復しようと、コンホヴァルは御者を呼び、デルドレをエオガンの館まで連れて行って勝手にさせるがよいと命じた。ところがその途中、デルドレは、かつて母の胎内で叫んだあの不気味な叫び声を上げたかと思うと、全速力で走る馬車から飛び降り、岩に頭をぶつけて息絶えた。

デルドレが落ちた場所には、まるでその身体を包み込むように大地にぽっかりと穴があいた。こうして自然に出来た墓に、巨大なイチイの木が生えた。その木は広い野原を越えて伸びつづけ、ついにその大枝と小枝は、エウィン・ワハの土塁近くにあるノイシウの墓から伸びたもう一つの巨大な木の枝と、固く絡み合ったのだった。今でもその枝はしっかりと絡み合っている。

ディアルミドとグラーネの恋物語

The Love Story of Diarmaid and Grainne

フィアナ戦士団の創始者であり指揮官でもあるフィン・マク・クウィルはすっかり老け込んでいた。妻を亡くしたためか、ただの人間のようによぼよぼに見えるときもあった。それでも知恵の鋭さと深さだけは今も失っていない。それにフィン自身は自分のことをまだ若いと思っていたにちがいない。なにしろその齢《とし》で、もう一度妻をもらうと宣言したのだから。多くの美女をそれぞれ十分に調べあげた末に、フィンはタラの上王《ハイ・キング》コルマク・マク・アルトの美しい娘グラーネを選んだ。大英雄、名狩人、名武将であるフィンと、王の娘で美貌と知恵に溢れたグラーネとは、一見したところ見事な縁組に思われた。しかし、フィンはもう少しよく考えるべきだった。グラーネは全く落ち着きのない女性で、その性格は婚礼の晩のうちに露見してしまったのである。

戦士たちすべてと、フィンの息子たち、それに武将たちが食卓を囲むなか、グラーネはフィンの妻になるということに納得できずにいた。選択の余地もないまま、このような成り行きになってしまったのだ。そこで父王に仕えるドルイドに尋ねてみた。「フィン様はなぜ、あのようなお齢でわたくしをお選びになったのでしょうか。わたくしは、フィン様のすばらしい御子息の誰か、例えばオシーン様と結ばれる方がずっとよかったと思いますわ。」ドルイドは答えた。「それは無理でしょう。フィン様がグラーネ様を気に入られたからには、フィアナ戦士団の中で色恋のような浮わついたことでフィン様に逆らう者などいませんから。」

しかしグラーネは、食卓に居並ぶ男たちをうっとりと眺め、自分にふさわしい男はいないかと、人目もはばからず品定めをしていた。その目は、ある背の高い強そうな男の上にとまった。黒々とした巻毛を背にたっぷりと流し、つやつやとして日に焼けた顔色、しかも哲学者のような思慮深い雰囲気を漂わせている。グラーネは、その男の額の真中にある今まで見たこともない印が気になった。その印がなにか特別で魅惑的な生気を放っている気がしてならず、胸の高鳴りを抑えることができなかった。グラーネはドルイドに、この若者がどんな男か尋ねた。ドルイドは眉をしかめ「お控えなさい」と注意しながら、この若者、ディアルミドがどのようにして〈恋の印〉を額につけることになったのか話してやった。

「ディアルミドはある日、フィアナ戦士団の三人、コナン、オスカル、それにゴル・マク・モルナと狩りに出かけた。一日中狩りをして、山のふもとに日が陰るころ、四人は山小屋を見つけた。そこには老人と娘が、牡羊と猫と共に住んでいた。戦士たちは宿を乞い、老人は快く中に入れてやった。ところが四人が食事の席についたとたん、羊が食卓に跳び乗って皿や杯をあっちこっちに蹴り飛ばしてしまった。あまりにも無礼なふるまいに戦士たちは腹が立ち、食事も喉を通らない。四人はかわるがわる牡羊を引き下ろそうとするが、羊は男たちを振り払い、足で踏みつけて、まるであざ笑うようにメェーッ、メェーッと鳴きたてる。みっともないありさまだった。そこへ老人が現れ戦士たちを嘲るように一瞥すると、猫に向かって、羊をのけろ、と言った。すると猫は後ろ脚で立ちあがり、前脚で羊の首をつかんで首輪をはめ、静かに食卓から下ろして小屋の隅の羊小屋の鎖につないだのである。面目を失った四人の戦士は席を立って山小屋を出たのだった。」

ドルイドは、他の者に聞かれないよう、顔をグラーネに向けて低い声で話した。一方グラーネはそこまで慎重ではなく、話を聞いている間じゅうディアルミドから目を離さない。ドルイドは話を続けた。

「戦士たちが山小屋の戸を閉めて夜の闇に出ていくと、小屋の老人は四人の後を追って呼び戻し、こう言った。『お前さんたち、いま見たのが魔法だったことがわからんのかね。』老人は、たったいま起こったことが何を意味しているのかを、四人に話してやった。『お前さんたちの相手をした羊は、世界そのもの、つまり生の力じゃ。それから猫は、それとは正反対の力、つまり死の力、暗闇じゃ。』そして四人に泊まっていくようにと言って、部屋に案内した。その部屋は、小屋の形や大きさからいって外からはわからないが、大きくてきれいで、毛皮や豪華なタペストリーで飾ったベッドが用意してあった。

こうして四人はその夜は山小屋に泊まることになったのである。そこへ、共に食事をした娘が部屋に入ってきて、一緒にやすみたいと言う。娘は五番目のベッド、しかもその部屋で最も立派なベッドのところへ行き、寝る支度を始めた。そのしぐさが若い男たちの欲望をそそったのか、やがて戦士たちは次から次にベッドから起き上がり、娘に言い寄った。娘はというと、次から次に男たちをはねつけ、それぞれにこう言った。『嫌です。私は以前はあなたのものでしたが、もう二度とそうなることはありません。』戦士たちはただうろたえるだけだった。

最後に、娘から最も離れた所にいた最も美しいディアルミドの番が来て、ありったけの思いを込めて、娘のベッドの脇に座った。それまで、ゴルには厚かましく、オスカルには横柄で、コナンにははばかにしたような態度をとっていた娘が、今度は悲しそうに涙を流し、こう言ったのである。『ああ、ディアルミド様、あなたの愛を受けることはできません。だって、かつてあなたも私のものでしたが、そのようなことはもうないのですから。だめなのです。』

ディアルミドは言った。『あなたの言うことがわからない。いったいどういうことですか、私がかつてあなたのもので、今はそうではないというのは。』

娘は少しうちとけた様子で答えた。『ほら、私は若いのよ。だから、もうあなたを私のものにはできないの。でもそんなに気を落とさないで。代わりに、すてきな贈り物を差し上げますわ。』そして娘は指を伸ばして、グラーネ様の御覧になったあの印をディアルミドの額に付けたのです。『これは恋の印です。いつでもどこでも、この印を見た女は、あなたを愛し、求めずにはいられなくなるでしょう』と言いながら。ディアルミドは自分のベッドに戻った。今しがた起きたことが、よいことなのか悪いことなのか、よくわからないまま。」

こうしてドルイドの話は終わった。明らかにグラーネは、婚約したフィン・マク・クウィルよりも、この若者の方を求めずにはいられなくなってしまったようである。

話を聞いている間、グラーネはディアルミドから一度も目を離さなかった。ドルイドが別の人と話しはじめると、グラーネは最も気のおけない侍女を呼び寄せ、秘伝の甘い酒を、皆の寝酒として用意しておくよう命じた。たくさん作ったので時間がかかったが、どうにか作ってその酒を持ってくると、「皆様、グラーネ様から、披露宴に来ていただいた方々への特別なお礼でございます」と言って食卓の人たちに回した。グラーネの父王も、フィンもそれを飲んだ。

すると、客人も音楽隊員も召使たちもみな眠ってしまった。眠らなかったのは、グラーネがわざと酒を飲ませなかった五人の戦士――フィンの息子オシーン、オシーンの息子オスカル、ゴル・マク・モルナ、カイルチェ・マク・ローナーン、そしてディアルミドだけだった。グラーネは折り重なって眠っている者たちの間から立ち上がって、五人が座っている宴の間の中央まで進みでると、それぞれに「私の恋人になりなさい」と迫った。しかし男たちは皆、自分の番が来ると、互いに顔を見合わせながら、断った。グラーネの求愛を受け入れた者は、いつか必ずフィンと対決しなければならないことをよく知っていたからである。

グラーネも、みな断るであろうということは予期していた。だから、ディアルミドには最後に近づくようにしたのである。グラーネは、この若者の額にある恋の印の虜《とりこ》になっていた。そして、本人の前に立ち、ある魔法の誓約を唱えた。その誓約は、フィンたちの世界では正義そのものであり、人間であろうと神々であろうと、誰にも拒むことのできないものである。

「あなたは私と約束するのです。」グラーネは座っている若者の前に立ちはだかって言った。「あなたは、今夜、タラから私と一緒に逃げると、誓約を立てるのです。」

ディアルミドは仲間たちを見て困った表情をした。そして答えた。「姫、それはひどい誓約でございます。姫は私に、ここにいる皆の前で是が非でも誓わせようとなさるのですか。」

グラーネは言った。「ディアルミド、あなたをずっといとおしく思っていたのです、あなたが城内で競技をしているのを見たときから。あのとき部屋の窓から見ていたのです。」

ディアルミドは言った。「しかしそれは姫が勝手にそうお思いになっただけの話でございます。」

グラーネはかまわず続けた。「あなたは戦士でしょう。男でしょう。さあ、誓約を立てて、私をここから連れ出してください。」

ディアルミドは、説き伏せられそうになったので、話をそらした。「それはできないのです。フィン様が城門の鍵をお持ちなので、殿に気づかれずに出ていくのは無理でございます。」

「私の部屋のくぐり門から出られます。」

「そのようなことがどうしてできましょうか。」ディアルミドは言った。「女性の寝室に忍び込んでくぐり門から抜け出るなど、戦士がすべきことではありません。そのような戯れで自分を卑しめよとおっしゃるのですか。」

「それならあなたの望むような戦士らしいふるまいをしてごらんなさい。フィアナ戦士団の者ならば、あれくらいの城壁は飛び越えられると聞きました。やってごらんなさい、その槍を杖にしてしならせればできるはず。」こう言うと、グラーネは侍女と一緒にいそいそと行ってしまった。今にもディアルミドが駆け落ちしてくれることを信じて、用意を始めたのである。

ディアルミドはどうしたらよいのかわからず、他の戦士たちに助けを求めた。仲間たちもとまどい、そわそわして目をそらしていたが、結局はどうすることもできなかった。ディアルミドに選択の余地はなかったのだ。グラーネの誓約は、ディアルミドの目下の運命を決定してしまっていたのである。ディアルミドは追い詰められた苦しさを仲間に訴えた。「フィン様は私にとってかけがえのない主人だ。その方の妻を奪うようなまねをどうしてできよう。そして、私の心の拠りどころであり、愛してくれる仲間のいるフィアナ戦士団をどうして離れられよう。」ディアルミドは涙を流しながら宴の場を去った。四人の戦士に、そして、食卓についたまま口を開け首をのけぞらせたり、食卓にのせた両腕の中に頭を突っ伏したりしていまだにぐっすりと眠りこんでいる仲間たちに別れを告げて。

ディアルミドが去っていくのを見送ったあと、俊足のカイルチェ・マク・ローナーン、無敵の凄腕ゴル・マク・モルナ、そしてフィンの息子オシーンと孫のオスカルの四人は、顔を見合わせながらつらそうに話し合った。もうあの男と会うことはあるまい、この槍で相まみえる時が来るまでは、と。

ディアルミドはグラーネを門の外まで連れてきたが、もう一度彼女に考え直させようとした。「グラーネ様、皆はまだ寝ていますから、私たちが二人で外へ出たことはわかりません。さあ、今からでも引き返しましょう。グラーネ様にはフィン様との婚約を守るべき名誉と義務があるではありませんか。」しかしグラーネは聞く耳をもたなかった。「もう決めてしまったのです。婚約の契りはすでに投げ捨てられました。死が訪れるまで、決してあなたのもとを離れません。」ディアルミドがどんなに説得しても退けられてしまい、もうグラーネの言う通りにするよりほかなかった。二人は城の小屋から戦車を一台盗み、馬小屋から馬を二頭引きだした。戦車に乗ると、突風が吹いてマントをはためかせた。ディアルミドは腕でしっかりとグラーネの肩を支え、二人は月に照らされた夜の中へと走り去っていった。

夜明けがきて空が白み、城壁の一番鶏がときをつくると、かび臭い、いびきのこだまする宴の間にも朝がやってきた。最初に目を覚ましたドルイドは、一目で何が起きたのかを悟った。フィン様を起こしてお知らせするべきだろうかと考えている間に、フィンは目を覚ました。ドルイドが伝えるまでもない。フィンはあたりを見まわし、雷鳴のような叫び声を上げた。その声は響きわたって他の者たちを起こした。しかし、怒りを叫びで表している間はまだましだった。それからは絶えず怒りをつのらせながら、冷酷非情に綿密な追跡計画を立てた。二人を捕らえるまでは、夏も冬も、昼も夜も、追いつづけよ、とフィアナ戦士団に命じた。

「二人には眠る暇も落ち着く暇も休む暇も与えてはならぬ。食べかけた食事をすませる暇も与えるな。」フィンの声は高くなっていく。「藪、洞窟、山、河原、木陰に至るまで、隅から隅まで探すのだ。岩山はすべて登り、窪みの中まで確かめろ。樫の木も全て揺すってみよ。葉の陰に隠れているかもしれぬ。」猟犬がすべて集められ、食欲を刺激する生肉が与えられた。戦士たちがみな完全に武装し、昼の食事を済ませると、追跡隊はタラを出発した。

逃げた二人はすでにはるか彼方の辺境にいた。ディアルミドはなんとかしてグラーネの仕掛けた誓約を解こうとしたが、万策尽きていた。それならばせめて罪を軽くすることはできないものかと考えた。ディアルミドは、グラーネとまだ清い間柄であることをフィンに知らせ、フィンの怒りを解こうとしたのである。そこで、ディアルミドは行く先々に身の潔白を証す印を残すことにした。例えば、まだ割ってないパン、まだ手をつけていない鮭、杯の縁すれすれにまで注いで、しかもまだ口をつけていないことがすぐわかる葡萄酒、そしてしみ一つない白のリネン。これらの印を残すだけでなく、ディアルミドはグラーネとの潔白な関係を貫き通す覚悟だった。

しかし、グラーネは相変わらず違うことを考えていた。小川を渡るとき、戦車の車輪から水しぶきが上がってグラーネに掛かると、ディアルミドに当てこすりを言った。「ほら、この水はあなたよりもよっぽど勇気があるわ。この水は私に手を触れることができるのに、あなたはそれさえできないのですもの。」ディアルミドはなにも言えなかった。

すぐ後ろに追跡隊が迫っていたので、二人の旅は慌しかった。食事のしたくをしようと馬を止めても、食物を口に入れないままそこを立ち去らねばならず、食事を取るために馬を止めても、そのまま夜をそこで過ごすことはできず、眠るために馬を止めても、夜明け前には発たなくてはならなかった。

二人はディアルミドの養父オイングスを訪ねた。オイングスは魔法のマントで二人をくるんで守ってくれた。しかしある晩とうとう捕まりそうになった。フィン率いる戦士たちが猛烈な勢いで迫り、ディアルミドが森の中に建てた高い柵までやって来たのである。柵にはすぐ逃げられるように扉を七つ作ったのだが、ディアルミドが目ざめたときには、それぞれの扉にフィンの戦士が一人ずつ立っていた。

オイングスはグラーネをマントにくるんで、柵の向こうへ放り投げた。それは敵に気づかれることなく、まるで鳥のように草原を越えて遠くまで飛んでいった。ディアルミドは一番目の扉に近づいた。そこには無敵の凄腕ゴル・マク・モルナが立っていた。ディアルミドは次の扉へ行った。二番目の扉には俊足のカイルチェ・マク・ローナーンがいた。この男ににらまれたら最後、決して逃げられない。三番目の扉にはオシーンとオスカルの親子がいた。そしてその次の扉も、またその次も、恐るべき手強い相手が番をしていた。七番目の扉には老人のフィン自身がいた。

「そこにいるのは何者だ。」ディアルミドはわかっていながらわざと尋ねた。

「フィン・マク・クウィル、貴様を殺しにきた者だ。」

「ならば、この扉を通ることにしよう！」

「おもしろい」そう言って、フィンは槍を構えた。

ところがディアルミドは二本の槍をしならせると、それに足を乗せて踏み台にし、高い柵を飛び越えて、フィンや戦士団の手の届かないような場所に着地した。こうしてディアルミドは追っ手から逃れ、約束していた遠くの森でオイングスとグラーネと落ち合った。三人は無事を祝って、野豚と蜂蜜をヒースの枝でおこした火であぶり、酒宴を楽しんだ。夜になると、二人はオイングスの魔法で周りから見えないようにしてもらい、ぐっすり眠った。翌朝目が覚めると、疲れはすっかり癒されていた。

オイングスは言った。「私はもう行かねばならぬ。お前たちの無事を祈っているぞ。よいか、フィンとフィアナ戦士団に捕まりたくなかったら、決して、桟橋が一つしかない島に逃げたり、出口が一つしかない洞窟に入ったり、幹が一つしかない木の中に隠れたりしてはならぬぞ。」

それからというもの、ディアルミドとグラーネはオイングスの助言をいつも心に留め、アイルランドの四方八方を逃げまわって幾つもの季節を過ごした。二人は、ドルメンの下を宿とすることもあった。（今でもこの巨石は〈ディアルミドとグラーネの寝床〉と呼ばれて残っている。）岩石のくぼみに敷いたヒースの寝床を分け合ったり、森の空地でわらびを体に巻いて寝たこともあった。大地の裂け目や湖のU字型に乾いた浅瀬に横になったこともあった。そこには背丈ほどもある草木が茂っていて、シギや水鳥以外は何者にも見られる心配がなかった。グラーネは苺や食べられそうな植物や根っこや木の実を拾い、ディアルミドが鹿やニジマスや野鳥を捕まえた。のどが渇けば、草木の長い茎から滴る朝露や、歯も凍る冷たい渓流の水を飲んだ。

その間もフィンの追跡は止まなかった。遠い丘の上にフィアナ戦士団の姿が見えるほど近くに迫った時もあった。戦士たちの盾が日差しを受けてキラッと光り、猟犬の吠える声が聞こえる間、二人はシダや茨の中に身を隠した。

追跡は一六年間続いた。そのあいだ、春が来てすがすがしい春風が湿った森林を乾かし、夏の日照りが小麦を黄金色に焦がし、秋になると芝の葉が茶色を帯び、熟したハシバミの実は水たまりに落ち、やがて冬が来て大地は固く凍りついてひびが入り、古い雑草は枯れた。

その長い年月、ディアルミドとグラーネは幾つもの冒険をした。人食い巨人と遭遇し、恐ろしげな森の中に身を隠したこともあった。山を駆け降り深い池に飛び込んで泳いだこともあった。森深い小屋に住む老人たちと話し、知恵を授けられたこともあった。魔法使いから不思議な癒しを受けたり、農夫の妻たちから暖かい服をもらったこともあった。鹿は一緒に走って二人の歩みが遅くならないように励ましてくれたし、鳥は傍らを飛んで二人を喜ばせ、悩む心を晴れやかにしてくれた。野獣も、取り決めをしてあったかのように、二人を襲うことはなかった。時々フィンの猟犬がやって来て見つかりそうになり、二人はイグサの中に隠れてやり過ごした。追っ手がすぐ近くを通って、男たちのしかめっ面の額が汗で濡れているのが見えることもあった。しかしこの一六年という歳月に、恋人たちは決して捕らえられなかった。そしてフィンも決して態度を和らげなかった。

結局、オイングスと、グラーネの父親である上王《ハイ・キング》の二人が仲裁に入り、ディアルミドとフィンを和解させようとした。和解の条件は、フィンは追跡を止めること、ディアルミドは美しい妻のグラーネを自慢しないというものである。ディアルミドはタラに戻り、かつての友情を復活させた。戦士たちも追跡に加わっていたことは決して本意ではなかったのである。帰ってきたディアルミドを抱きしめ、時間をかけて用意した御馳走を二人にふるまった。その後ディアルミドは、上王であるグラーネの父から先祖代々の土地を譲り受け、その地でグラーネと長い間仲むつまじく華やかに暮らし、多くの子供に恵まれ、たくさんの羊や牛を所有し、金銀を掘り当てた。

それでもグラーネの心の中には、何かが解決していないという思いがあった。ディアルミドとフィンが和解しただけでは、勝気なグラーネには満足できなかったのだ。グラーネは父の上王に、フィンにも栄誉を与えてほしいとせがんだ。そこで上王は別の娘をフィンの妻とし、この結婚を祝して一年間にわたる宴がタラで催された。

そして、その一年が終りに近づいたころのこと。グラーネの隣で眠っていたディアルミドは、猟犬の鳴き声で目を覚ました。グラーネは、きっと妖精の夢でも見たのでしょう、と言って夫を落ち着かせた。しかし猟犬の鳴き声が再び聞こえ、ディアルミドは飛び上がった。鳴き声は全部で三度聞こえた。ディアルミドは、これは猟犬の鳴き声のする所へ行けという啓示だと感じた。その鳴き声に導かれて、ディアルミドは夜明けの薄明の中を西に向かって進み、スライゴーのベン・ブルベン〔ベン・バルベン〕の魔法の台地にたどり着いた。なんとそこでは、フィアナ戦士たちが集まって一頭の猪を狩っていた。

ディアルミドと猪の因縁は少年時代にまでさかのぼる。かつてディアルミドの母親である王妃は、王の執事との間にもう一人の男の子を産んでいた。妻の不実を許せなかった父親は、ある日この子供、つまりディアルミドの異父弟を、怒りに任せて手ひどく地面に叩きつけた。子供は一命をとりとめたものの、悪い魔法にかかって耳と尾のない猪に姿を変えられてしまった。巨大で荒々しい、魔性の獣となったのだ。この獣は、異父兄のディアルミドのせいでこのような恐ろしい運命をたどることになったと恨み、生涯かかってもディアルミドを殺してやろうと企んでいた。これに対しドルイドたちはディアルミドの身を守るために、絶対に猪狩りをしないという誓いを立てさせた。ところが今、ディアルミドは、槍を持ち猟犬を連れて狩りに来てしまった。フィアナ戦士の猟犬に吠えたてられて洞穴から出てきたこの猪こそ、ディアルミドの命を狙うあの異母弟の猪だったのである。

フィンはベン・ブルベンの山腹で、向こうからやってくるディアルミドの一挙手一投足を見ていた。建前では和解したとはいえ、フィンにしてみればグラーネはディアルミドに奪われたのであり、ディアルミドへの憎しみは決して鎮まることはなかった。フィンはディアルミドに近づき、「おい、猪狩りをしないという誓いを立てるとは、お前も臆病なやつだ。今では猪を見ても腰が抜けて剣も抜けまい」とあざけった。そして「我々の猪狩りはこれから本番だ。ディアルミド、お前は手を出すなよ。腰抜け狩人ではとても歯の立たぬ相手だからな」と言った。これを聞いたディアルミドはいきり立ち、狩りをする覚悟を決めた。

猪が藪の中からうなった。ディアルミドは石投げ器で大理石を投げつけ、猪の眉間に命中させた。見事な当たりだった。普通の獣ならば死んでしまっていただろうが、魔性の猪はなおも襲いかかってきた。次にディアルミドは自分の持つ最高の猟犬を放したが、犬はあらぬ方向へと逃げてしまった。そこでディアルミドは槍を取り、両足を広げてしっかりと踏んばり、フィアナ戦士団に伝わる流儀で槍を構え、猪めがけて投げつけた。槍は猪の体に当たったが分厚い皮で跳ね返された。猪はディアルミドに嚙みつき、牙が槍を持たぬ方の腕を貫いた。

猪の勢いでディアルミドは後ろへ押し倒され、硬い岩盤に叩きつけられた。しかしディアルミドは猪の背中に飛び乗り、腰の剣を抜いた。猪は大きく体を揺すってディアルミドを再び地面に落とし、腹に食いついて五臓六腑を引きずり出そうとした。同時にディアルミドが猪の喉の奥深く剣を突き刺していた。恐ろしい魔法の呪いによって耳も尾もない猪はついに息を引き取った。死にゆく猪は、ディアルミドの弟としての人間の姿に戻っていた。

フィアナ戦士たちはディアルミドの周りに集まり、灼熱の太陽から守るために陰をつくろうとおおいかぶさって立った。ディアルミドの傷を治してやってくれと、皆がフィンに頼んだ。フィアナ戦士たちが大怪我を負ったときには、いつもそうしてくれたのだ。フィンは昔、知恵の鮭を食べて、命を救う力を与えられていた。命を救うには、泉の水を汲みさえすればよい。しかしフィンはディアルミドのために水を汲むだろうか。

フィンはディアルミドの傍らにかがみ込んだ。そして誰にも聞こえないように低い声であざ笑った。

「こんなぼろぼろの姿になった貴様を見られるとはうれしいかぎりだ。お前のこの姿をアイルランド中の女に見せてやれなくて残念だな。自慢のりりしい顔はどこへ行った。まもなく貴様は死ぬのだ。名高い恋の印から血が滴り落ちてくるわ。ざまぁみろ、色男めが。」

これに応えて瀕死のディアルミドは、フィンが彼から受けた恩を挙げてみせた——かつて野山で狩りをしたすばらしい日々において、勝利の戦いにおいて、フィアナ戦士団が敵の部族に襲撃されたときに背後を守ったこと、そして、フィンが宴で裏切者に襲われたときディアルミドが命を救ったこと。フィンは黙ったままだった。

ディアルミドは言った。「フィン様、私を救えるのは殿だけでございます。殿のお力で、命を救うその力で、どうか水を、殿の手で、泉の水を……」

フィンは乾いた表情でにやっと笑った、ディアルミドにしかわからないように。そして大きな声で言った。「残念だ、この辺りには泉は一つもないようだ。」

フィアナ戦士たちとディアルミドは、そんなことはないと言って、九ヤード先にある泉を指さした。フィンはしぶしぶその泉まで行き、両手いっぱいに水を汲んだ。戻る途中、ディアルミドが横たわる場所に近づいたとき、グラーネのことを思い出したフィンは、つまずいて水をこぼしてしまった。

フィアナ戦士たちはフィンを大声でののしった。「ディアルミドがかつて殿に対しどれほど忠義を尽くしたかお忘れかっ!」フィンは再び泉へ行き、水を両手いっぱいに汲んで、戻ってきた。しかしまたしても、何年にもわたる怨恨と追跡の日々を思い出し、両手が開いて水をこぼしてしまった。三度目に、こぼしながらもなんとかディアルミドのところまで水を運んできた。しかし、遅すぎた。フィンがディアルミドの顔の方へかがみ込んだとき、彼はすでに息絶えていた。

悲しみに沈むフィアナ戦士たちは、ディアルミドの猟犬を探して捕まえ紐につないだ。亡くなったディアルミドの身体を盾の上に載せてマントで覆い、名高い弔いの詠歌をうたいながら宮殿まで運んだ。その歌は、風が運んだのか、グラーネにも聞こえた。グラーネは城壁の外に出て一行を迎えたが、ディアルミドの亡骸を見るなり、嗚咽して気を失った。フィンの息子オシーンはグラーネを介抱し、ディアルミドの猟犬の紐を彼女の手に持たせると、整列した一行は傷だらけの戦士を大会堂に運び込んだ。ディアルミドの養父、魔法使いのオイングスがすでに待っており、亡骸が運ぶ込まれるや、従者たちと共に激しい叫び声を三度上げた。宮廷の女たちが来て、清めた水で遺体を洗い、リネンで包もうとしたが、オイングスの戦士たちが魔術で人々を制止し、ディアルミドを用意した黄金の棺架に革紐でしっかりと結び付けて、西の空の彼方へと運んでいった。その後グラーネは何年間も独り閉じこもり喪に服した。

しきたりに定められたグラーネの喪が終わるころ、フィンがグラーネに会いにきた。今度は正式に、礼儀を尽くして、自分の妻になってほしいと申し出た。グラーネはフィンをはねつけ、言い放った。「ディアルミドに救いの水を与えなかったことをお忘れになったの。」しかしフィンはあきらめない。礼儀も捨て、あらゆる魔法を駆使した。そして最後に、グラーネの方が折れることになった。

グラーネは、紫色の最高の衣に、赤の錦織《ブロケード》とサフラン色で縁取りしたリネンを身にまとい、フィンに連れられて館に入った。それと同時に、フィアナ戦士たちはあざけりの声を浴びせかけた。戦士たちにとっては、今でもグラーネは戦友ディアルミドの妻なのだ。しかしフィンは戦士たちに雄弁に語りかけ、グラーネも皆に懇願した、「フィン様が私に優しくしてくださることを、ディアルミドも喜んでくれるでしょう」と。戦士たちは話し合い、結局二人の結婚を認めることにした。

この結婚への最後の言葉として、戦士たちはフィンにこうささやいた。「グラーネ様を人目につかない安全な所に隠しておきなさい。もう二度と男をたぶらかすことがないように。」

フィンはその言葉に従った。

オシーンと常若《とこわか》の国

Oisin and the Land of Youth

西海のはるか彼方に、輝く国があった。それがどこなのか、はっきりとはわからない。人々がこの永遠の地を求めて船で出かけてはあきらめるころ、美しい地平線がはっきりと見えるアゾレスの方向にあるだろうか。またこの地を、アトランティス、すなわち、海神マナナーン・マク・リルの許しを得て七年ごとに波の上に黄金の塔を現す、かの失われた都市だという人もいる。あるいは、恵みの島ヒー・ブラジルだという人もいる。スペインの船乗りが前方に見えるこの島をめがけて進むが、いつも前方にあってなかなか近づくことができず、ようやくたどり着いた島を、船乗りたちはブラジルと呼んだのだ。

常若の国ティール・ナ・ノーグは、古代ギリシアの幸いの国エリュシオンのように甘い大気が漂い、涅槃《ニルヴァーナ》のように色鮮やかで、北欧の神々の住むヴァルハラのように居心地がよく、エデンのように緑が豊かに茂り、空は晴れ渡っているという。この永遠の地を手に入れることは、すべての人の夢であった。〈白馬〉のような大西洋の波が常若の国の岸辺に一つ打ち寄せるごとに、一つの霊魂が常若の国に入ることを許されるのである。

アイルランドにフィン・マク・クウィルという武将がおり、オシーンという最愛の息子がいた。オシーンとは〈若い鹿〉とか〈小鹿〉という意味である。フィンの選り抜きの狩人戦士の集団、フィアナ戦士団に入るには、風のように速く走れなければならないが、オシーンは誰よりも速く走ることができた。額の高さの帆柱を飛び越える試練では、オシーンは誰よりも高く飛んだ。葉一枚にも触れず小枝一本震わすことなく森を静かに走り抜けるときには、オシーンは誰よりも軽やかに、星の光よりもすばやく走ることができた。また詩才に長けていなくてはならないが、オシーンは誰よりも優れた詩を書いた。

ある朝のこと、ケリー山にあるロホ・レーンという長い湖の岸辺に、フィアナの戦士たちが狩りにやって来た。水辺にある白ぶちの岩の間からヒースやラヴェンダーが生い茂っている。一匹の牡鹿を追いたてる大きな猟犬の群れが鬱蒼とした森のはずれまで達すると、しだいに霧が立ち込めてきた。猟犬の鳴き声や、槍と盾とがぶつかる音が、連なる山々にこだまする。その辺りで戦士たちは牡鹿を見失ってしまった。しばらくして再び姿を現した牡鹿は岩山の尾根のずっと高いところにいた。しかたなく一人二人と馬に乗って湖岸に戻り、集まって次の獲物について話し合おうとしたとき、人並みはずれた耳をもつフィンが馬に乗ったまま振り向いて言った。「銀の蹄鉄の馬が来るぞ。」

さざ波の立つ湖の面を、フィンの言ったとおり銀の蹄鉄の白馬を見事に操って一人の女性が戦士たちの方へ駆歩《ギャロップ》でやって来る。小柄でほっそりとした女性は背筋を伸ばして堂々と座り、少し前かがみになって両手で革の手綱を握り、大きく立派な馬を上手に乗りこなしていた。

フィアナの戦士たちはみな振り返って、この女性を見つめた。水の上を駆ける技はまるで魔法のようだ。「水面から上がって、ごつごつした地面をなめらかに駆ける、あのしっかりした足取りとあざやかなさばきよう、なんと見事だろう」と戦士たちは話し合った。彼女は戦士たちの傍まで来ると、馬に何か話しかけた。すると馬は徐々に速度を落としてだく《キャンター》になり、さらに速度を緩めて速歩《トロット》に、そして優雅に歩みはじめた。

彼女の服装は、くすんだ湖のほとりの風景に明るい光彩を放った。暗紅色の絹のマントにきらめく純金の星々をちりばめ、マントの縁には花や蜜蜂の模様の刺繡に宝石の飾りボタン。白い小さな冠が、高くまとめ上げた濃い赤毛の髪の前の方に載っている。手綱の上の馬の頭には金色の羽根飾りがうなずくように揺れている。乗馬のためにマントをたくし上げていたので、革紐で編み上げたつややかな小さい黒の長靴が見えた。小さな顔の浅黒い肌と黒い瞳をみると、どうやらアイルランド人ではなさそうだ。一羽の白い大きな鳥が、遠くからずっと彼女のお供をしてきたかのように、空高く舞っていた。

女性は手綱を引いて馬を止めると、名高い武将にふさわしい敬意を込めて、深く頭を下げてフィンに挨拶した。フィンはとまどいながらも礼儀正しく、手を大きく広げて親しげに応えた。

「このように人里離れた土地までようこそ。我々はこの辺りのものではありません。はるか遠い館までお越しいただければ、おもてなしできるのですが。」

女性は感謝しながらもその誘いを断った。まるで承諾しているかのような快い断り方だった。

「あなた様の評判は伺っております。ブラン、シュケオリングなる二匹の優れた猟犬をお持ちで、鹿を驚くべき速さで追いかけられることも。それに、あなた様は非常に思慮深いお方で、知恵の歯が生え揃い、しかも世界中の出来事を知ることができるということも。」

フィンは言った。「何かお望みがございますか。おっしゃってください。私にできることはなんでもいたします。ですがまずお名前とお国を伺いましょう、私の知恵が悪いことに用いられることがないように。」

馬上の女性は答えた。「私の名はニアヴ・キン・オイル、金髪のニアヴと申します。実はあるものを頂きにまいりました。」

「おっしゃってください。もし私が持っているものならば差し上げます。もし持っていなければ取りにいきましょう。」

「あなた様はそれをお持ちですが、あなた様の自由にはなりません。あなた様のものではありますが、それを取りにいくのは無理でしょう。」

「はて、謎かけを解けとおっしゃるのですか。それともあなたのお国では皆そのような話し方をなさるのですか。」

「いいえ謎かけなどではありません。こちらの方々のお好きな言葉遊びはすばらしいと思いますが、いま申し上げたのは本当のことなのです。私が頂きたいのは、あなた様ではなく、御子息のオシーン様なのです。」

フィンが振り返ってすぐ後ろにいる息子に目をやると、オシーンの目はこの若い類まれな女性に釘付けになっていた。フィンはまたこの女性をかえりみたが、彼女は全く冷静であった。フィンは尋ねた。

「あなたはどこからいらしたのですか。」

女性は馬上で身を乗りだして、フィアナ戦士を一人残らず引き入れるような目つきで、言葉を詩にして語りはじめた。

私の国はどんな夢よりもすばらしい
こんな美しい国はだれも見たことがない
一年中果物はつややかに
緑の牧場は花ざかり

天然の蜜は森の木々から滴り
蜜酒も葡萄酒も尽きることがない
海を渡ってくる病もこの国には入れない
死も苦しみもなく、哀しく老いることもない

宴にも狩りにも飽かず
楽の音は戦士を楽しませる
金色に輝く常若の国では、
明るさも華やかさも日ごと増すばかり

ニアヴはこの詩を力強く朗々と歌い、一瞬たりともオシーンから目を離さなかった。オシーンの緑色の目も、やさしく凛とした女性の顔をじっと見つめていた。その間にニアヴは辺りの大気に魔法をかけて、フィアナ戦士たちを眠らせていた。湖岸は静まりかえり、波が岸に打ち寄せても、馬が首を振っていなないても、馬具が鳴っても、猟犬が咳をしても、なに一つ聞こえなかった。

詩をうたい終わると、ニアヴはオシーンに語りかけた。「わが父の国、常若の国、ティール・ナ・ノーグへ行きましょう。そこで、風よりも速い馬に乗って、その馬より速く走る猟犬を手に入れるのです。父があなたに、名将ばかりを集めた七〇〇人の狩人戦士団を授けます。皆あなたの命令に従います。私は一〇〇人の乙女を授けます。夜あなたが私の腕の中で眠るとき、乙女たちは子守歌を歌ってくれます。敵や野獣からあなたの身を守る剣も与えられるでしょう。あなたは小さな金の王冠を戴いて、我が国の王であり、私の主人であることを示すのです。常若の国はあなたの王国となり、私は愛するあなたの王妃となるのです。」

ニアヴはフィンの方を向いた。フィンはこのように口の利けない状態になったのは生まれて初めてだった。ニアヴは憂いに満ちた声でフィンに告げた。「七年と七日の間、私は若い鹿、あなたの御子息を探していました。最初にあの方を見たのは、父とこの地へ馬に乗ってやって来た時でした。オシーン様は朝の草原をまるで鹿のように走っていきました。戦士として狩人として、どこまでもどこまでも。私たち親子は少し離れたところからじっと見てたのですよ。私たちの姿はこの国では見えないのです。私はオシーン様のあのすこやかな手足と歌声に惹かれました。私は幾度もオシーン様を見にまいりましたが、今この時だけ、オシーン様を頂くために人に見える姿であなた様に会う許しを父から得て、こうして馬を駆ってやって来たのです。」

フィンは言った。「先ほどの言葉は、謎かけではなく、真実だったのですね、常若の国の姫君。息子は私のものですが、私が差し上げられるものではありません。息子ではあっても、私の持ち物ではありませんから。」

「それではオシーン様と結婚してもよろしいのですか。」

「息子にお聞きなさい。」

ニアヴはオシーンの方を向いた。「一緒に父の国に来てくださいますか。」

それまでずっと黙っていたオシーンは言った。「まいりましょう、姫、世の終わりまで一緒に。」

オシーンは自分の馬を白馬の近くまで進めると、ニアヴの後ろに乗り移り、両手で彼女の腰を抱いた。その両手をニアヴは片方の手でぐっと握り、もう片方の手で手綱を振って馬を走らせた。二人を乗せた馬が向きを変えて湖岸沿いに森の方へと駆けると、馬の金の羽根飾りに付けた鈴がリンリンと鳴った。光が二人の後を追いかけ、朝霧をかき消した。フィンの傍にいた猟犬はクンクン鳴いたり、うなったり、震えたりしていた。主人のいなくなったオシーンの馬は悲しんでいるのだろうか、若い二人が振り返りもせずに水しぶきを上げながら湖水を渡り、やがて見えなくなっていくのを、くつわを揺らせながら見つめていた。輝く光も見えなくなり、朝霧がまた戻ってきた。

湖の水は、幅広く長い川を経て海に流れ入っていた。川は、あるところでは柳のしだれる枝とブナの茂みの間の急斜面を浸して流れた。森が深くなると、日差しは時おり木の間から洩れるだけとなり、土手から少し離れたところにある空き地だけを明るく照らしていた。馬は風のように駆け、その力強く確かな足取りにはオシーンでさえも思わず息をのむほどだった。白鳥などの野鳥が驚いて飛び去っていく中を、馬は下流へと駆け、高い堰があれば飛び越えて静かに着地した。幾人か、男が一人、子供が二人、老婆が一人、大きなコラクル舟〔柳の小枝を編んで獣皮などを張った小舟〕に乗り岸に沿って漕ぎ下っていたが、馬が通り過ぎても見上げることもなく、馬に乗る二人に気づいた様子は全くなかった。オシーンとニアヴと馬の姿はすでに人の目には見えなくなっていたのである。

屋根から煙の上がる茅葺き小屋の並ぶ村落の傍を通り過ぎた。子供たちが川に葉っぱを投げたりして遊んでいたが、一瞬驚いて動きを止めた。アヒルもうるさく鳴き騒ぎ、あわてて川から出た。自然界では若い人間と動物だけが、常若の国へ向かう馬を見聞きできるのである。

川幅が広がり、両岸の森もまばらになってくると、重たげな黄いろい穂が実る広大な小麦畑が見えてきた。やがて両岸に崖が現われた。初めは土の崖、それからごつごつした岩肌になって白い花があちこちに咲き、潮の香りも漂ってきた。川岸の左手の突端には巨大な石の砦があり、城壁に歩哨が立って西の海を見渡している。川が海に流れ入る辺りで交じり合う流れに小舟が揺られるのが見えたかと思うと、二人の前に大海原が広がった。

西日が照りつけて暑かった。オシーンが遠ざかる山々をふり返ったとき、まるでポケットの中に入れられたかのように、海霧が二人を包み込んでしまった——頭上だけは太陽が真直ぐに差しこんでくる。霧の中では銀の蹄鉄が上げる濃紺の水しぶきだけが感じられた。ニアヴは微動もしないで前かがみに座り、腰を抱いているオシーンの手をしっかりと握りつづけていた。

海霧の中で、さまざまな光景が前触れもなく突然現われては消えていった。一頭の鹿が足の速い熊に追われ、すさまじい速さで逃げていく。まるでその二匹の獣を追う狩人のようにオシーンが身体をねじって目で追っていると、ニアヴがオシーンの手の甲を叩いて、気を取られないように戒めた。

左手に大きな城の天守閣があり、城内の高い塔には長い三角旗《ペナント》が翻っている。騎馬の一団がゆっくりと通り過ぎた。先頭の馬には少女が乗っていたが、王者のように威厳があり、礼儀正しく背筋を伸ばし、前を向いていた。繻子織《サテン》の濃いサフラン色の服をまとい、手に大きな黄金のリンゴを持つ様は、まるで王位の印である十字架の付いた黄金の珠を持つ女王のようであった。その後ろを、失礼にならぬだけの距離をおいて、若者二人と白髪の老人一人が馬に乗って付き従っていた。男たちのうち、先頭を行く若者は腰に黄金の剣を帯び、短い白のマントをはおっていた。もう一人は銀の剣と短い黒のマントをはおっていた。老人は背が高く賢そうな面持ちで、腰を高く上げ、鞍の前の方に小さな箱を置いていた。戦士たちはみな栗毛の馬にまたがって水面を駆け抜けていったが、先頭の少女だけは黒い馬に乗っていた。そこへ前のとは違う鹿が現われ、それを追いかけて、片耳は赤、もう片方は白い耳の犬が現われた。オシーンがここに現われてきたものはいったい何なのかと尋ねようとすると、ニアヴは叫んだ。「なにも聞かないで。いよいよ常若の国に入るのです。」

ニアヴが手を上げると霧が消え去り、オシーンの目の前に見知らぬ国の海岸が見えた。海辺の白砂は茶色の砂丘へと続き、その向こうの様子は見えなかった。海岸には騎馬団が待ちうけ、ニアヴとオシーンが波打ち際から砂浜に上がっていくと、周りに集まってきた。みな口を開かず静かに落ち着いていたが、ずっとほほえみを浮かべている。全員が白と金の衣服を着け、たくさんの宝石を身に付けた者もいれば、指輪や大きなブローチだけの者もいた。騎馬団を率いる男は左手に黄金と青銅で出来た小さな楕円形の盾を持ち、盾に埋め込んだガラスや宝石が日差しを反射して銀の光を砂の斜面に投げかけていた。

その斜面を登っていくと、国が見えてきた。はるか彼方、この上なく緑あざやかな丘のすぐ前に、さほど高くはないが横に広がる巨大な城が光り輝いていた。城は二層で、高い塔はないらしい。城は広大な円形の建物で、二人が海に出たとき川の突端に立っていた砦と同じ形だった。四方の巨大な壁には七色の絹の旗が翻っている。屋根から地上に向かって波打つ長い幅広の旗を見て、オシーンは虹の色だなと思った。

花咲く木々の並ぶ式典の行われる長い大通りを進んでいくと、城の中心にたどり着く。そこには巨大な木の城門があり、嵌め込まれた二枚の黄金の板が、戦士団の指揮官の盾のように、日差しを浴びて輝いていた。大群衆が城の前に集まり、歩いたり地面に座ったりしていたが、せわしさも気遣いも全く感じられない。一団は丘の頂上まで来た。そこでニアヴはオシーンの方を向いて言った。「あなたの足がひとたび父の城の前の緑の芝生に触れたら、人々は皆、オシーン様の民となるのです。この国が、あなたの治める国となるのです。穀物は枯れることなく、雨は欲しい時にだけ降り注ぎます。この国は常に美しく、実り豊かで、心地よいのです。ここではすべてあなたの思うがままです。」

オシーンは尋ねた。「条件は何もないのですか。」

ニアヴは答えた。「一つだけあります。ひとたび足があの芝生に触れたら、あなたはもう二度と過去に戻ることはできません。常若の国ティール・ナ・ノーグにいるかぎり、年をとることはなく、過ぎ去った日々があなたを捕らえることはないのです。しかし、私が望もうと望むまいと、あなたがこの国を離れることになったら、私にはもうあなたを常若の守りの中に留める力はありません。そのとき、たった今立ち去ってきた故国では、想像を絶する年月が流れてしまっているということを知っておいてください。その年月がすべてあなたの肩にかかってくるのです。まるで森の木々が地滑りを起こすように。」

オシーンはおののいた。ニアヴは話を続けた。「けれど、ごらんなさい、あなたのこの国を。あなたのものとなるこの王国を。考えてみてください、こんなに美しい国が他にあるでしょうか。」

左方にはサクランボ園が広がっていた。大きな深紅のサクランボがたわわに生《な》った木が幾列も幾列も並んで整然とした並木道を作っていた。摘み手たちは満ち足りた表情で満面に笑みを浮かべ、ペアや家族ぐるみでサクランボを摘んでは、地面に置いた白い麻布《リネン》を折り重ねて敷いた篭に入れていた。並木道の反対側には桃園があり、同じように収穫が行われていた。オシーンの右手には、オレンジ園が日差しを受けて輝き、その向こうには広大なレモン園があった。これらの果樹園は皆、サクランボの木々の一帯と同じくらいの面積で広がっている。

オシーンは尋ねた。「この国にはこのような果樹園がいくつあるのですか。」

「必要なだけあります。果物は枯れることがなく、病気にかからず、摘むとすぐに枝に新しいものがなるのです。」

オシーンは次に東を指して言った。「向こうには何があるのですか、あの山の向こうには。」

ニアヴは答えた。「この国の農場があり、そこに民が住んでいます。」

「何を作っているのですか。」

「夢です。」

「あそこには何があるのですか、あの山脈の向こうには」と、何本もの川が激しく流れ下ってくる、西方の紫の峰の連なりを指して尋ねた。

「静寂の国です。人々はそこへ出かけて、存在の神秘について瞑想するのです。」

「どういう人が静寂の国へ出かけるのですか。」

「静寂が大切であると思う人なら、誰でも行けます。もちろん、そう思うからといって、王国の他の土地には楽しみがない、好きでないということではありません。」

「静寂の国では何が起こるのですか。いったいどんな所なのですか。」

「なにも起こりません。あらゆるものが静かで快いのです。その中で、目を伏せて座ります。そうすると大地の表面に、輝きと影、鮮やかな色彩と暗黒が散りばめられているのが見えます。自分の生命が目の前を流れ、やすらかな気持ちで世界を瞑想することができるのです。瞑想を妨げるものはなにもなく、彼らの魂は、自らが選んだ静寂を反映するように皆から愛されるようになります。上を見れば色と模様が満ち満ちていて、目に心地よく、心は生き生きしてくるのです。」

オシーンは尋ねた。「静寂の国にはどのくらいいられるのですか。」

ニアヴは答えた。「ここには時間というものはありません。このことをよく理解してください。時の感覚がないのです。全くないのです。もしもあなたが、朝の颯爽として温かくなり初める空気や澄んだ光とともに、一日が始まってほしいと思えば、その時があなたの一日の始まりです。もしも、小さな生き物が薮の中でカサコソと動く暑い昼下がりの静けさが欲しいと思えば、そのようになります。もしも、ビロードのような暗闇と銀の星々の夜を過ごしたいと思えば、日が暮れます。この地では一人一人にそれぞれ自分だけの時間があり、それ以外の時間はないのです。すべての人にとって時間とはそのようなものなのです。」

「常若の国は、どのくらいの大きさですか。」

「あなたのお望みしだいです。海よりも広くなり、森の空地よりも小さくなります。大空よりも大きくなり、石の下の蟻の巣に入るくらい小さくもなります。」

二人が巨大な城に近づくと、縞模様の天幕が芝生の上に張ってあった。熊が踊り、音楽隊が短くて膨らんだ笛を吹いていた。色鮮やかな人なつこい鳥たちが人々の周りを、若者の背の高さくらいのところを飛びまわっていた。あたりの空気は心を震わせるトランペットの甘い音色で満ちていた。オシーンはニアヴに言った。「お祭りの最中に来てしまったようですね。」

「いいえ、新しい王子さま、あなたを歓迎するために集まっているのですよ。」笑顔の騎士団は、輝く盾を持った若く立派な指揮官の号令に合わせて、ニアヴの馬の後ろに回り込み、一団はニアヴを先頭にして小高い山から式典の行われる大通りへと降りていった。その行進に子供たちが駆け寄って足元に花を投げ、銀の蹄鉄が地を踏んでも音を立てなくなった。すべての人がほほえんでいた。子供たち、色鮮やかな衣を着た若者たち、ひるがえる絹をまとう若い女たち、そして老人に至るまで、すべての人が。

黒鳥や白鳥の浮かぶ水辺に架かる頑丈で長いまばゆいばかりの銀の跳ね橋を渡った。アーチ門をくぐり、うねる虹色の旗の下を進み、近くで見るときらめく片岩の塊を散りばめた石で出来た白壁の間を通り抜けた。中庭に入ると、馬に乗った老人がいた。驚くほどニアヴとよく似ていた。ニアヴはその老人に親しみと敬意のこもる挨拶をした。

「お父様、この方を勝ちえました。鹿のオシーン様です。」

国王である老人はうなずいた。「早速この方を御披露しよう。」三人は馬に乗って中庭から出て、入ってきたばかりの城門をくぐり、銀の跳ね橋を渡り、祝典を一望できる高台までやって来て馬を止めた。トランペットが鳴り響き、民はみな笑みを浮かべながら三人のすぐ前まで進んできた。民は草地に立ち、王は馬を降りた。そして民の方を向いて言った。「本日、皆の新たなる王子がやって来た。私の愛娘ニアヴ・キン・オイルが、これまで愛し求めてきた偉大なる狩人、すばらしい戦士詩人を、遙か海の彼方から連れてきたのだ。王子はこの芝生に足を触れたとき、常若の国の主人となるのだ。」王はオシーンという名をいっさい口にしなかった。まるで、この若い詩人をアイルランドやその彼方の世界との関わりから切り離そうとしているかのようであった。

ニアヴは、大きな白馬に乗ったままオシーンに向かい、じっと彼の目を見つめた。「あなたの足がこの芝生に触れるやいなや、あなたはこの国の支配者になるのです。狩りや競技をし、武将たちを家臣として従え、あなたの詩を音楽のように響かせて民の称賛を受けるのです。いま申し上げたことは、この国でのみ可能なのですよ。」

オシーンはうなずいた。「私はここへ来ることをあなたに約束しました。私はフィアナ戦士団の戦士です。今、私は常若の国の主人となり、あなたを妻として娶ります。しかし私はいつでも詩人オシーンであり、山や湖、大草原を父や仲間たちと共に駆ける一人の戦士、一人の狩人です。なにがあっても、そのことに変わりはありません。」　ニアヴはなにか言おうとしたが、その暇も与えずにオシーンは馬から軽やかに地面に飛び降りた。

オシーンの足が芝生に触れたとたん、オシーンの様子が変わるのが一目でわかった。顔色がやや浅黒くなりニアヴと同じような肌になった。額のしわが消えた。オシーンは若返り、髪はつややかで豊かな巻毛となった。幅広の肩はさらに広く、体つきはがっしりと、まるで身体から光りを放っているかのようだった。

オシーンはそれまでは狩猟のための装いで、きめ荒く編んだ上着に、羊毛の短いマントをはおり、堅い皮のサンダルを膝まで紐を編み上げて履いていたが、それもすっかり変わった。ダマスク文様織りのしっかりした絹の鮮やかな青の上着に、明るいサフラン色の軽い羊毛のマントになった。マントの襟の留め金は、真ん中にエメラルドの付いた青銅と金で作ったブローチだった。サンダルは子山羊の皮で、つま先とかかとには金の板がはめ込まれていた。

群集はどんどん増え、歓声を上げはじめた。王はこの若い戦士を抱きしめた。そしてオシーンは馬から降りるニアヴに手を差し伸べた。ニアヴはオシーンと出会ってから初めてのほほえみを浮かべた。二人は口づけを交わし、王と並んで拍手喝采を浴びた。子供ながらも達者な軽業師が二人の前の芝生をかしぎながら歩き、直立したかと思うと一礼して走り去った。トランペットが鳴り響くなか、王は、宴を開いて大いに楽しもうぞ、と民に告げた。

ニアヴとオシーンは共に芝生から引き返し、銀の跳ね橋を渡り、城内に入った。騎士団を指揮していた若者が盾を持ったまま二人のもとに来て、オシーンに言った。

「私は殿にお仕えする者でございます。殿の御希望がすべてかない、殿の求められることがすべて行われるよう計らうつもりでございます。御休息の間に、川下の馬小屋へ行って殿の馬を選んでまいります。武器蔵ではすでに職人たちが剣を鍛え終わり、槍の穂先も尖らせてあります。衣裳部屋では一〇〇人の女がもう殿の衣服をあつらえました。それから楽器も殿の御趣味に合わせて取り揃えました。どれも弦は純金で、蜘蛛の糸のように細く、殿の剣の刃のように強うございます。」

二人は城内の大広間に入った。そこには鮮やかな色の格子模様の絨毯が数え切れないほど石床のあちこちに敷かれていた。大階段まで来たときニアヴが言った。「今日の婚礼の後、父は静寂の国にまいります。このところずっと行きたがっていたのですが、民のためのまつりごとで、行くことができなかったのです。父がいない間は、あなたと私とで国を治めなければなりません。さあ、これから私たちは結婚するのですね。」

階段を上がったところで二人はいったん離れた。召使たちがオシーンを導き、石の廊下を通って幾つかの大きな部屋に案内した。湯気の立つ浴槽のある大きな部屋にオシーンを連れていくと、召使たちはみな退いた。奇妙な顔の老婆ひとりがほほえみを浮かべて残り、オシーンの合図に応じて熱い湯を石の浴槽に注ぎ足した。

オシーンは老婆に尋ねた。「常若の国ではどうして皆がほほえんでいるのだ。」

老婆はいっそうやさしくほほえんで答えた。「ほほえむことがよいことだからです。」

オシーンはさらに尋ねた。「ここが常若の国ならば、なぜここに老人がいるのだ。」

老婆は答えた。「私たち老人がここに来た時は、もっと老いていたのです。その時からまったく老いを知りません。」

「それなら若者や子供たちは？　皆ずっとあの年齢のままなのか。」

老婆は答えた。「私たち老人があの若者たちのようになっていくのです。かつて老いていた者たちが、しだいに若くなっていき、最も若い者にこそ老人の知恵と子供の知性がみなぎっているのです。」

オシーンは柔らかい羊毛で出来た長い白の服をまとい、赤と灰色のマントをはおり、白と金の室内用の靴を履いて、窓辺に近づいた。窓からは幾マイルも見渡せた。広大な果樹園が見え、摘み手たちが結婚式に参列しようと城に向かって歩いている。先ほどは山脈にさえぎられていた農家の集落の一角も見えた。静寂の国を隠す紫色の山々にあたって光の色が変化を見せている。しかし、海岸から城までさほど時間がかからなかったと思えたのに、常若の国まで馬に乗って越えてきた海は、オシーンの目には全く見えず、海岸から伸びていた道も見えない。まるで海も道もかき消されてしまったかのようだった。

常若の国では年月が過ぎゆくことなく、時はその存在を感じさせなかった。そして冒険に満ちた日々はオシーンをますます魅了していったが、心の中の何かが満たされないままだった。この国の魅力が色あせてしまったわけではない。オシーンは日々、なにか新しいものに魅了され、なにか新しいものに心おどらせ、快適になってゆくばかりだった。ニアヴは日ごとに愛らしさを増し、また王国の人々もオシーンが理想として描き得たよりもずっと忠節を尽くし、オシーンを支えてくれた。それでも不満は徐々につのり、それとともに、二度と味わうことはなかったはずのある感覚がよみがえってきたのだ。それは時間の感覚だった。

オシーンの悩みが深まるのをみたニアヴは、その訳を尋ねた。するとオシーンは、昔の仲間たちや家族が懐かしいのだと打ち明けた。かわいそうに思ったニアヴは、不本意ながらも、最後にもう一度だけアイルランドを訪ねるようにと自分の白馬をオシーンに貸してやった。「でも」とニアヴは強く警告した、「決して馬から降りてはなりません。もし大地に足が触れたら、もう二度と常若の国には戻れなくなります」。

オシーンは出発した。馬を馳せて海を越えていったが、常若の国に向かう途中見た奇妙な光景は現われなかった。ニアヴと共にアイルランドを去ったところから二、三マイル離れた地点に上陸し、フィアナ戦士団がよく狩をした森や湖に向かった。しかしそこには戦士団の気配すらなく、必死に探すオシーンの不安と苛立ちはつのる。様子がすっかり変わっているのだ。土を耕す人も小道を行く人もみな以前より小柄で、オシーンが彼らの傍を馬で通り過ぎると、珍奇なものを見る目つきでじっと見つめているのである。

狩りをする仲間をみつけることができず、あきらめて今度は代々のフィアナ戦士団が住まいとしてきた家に向かった。ところがそこにあるのは、ぼうぼうと草の生い茂る石壁だけだった。オシーンは悲痛な声で「フィーン！」「オスカール！」と懐かしい名を呼び、「ブラーン！」「シュケオリーング！」と犬の名前まで叫んだ。しかし叫び声も鳴き声も返ってはこなかった。

落胆したオシーンは馬首を東に向け、かつてよく太陽の下で皆が狩りをしたり休息したりしたベン・エディルという山へ向かった。海岸に沿って馬を進めていくと、崖の縁で数人の男たちが石を動かしていた。オシーンは馬を止めて話しかけたが、男たちの言葉はかろうじて理解できるという程度だった。

男たちも同じ程度らしかった。男たちはようやく、オシーンが自分の名前と、フィンの息子であることを伝えようとしていることを察した。男たちは驚いてオシーンに言った。フィアナ戦士団はずっと昔の古代の戦いで死に絶え、今はただ伝説の中で生き残っているにすぎない。新たな支配が行われるようになったのだ、と。

オシーンは愕然とし、手綱をさばいて馬を駆けさせようとしたが、一歩踏みだそうとした瞬間に馬の腹帯が切れて、オシーンは浜辺の砂の上に転げ落ちた。身体が地面に触れたとたん、オシーンの姿は一変した。働いていた男たちが寄ってきたときには、オシーンの服は粉々に砕け、髪の毛は白い粉となり、瞳は血でかすんでしまっていた。常若の国で過ごした幾世紀もの時間が、今ここに積もり積もって現れたのである。若い牡鹿のオシーンは、数百歳の老人となったのだ。

男たちは、パトリックという、そのころこの国で神の教えを説いて回っていた男を呼んだ。パトリックは、老人から古い時代の物語を聞いて丹念に書き取り、それから老人を新たな教えに迎え入れようとした。しかしそのとき、老人は息を引き取ったのである。フィアナ戦士団の戦士詩人として。

こうして、ケルト人による古代の支配は、ほとんど称えられることなく、悲しくも幕を閉じたのであった。

第2部

〈牛捕り伝説《トイン・ボー》〉の白眉

「クアルンゲの牛捕《と》り」はアルスター物語群《サイクル》の中の話で，ゲール語ではトイン・ボー・クアルンゲ，トインは「捕り（英語では a raid〔襲撃，侵入〕と訳される）」，ボーは「牛」，クアルンゲは地名である。口承伝統のなかで創られたもので，最も長く途切れずに伝えられたケルトの伝説といわれる。言語学的には７世紀末期から８世紀初期のものだとされるが，この物語はもっと早い時期のものらしい。この出来事がキリスト誕生の世紀かそのあたりに起こったと考える人もいる。

12世紀と14世紀の最も早い写本から，1969年の詩人トマス・キンセラによる卓抜な作品に至るまで，人々は絶えずこの物語を語り直したいという意欲をかきたてられてきた。実際，初期アイルランドにおけるホメロス風の長編叙事詩として始まり，アルスター物語群の他の物語と同じく，博学の詩人《バルド》と語り部《べ》を通して後世に伝えられる。そして，キリスト教修道士による文学作品に取り込まれた。彼らは，語り部たちと同様，細部を飾り潤色を楽しんだ（オシーンの物語などに見られるように，キリスト教の新しい次元を加えることさえしたのである）。

この物語は，鉄器時代の政治・冒険小説としての描写を備えており，アイルランドの２大王国，アルスターとコナハトとの間の戦いと謀略を描いている。争いの的となっている牡牛，メーヴ女王が欲しがっている強靭なドン・クアルンゲすなわち〈クアルンゲの茶色の牝牛〉は，権力と男らしさの象徴と解釈できる。あるいは，牛を獲得し所有することが富と政治力をもたらす世界における，いかにしても手に入れたい価値ある財産として。この彩り豊かで誇らしげな物語には緊張感がみなぎっている。語り部たちは映画制作者の手段を持っていた――音響，熱狂，色彩，衣裳，事件――，疾走する２輪戦車，あまたの斬首，おびただしい負傷，比類ない英雄的行為などの壮大な出来事が起こる。

この物語ははっきりと四つのパートに分かれている。戦士たちの結集と早々の行軍，クー・フリンの少年時代の挿話，ただ一人でアルスターを守るクー・フリンと西部《コナハト》の戦士たちとの壮絶な戦い，そして，それまで魔法をかけられていたアルスターの男たちが力を回復してクー・フリンの救援に間に合うかどうかという最後のサスペンス。

たしかに私自身の脚色もいくらか秘かに施されている。そもそも私はこの物語を口伝てで聞かされてきた。クー・フリンは大西部のカウボーイと同じくらい少年時代の英雄だった。それだからこそ私は，７世紀に書き留められることになった物語を自由に語ることができるのである。

クアルンゲの牛捕《と》り

The Cattle Raid of Cooley

I

西方の州コナハトの王アリルと女王メーヴは初夜の床で寝物語をしていた。だがそれは愛の語らいではなく、富と権力についての激しい言い争いで、終いには互いの財産比べとなった。「そなたの財よりも我が財のほうが多いであろう。」「なにをおっしゃる。私の比ではございますまい。」

二人のくだらない口論はおもちゃを見せびらかし合っている子供のようだと皆さんはお笑いになるだろう。

ところが二人は豪奢な毛皮と革の寝台から起きあがると、それぞれの持っているものを全て並べあげ、途方もない値打ち物から粗末な家財道具まで、宝石から家庭用品、ブローチから水差しまで調べ上げた。さらには絹、錦織《ブロケード》、麻、羊毛、木綿などの衣服。これはメーヴがわずかに優っていた。しかしさらに競争は続き、農場の飼育物でアリルが勢いを取り戻し優位に立った。

争いはさらに深刻になった。二人はそれぞれが飼っている見事な家畜を市場の売買人のように丹念に調べた。種馬の丈の高さ、牡羊の胴まわり、豚の体重に至るまで。そして、それぞれの家畜を全部合わせると、なんと雀の羽の重さか幅ほどの違いもなく全く同じであることがわかった。そして勝負は牛へと移った。

二人が一頭、二頭、と数えていると、メーヴはいらだちはじめ、ついには怒りを爆発させた。お察しのとおり、アリルは立派で人をたじろがせるような猛々しい牡牛を一頭持っていた。フィンドヴェナハ〈白い角を持つもの〉という意味）という名で、アイルランド中に知れ渡るほど見事な牛である。メーヴにはこれにかなう牛がなかった。アリルが幸せそうにうっとりと牡牛を眺めているのを見るだけで、メーヴは神経を逆なでされるような気がした。

それにこの牛の世話をする男がメーヴに余計なことを思い出させた。というのも、この牡牛は元々メーヴのもので、この辺りの草原で生まれたが、女の手で飼われることが気に食わず、垣根を幾つも越えてアリルの牛の群れに入り、そこから頑として離れず居ついてしまったのである。いまも、夫をうらめしそうに見ているメーヴに向かって「誰が戻るものか」と言わんばかりに頭を振るしまつだった。まさにこの事がメーヴを失意の底に突き落とした。アリルの財産のほうが明らかに優っているというだけでなく、メーヴのものだった牡牛を今はアリルが持っているからアリルのほうが勝ったという事が。

メーヴはアリルにおべっかを使い、なんとか牛を取り戻そうとした。「きちんとしつければきっと私の所に戻ってくるはず」と考えたのだ。ところがアリルはそうは考えなかった。「もちろん愛しの妻メーヴには国じゅうで最も誇り高い女性になってもらいたい。王である私の妻となったというだけで十分その資格があり、さらに牡牛がメーヴのものになれば、誰にも負けぬ誇らかな女性となることはまちがいない。だが、私にお世辞を言ってうれしがらせても、あの牛がメーヴの所に戻ることはないだろう。それに、あの牛がいなくなれば、他の牛たちは途方にくれてしまうだろう。」説得を続けてはみたものの、メーヴに勝ち目はありそうになかった。あの牡牛は取り戻しようがなかった。

メーヴは最も年長で知識と判断力のある廷臣マク・ロトを呼び寄せ、どこかにフィンドヴェナハよりも優れた、少なくとも同じくらい優れた動物はいないものかと尋ねた。「どこでもよい、どこかにいないか。」

そこでマク・ロトは、アルスター南部、クアルンゲの北西にいる牡牛の話をした。「それは巨大な、がっしりした肉づきの牛で、〈ドン・クアルンゲ〉すなわち〈クアルンゲの褐色の牛〉と呼ばれています。」

メーヴにこう言ってしまったからには、その牛を連れてこないわけにはいかない。マク・ロトは、褐色の牛を飼っているクアルンゲの男の所へ使節団を率いて赴いた。彼は交渉のために大きな権限を与えられていた。例えば、牡牛を一年間貸してもらう代わりに、最高級の若い牝牛を五〇頭までなら与えてもよいことになっていた。あるいは、気前のいい懐柔の条件として、もし相手が牡牛と一緒に来たい場合は、メーヴの土地の一部を提供してもよいと言われていた。その際には、二一人の女奴隷と同じくらいの価値がある豪華な馬車も提供される。最後の決め手として、メーヴによる慰めを約束してよいことになっていた。つまり牡牛の飼い主はメーヴの寝床で楽しい時を過ごすことができるのである。これでもうまくいかなかったら、牡牛を連れて帰るためには、マク・ロトは自分の判断でどんなことをしてもよいことになっていた。マク・ロトは伝令と外交官たちを引き連れ、あたかも王であるかのようないでたちで出発した。馬で二日間のきびしい旅程で、クアルンゲ半島に到着した。

褐色の牡牛の飼主の歓迎は熱烈そのものだった。大喜びで若い牝牛と土地と馬車、そしてメーヴの慰めの条件を受け入れてくれ、メーヴの使節団をアルスター一の盛大な歓待で遇した。夜を徹して、飲み物と温かいもてなしは潮のように溢れんばかり、極上の料理を食べながら、話の花を咲かせたのだった。

おしゃべりの間に使節団の者たちの緊張が解けてきた。いっそう危険なことに口の軽い従者がいたのである。使節団のふたりの伝令が、牡牛の飼主の馬丁たちに聞こえるところで噂話をし、とんだ災いを巻き起こしてしまったのである。

「しかしまあ、あいつはいい商売をしたものだ、普通のアルスター人にはもったいないくらいの好条件だ。もしあんなに簡単に牛を引き渡していなかったら、力づくでもコナハトへ引っぱっていったところだ。」

この状況にこのようなことを言うとは、なんという不覚、なんという無礼。牡牛の飼主の召使たちは立ち聞きした話を一言もらさず直接主人に知らせた。翌朝日の出のころ、メーヴの臣下たちは牡牛を家畜小屋から出し、西部のコナハトへ連れて帰ろうとしていた。そのとき彼らは飼主から拒絶の言葉を吐き捨てられ、「即刻ここを立ち退かれよ」ととげとげしい口調で言われた。「もてなしの掟さえなければ、寝ているうちに殺していたところだ、さあ、帰ってもらおう。」ののしられて使節たちの自尊心はひどく傷つけられた。

なんとか威風を保ちながら使節団を引き上げたマク・ロトは、空手で帰国してメーヴにすべてを報告するよりほかなかった。メーヴは彼の釈明には一切耳を貸さず、怒りに任せて、コナハトを狂気の大戦争へと突入させた。クアルンゲの牡牛はなんとしても捕らえなければならない。メーヴは「私に対する侮辱は夫であるあなたに対する侮辱も同じ」とアリルに言い立てて援助を約束させ、国内の全族長たちの支援だけでなく、何万人もの軍勢を確保した。西部の山岳地帯や平原から戦士たちが宮殿の前庭に馳せ参じた。集まったコナハトの男たちは、クアルンゲへ軍勢を率い牡牛を奪い取ろうと猛り立ち、くすぶっていた戦意の炎を燃え上がらせた。メーヴとアリルの力で王国外のはるか遠く、南部、南西部、東部、南東部からも支援が寄せられ、呼びかけに応えてマンスターやレンスターの王たちから幾隊もの援軍が送られてきた。

先頭に立つ西部コナハト軍の戦士はアルスター出身のフェルグス。王の裏切りによって仲間のウシュネ三兄弟を殺され、怒りのあまりアルスターの国を捨てた男である。フェルグスは、メーヴとアリルと共に軍勢を率いた。メーヴはなお怒りを抑え切れない様子で、兵士たちの間を馬で行ったり来たりしていた。ぐずぐずしたり酒を飲んだりしている者や、訓練の足りない者はいないかと見て回っていたのである。活気と戦意に溢れる男たちを選び抜き、戦いに見事な働きを見せてくれそうな戦士に目を付けた。また、いざという時にこれまでの努力を無にしてしまう裏切者が外国からやって来てはいないかと探っていた。

メーヴは怒りのために判断力を狂わせていた。ある一隊を軍勢からはずすことに決めたが、それは北部レンスター出身の見事に鍛えられた男たち三〇〇〇人の戦士団で、一人一人でも集団で戦っても立派な働きをした。メーヴの不満の理由は、正気の沙汰とは思えない。レンスターの男たちがあまりにも有能なので戦功を一手に握ってしまい、西部から来た自分の軍勢の影が薄れ面目がつぶれてしまうのが、メーヴは口惜しいのだった。「私の戦士たちよりもレンスターの方が映えてしまっている。」なるほど、メーヴの戦士隊はまだ天幕を張る場所を探しているのに、レンスターの男たちはすでに張り終えて料理を始めていた。彼らが食事をしているとき、レンスターの男たちはとうに食事を終えてくつろぎ、竪琴の響きに耳を傾けていた。この差にメーヴは我慢できなかった。その意味でレンスターの軍隊がこれからの戦いで自分に不運をもたらすだろう。

アリルはなんとかメーヴを説得しようとしたが、メーヴは「なりませぬ。あの者たちはだめです。故《く》国《に》へ返します」と言うばかり。

「しかしそれではレンスター王を侮辱することになろう。」

「それがどうしたというのです。返してください。同行は許しません。」

「故国へ返すことなどできぬ相談。せめてここに留まってもらおう。」

「何のために。留守中に我らが領土を引き継がせるおつもりですか。御乱心なさいますな。」

アリルはフェルグスを見た。ここはなんとかメーヴのごきげんを取らなくてはならない。しかしとても話しかけられるような雰囲気ではない。

「では、どうすればよいのだ。同行も駐留も許さぬとあらば。」

「殺せばよいのです。」

「何と?」

「殺すのです。」

フェルグスが口を開いた。

「申し上げます、流浪の旅を続け、今やメーヴ様、アリル様の旗の下に加わることとなったアルスターの者たちを代表して。このレンスターの男たちは我らの同盟者。私がレンスター王にお会いいただいて彼らを借り受けたのでございます。なのにこのようにばかげた話はございません。我らには戦うべき戦があります。もしメーヴ様が彼らの死をお望みならば、まず我らの命を取られるがよろしい。」

すさまじい「攻防」が繰り広げられ、しまいには多数決で決着をつけようとまで言いだした。フェルグスとメーヴのなぶり合いは、互いの喉下に刃を付きつけているかのよう。戦いで相まみえる戦士が武器を取る前に心理作戦で負かそうとしているようだった。結局アリルが仲介に入り、「レンスターの男たちを軍全体に分散させる」と双方を納得させるような提案をし、その理由を指を折りつつ説明した。

「あの者たちはそれぞれが立派な戦士、それは誰もが認めている。故国へ返してレンスター王を侮辱してはならぬ。これからあの者たちの力が必要になろう。分散させるのは軍全体の強化のためだと言えば、快く了承してくれよう。」

この策は、メーヴの兵士たちに対する誇りも、レンスターの男たちという貴重な人材も保つことができた。こうしてレンスターの男たちは全軍団に分散されて弱い部隊を強化し、メーヴの兵士たちに恥をかかせることなく、天与の能力を模範として示すことになった。その朝、全員は天幕をたたみ、北東に向かって行軍を始めた。

最初に軍団は広い湿地帯を横断し、先発隊が猟犬を連れて二〇〇頭近い鹿の群れを狩り立てた。おびただしい大群ではあったが、短時間の華々しい追跡の末にすべて捕らえ、鹿肉は補給隊の食糧に加えられた。（この鹿狩りではレンスターの男たちが活躍し、五頭を除く全部を彼らが仕留めた。）それから今日シャノンと呼ばれる広い川の浅瀬を渡り、ロホ・リーという湖の北、トレゴで昼食をとった。

夕食のとき、家臣団に属するある占い師が予言をした。メーヴの褐色の牛探しは多くのものを破壊するだろう。クアルンゲの褐色の牛は、たった一人で一軍隊並みの働きをし、彼が立ち去った後には累々たる死体しか残らないという恐ろしい戦士に守られている。メーヴの兵士たちの血をカラスがすすっているのが見える、と占い師は叫んだ。予言は数千の部隊じゅうに広まり、兵士たちは動揺した。メーヴは彼らを落ち着かせ、なんとか行軍を再開させると、強行軍の末グラーナルドに到着し天幕を張ったのである。

フェルグスは占い師の予言を聞いたとき、これからどのような災いが待ち受けているのかがわかった。話し合いによる解決を望むフェルグスは、騎士道に則《のっと》ってかつての祖国への忠誠のためアルスターに使者を送り、巨大な軍勢が国境付近に近づいていることを知らせた。しかし返事はなかった。アルスターの男たちは強力な呪いにかかって文字どおりなにもできなくなっていたのだ。

その呪いの発端は、クルンフという男が市《いち》で、自慢の美しい妻は王の最も速い二輪戦車《チャリオット》より速く走ることができると豪語したことだった。クルンフはそれを証すために市へ妻を連れてくるようにと言われた。身重の妻は走ることだけは勘弁してほしいと懇願し、母として子を持つアルスターの女性たちにも訴えたが、二輪戦車と競争するよう命じられた。彼女は二輪戦車よりも速く走った。そして双子を産み落とした。お産の床で彼女は呪いの叫びを上げ、予言した。これから九世代に渡ってアルスターの男たちはみな力を失い、子供を産む際の女ほどにしか力を出せなくなるであろうと。ただ生まれたばかりの少年たちとその母親たち、そして戦士クー・フリンだけはこの呪いから免れる。フェルグスはすでに野営地での占い師の予言に、荒々しい天下無敵の男クー・フリンの姿を感じ取っていた。

このようなわけで西方の軍隊は道を阻まれることなくアルスターに向かって行軍した。アルスターの男たちは女の呪いによって弱り果て、フラフラしながらゆっくりと歩くことしかできず、さもなければごろごろと転がっているばかりだ。フェルグスが送った使者に対して当然あるべき返答が来なかったのもふしぎではないが、フェルグスの警告は口伝えにクー・フリンのもとに届いた。父親とフィドヘル〔チェスのようなゲーム〕をしていたクー・フリンは、この知らせを聞くや、西方軍の経路を予測し、待ち伏せするためにクール・シヴリニ〔クロサッキール〕へ向かった。出発の前に、牛や山羊が迷子にならないよう脚にはめておく木製の輪にオガム文字〔点と線による表意文字〕の警告を刻んで立石の上に残した。戦士が戦いを挑むときの慣習である。

西方軍は着々と前進を続けた。フェルグスは話のわかるアリルを通じて、軍の指揮を取らせてほしいとメーヴに頼んだ。そして本来向かうべき北東への道を避け、南へ回り道をした。この奇妙な戦略は、戦士の名誉を貶めるものではなかったが、西方軍の利益には反した。公明正大なフェルグスは、会戦を遅らせることで、アルスターのかつての同胞が今いかに無力であっても、少しでも兵らしきものを集める時間を与えたかったのである。しかし油断のないメーヴは当然理由をきびしく糾してきた。

「フェルグス、そなたは我らをどこへ連れていくのか。道を誤ったのか、まるで蛇行ではないか。アリル王はそなたはいったいどちらの味方なのかと疑っておられる。何がそなたをそれほど躊躇させるのか。いにしえの忠誠か。それとも古き友情か。」

フェルグスは答えた。「メーヴ様の御期待に沿えず面目もございませぬ。ですが我が忠誠をお疑いなさいますな。背信でも策略でもございませぬ。このように遠回りするには相応の理由があるのです。すなわちムルテヴネの平原を守る男と相まみえることのないようにせねばならないのです。」メーヴはこれを聞いて気を鎮めた。

まもなく、先導する武将たちが、クー・フリンが立石に残した木製の輪と、クー・フリンの馬たちが草を食んだ跡を発見した。馬は草を食べるだけではなく、赤い粘土をほじくっていた。後続部隊とともに到着したフェルグスは馬を下り、木の輪を両手で何度もひっくり返してみた。それにはオガム文字でこのように書いてあった。

「片手だけで木片からこのような輪を作る技を持つ男が諸君らの中にいない限り、これより先に進んではならない。これは貴軍の男すべてへの挑戦である。ただ、我が旧友フェルグスは除く。」

フェルグスは木製の輪をドルイドに手渡した。そして、立石にこれを置いたのは誰か、また軍が輪のある場所から先に進んでも大丈夫かを尋ねた。答えてドルイドは朗唱した。

「この輪は真の勇者が作ったもの。彼は、誰の助けも借りずに我らと戦おうとしている。我らは戦の掟に従わねばならぬ。我が軍の誰かがこの輪の挑戦に応じ得ぬ限り、ここより先に進んではならぬ。」

フェルグスはこれをメーヴとアリルに伝えた。輪の挑戦を無視すれば、いかなる場所にいようとも挑戦者の怒りは彼らに下されることになるだろう。挑戦に応じ得る男を見つけ出さなければ、西軍のうちの一人は朝が来るまでに殺される。アリルはメーヴよりも難局を切り抜けるのがうまく、楽な道を選ぶ方であった。別の路をとり、挑戦を避けて進軍すればいい。彼らは引き返し、森を抜けて迂回し、その晩はタラからさほど離れていない所に野営した。

雪が降り、二輪戦車の車輪のこしきまで積もった。腰の高さまで積もったところもあり、料理用の火をおこせそうになかった。空腹のまま前進しなければならない。一方、クー・フリンは挑戦を刻んだ輪を置いた場所の程近くで女と夜を過ごしていた。目を覚ました彼はこれを後悔した。うっかりして敵兵がしのび去るのを許してしまった。クー・フリンは雪の上の足跡から軍隊の規模を推し量ろうとした。足跡からたくさんのことがわかる。第二の眼によってレンスターの男たちが全軍隊に分散させられたこともわかり、攻撃の仕方を見極めることができた。このことを知らなければ、精鋭のレンスター人兵士らを最初に攻撃しようとしていただろう。

このころにはクー・フリンは、ひと暴れしたい、なんでもいいから戦さらしいことをしたいという衝動に堪えきれなくなっていた。そこで、行軍の脇を固める敵の兵士を捕まえることにした。敵軍近くの浅瀬で二輪戦車《チャリオット》を妨害しようと、大木から股木をたたき切り、水の中に突き刺した。それから大声でののしって敵の注意を引いた。策略にまんまと引っ掛かった二台の二輪戦車が隊列を離れ、彼めがけて稲妻のように突進してきた。クー・フリンの正体も武勇も知らないのだ。クー・フリンは見事な剣の一振りで戦士と御者の首を刎《は》ね、落ちてくるところをつかんで、一息に四つの首を次々と股木の先に突き刺した。

返り血を浴びた馬が無人の二輪戦車を引いて戻ってくると、西軍の兵士たちは浅瀬の向こう側に巨大な軍勢が防衛しているにちがいないと思い、将卒を通してフェルグスに伝えた。浅瀬の向こうを見に行った偵察隊の報告によれば、そこには戦車一台の轍《わだち》しか残っていず、四つの首が股木に串刺しになっていた。股木にはオガム文字の新たな伝言が刻まれていたという。フェルグス、メーヴ、アリルの三人は浅瀬に向かって馬を走らせ、首をはねられた戦士たちが西方軍の最強の戦士であることを知った。どうしてこんなに簡単に殺されてしまったのだろうか。謎を解くためにフェルグスは水の中に入り、あの股木は誰かに剣の一振りで切り裂かれ、戦車の後ろからものすごい力で投げつけられ河床に突き刺さったと判断した。

オガム文字で書かれた伝言はフェルグスの推測どおり新たな挑戦だった。あらゆる鍛えぬかれた勇者や英雄たちによって守られ、あらゆる王やドルイドが認めている掟によって、味方のうちの一人が同じ大きさの股木で同じことができないかぎり、これより先に進むことはできない。このように大がかりな事をやってのけた男が何者か、そしてどれほどの男なのか、アリルはフェルグスに尋ねた。フェルグスはまず言った。「トレゴでの占い師の予言を覚えておいでか。クアルンゲの褐色の牛が一人の男によって守られているという。一人で全軍隊並みの働きをし、累々たる死体を後に残すという恐ろしい戦士。そしてカラスがメーヴの兵士たちの血をすすることになるという。

このような芸当ができる男は一人しかおりませぬ。御者をただ一人だけ伴って単独で国境までやって来る勇気と力を持つ男は、クー・フリングらいのものでしょう。彼こそ、予言者の先見どおりまさしく

『ただ一人で全軍隊の価値を持つ男』でございます。」

「話してみよ。クー・フリンとか申す者について」とアリルが言った。そこでフェルグスは〈クランの犬〉の異名を持つアルスター最強の戦士クー・フリンの物語を話しはじめた。

「クー・フリンが武術を修得するためにアルスター、つまりエウィン・ワハの要塞を訪れたとき、五歳でした。七歳になると兵法を習い、一年後には武器を持つようになりました。現在彼は一七歳。彼よりも獰猛なライオンはおらず、彼よりも堅い金鎚も、彼よりもすばやく動ける者もおりません。若さ、活力、雄弁、知能、恐ろしさ、いずれも彼にかなう者はおりません。力や修練や勇気や知力のどれも人より勝っています。彼ほどに破壊し、敵を殺し、勝利を手にすることのできる者はいません。彼は力強く、恐れを知らず、破天荒で、誰よりも自由。また慎重にして獰猛、どの勇者よりも人間味があり、どの勇者よりも荒々しいのです。この川の土手を歩いたどの男よりも賢く、ゆるぎない意志を持ち、信頼に足り、また厳格でございます。彼には想像を絶する戦功がございます。」

メーヴは言った。「ああ嘆かわしい！　噂を真に受ける愚か者がどこにいる。一人のただの男ではないか。それもまだ一七歳。真の男のなんたるかを知らぬ子供ではないか。あいつに傷を負わせられぬとなぜ言える。殺せぬという訳は何なのか。」

「何をなさるとしても、彼を読み違えてはなりませぬ」フェルグスは言った。「数年前、クー・フリンは十代にならぬうちに三倍年上の戦士たちを打ち負かし、出し抜いているのです。男たちがクー・フリンを打ち負かそうと画策したこともございましたが、全て失敗に終わっております。」この話に耳をとめたアリルに促されて、フェルグスはクー・フリンの有名な少年時代の話を物語った。

「満五歳になったとき、クー・フリンは母親に、ムルテヴネの平原に住む家族のもとを離れ、エウィン・ワハに行きたいと言いました。そこでは宮廷の戦士になる一五〇人の少年たちが訓練を受けていました。クー・フリンは連れは要らないと言い一人で北への長旅に出かけました。道中、子供の背丈ほどもある金銀で出来た投げ槍、銀のハーリング・スティック、そして金のボールで退屈を紛らしながら。最初にボールをスティックで打って遠くへ飛ばし、それから同じ方向にスティックを投げると、スティックは空中でボールに当たり、さらに遠くへとボールが飛びます。次に投げ槍を投げると、槍はスティックの握りの端に突き刺さり、その勢いでスティックがさらに飛び、これがボールを再び空中で打つのです。それから走っていって、三つが落ちてくるところを受け止めるのです。この遊びを幾度となく繰り返したのです。

エウィン・ワハにたどり着いたとき、訓練を終えた少年たちが広場で遊んでいました。クー・フリン少年も参加したのですが、ルールを知らなかったので、ゲームの邪魔者でした。少年たちはあっちへ行けとどなりましたが、知らん顔です。そこで少年たちは遊ぶのをやめ、この邪魔者を懲らしめようと一五〇人全員が雨あられのように投げ槍を投げつけると、クー・フリンは盾をかざして身を守ったので、盾はヤマアラシのようになりました。全部の槍を受け止めたのです。少年たちは少し後ずさりましたが、もう一度まとまって、遠くから重いハーリングのボールを投げつけました。そのボールをクー・フリンは胸で受け止めたりスティックで打ち飛ばし、ハーリング・スティックも体をかわしてよけたり、受け止めては膝でへし折ったりしました。

それから一五〇人全員はがっちりと楔形にスクラムを組んで、殺意をみなぎらせクー・フリンに迫りました。クー・フリンは戦いを始めようと興奮すると、全身が痙攣し変容するのです。彼の変身能力は幼いころ戦争の女神から与えられました。髪は逆立って炎となり、いくつかの房になって空中に火花を飛び散らせます。片目はほとんど閉じ、もう一方の目は途方もなく大きく開いて眼窩の中で眼球がぐるりと回り、すさまじい怒りで歯と唇を剥きだします。一五〇人の少年たちと対峙したクー・フリンはまさにこのような状態で、攻撃を始めたのです。少年たちは頭を割られ手足を砕かれ、彼らのうめき声は山腹にこだましました。かろうじて攻撃を逃れた少年たちはクモの子を散らすように退散し、安全な所へ全力で逃げました。クー・フリンは庇護を求めて王のもとへ走る少年たちを追い、九人を捕まえました。

　少年たちが助けを求めて駆け込んできたその場に、私も居合わせました」とフェルグスは言った。

「王のフィドヘルの相手を務めていたのです。そこへ少年たちが金切声を上げながら駆け込んできて、おびえて泣きながら我らの背後に隠れたのです。若き戦士らしからぬふるまいでした。

　そこにクー・フリンが現れ、戦車のような勢いで少年たちを追いかけテーブルの周りを走り回りました。『これこれ、いったいどうしたのだ。落ち着かぬか、少年よ。お前はどこから来たのだ。』王は獣のようなクー・フリンの腕をつかんで座らせると、他の子供たちに乱暴を働いてはならないと諭し、身元を尋ねました。『それは全く逆です。あの少年たちが私に乱暴を働いたのです』とクー・フリンは訴え、身分を明かしました。彼は実は王の甥なのです。王はいろいろ尋ねて、少年の類まれな才能を見抜き、すぐさま彼を他の少年たちの守護者とし、事件は収まりました。クー・フリンにやられて傷を負った少年たちは両親や友人の看護で快方に向かいましたが、ひどい重傷の者もいて全快までには長い年月がかかりました。クー・フリンは自分にどれだけ力があるのか知らなかったのです。」
あたりは水を打ったように静まり返っていた。フェルグスは一息ついた。「もうひとつ別の話をしましょう。クー・フリンがエウィン・ワハで暮らすようになってからのことです。

そのころクー・フリンは不眠で悩んでいました。頭と足が同じ高さにならないと眠れないのです。いろいろなことを試させていた王があるとき石塊を頭と足の下に置かせてみると、これはうまくいってクー・フリンはよく眠れました。ところがその翌朝、いつもより早く起こしにきた男を、額が頭蓋骨にめり込むほど殴りました。それ以来、宮廷ではクー・フリンが自然に目を覚ますまで寝かせておくようになったのです。

次のような事もありました。運動場でクー・フリンひとり対一五〇人の少年で競技をしていました。いつも当然のようにクー・フリンが勝っていたのです。このときは、少年たちの三分の一を倒したあと、なぜかクー・フリンはいきなり走っていって王の寝台の下に隠れてしまいました。こんなことは初めてです。彼をそこから動かすよう全土に命令が下され、私も呼び出されました。王の目前で、皆で寝台を持ち上げクー・フリンを引っぱり出そうとしましたが、寝台はそれにとりついた三〇人の戦士ごと抑えられてびくともしませんでした。その少年が成長し、今こうして我々と相まみえることになったのです。どうです、あの男の力が想像できるでしょう。」
アリルやメーヴや他の聴き手は様々なクー・フリンの逸話に目を剝いていたが、フェルグスはさらに話を続けた。「いつのことでしたか、アルスターがクー・フリンに頼ることなく、彼抜きで戦さに臨んだとき――クー・フリンは出兵のとき眠っていました――、戦士たちも王も王子も手ひどい傷を負い、屍が累々として戦場を埋めました。戦場は遠く離れていたにもかかわらず苦悶のうめき声がクー・フリンを目覚めさせます。クー・フリンの感覚は誰よりも鋭敏なのです。目覚める動きが速すぎて、頭と足の下に置いてあった石塊を砕いてしまったとか。戦場に着いたクー・フリンは、全身に負傷して戻ってきた私に会い、王の居場所を尋ねましたが、わかろうはずもありません。クー・フリンは王を探して夜の闇へと出ていき、王の名を呼びつづけました。

クー・フリンは塹壕の中で死体の山に埋まりかけていた王を見つけ、六人がかりでも無理なところを一人で引きずり出し、火をおこして身体を温めました。王が豚料理を食べれば回復するだろうと言われるので、クー・フリンは豚を探して森に入り、肉汁たっぷりの豚を火であぶっているライオンのように残忍な男と遭遇しました。豚肉を奪われないように武器を持っていた男は勇猛果敢に戦いましたが、所詮クー・フリンの敵ではなかったのです。クー・フリンは男の首を斬り捨て、豚を運びました。王はこれを食べてすっかり回復し、二人は王宮に戻りました。」

今は西部軍に属しているアルスターからの亡命者たちの中にはクー・フリンの雄々しい少年時代について話したがる者が多かったので、フェルグスはここで話をやめた。彼はメーヴとアリルに、二台の二輪戦車《チャリオット》に乗って浅瀬にやって来た四人の男たちの首が股木に串刺しにされている光景を示して、言った。

「お話ししたような偉業を少年のときすでに成し遂げた男であれば、二輪戦車に乗った四人の戦士をいとも簡単に倒したとしても、少しも驚くことではありますまい。」

次の話し手はコナル・ケルナハ（勝利のコナル）である。やはりアルスターからの亡命者で、クー・フリンの養育者でもあった。彼は、クー・フリンという名のきっかけとなった世にも奇妙な話を語った。「アルスターの鍛冶の名人クランが王をもてなすために宴を催したときのことです。クランはあまり多くの従者を同行しないよう頼みました。大勢の廷臣を招けるほど屋敷は広くなく、裕福でもなかったからです。そのため王は、普通なら二〇〇台ほども引き連れてくるところを、精鋭の戦士たちと五〇台の二輪戦車という短い行列で出立しました。

一行が運動場まで来たとき、クー・フリンは一五〇人の少年たちを相手にハーリングをしており、いつものように自分だけは片手でやっているのに、いつものように圧勝していました。クー・フリンはとても目がいいので、少年たちが打ったボールはすべて阻止し、攻撃の番になるとたてつづけに得点するのです。レスリングでも多くの少年をなぎ倒しましたが、一五〇人集まってもクー・フリンに近寄ることさえできません。最後に、王と五〇台の二輪戦車に乗った戦士たちが見物する中、少年たちは〈ストリッピング〉という相手の服を脱がせるゲームをしました。数分のうちにクー・フリンは少年たちを丸裸にしてしまいました。しかも少年たちの間を疾風のように通り抜けるので、クー・フリンのマントすら脱がせることができなかったのです。」

コナルは続けた。「これを見て驚いた王は、少年たちが成人したときでも、クー・フリンと他の者たちとの差は大きいままなのだろうか、と尋ね、ドルイドはおそらくそうでしょう、と答えました。王はクー・フリンに、一行に加わって共にクランの宴に向かうよう命じられました。しかも王の二輪戦車に乗るように、と。しかしクー・フリンは不調法にも、まだゲームの途中だから後で追いかけると言うのです。王は笑って少年の厚かましさと無礼を許しました。

一行がクランの屋敷に到着したとき、鍛冶職人クランは、後からやって来る者がいないかどうか尋ねましたが、王はすばらしい歓待に気をとられてうっかりクー・フリンのことを言い忘れてしまいました。それでクランは屋敷を警護するマスティフ犬を放すよう命じましたが、この犬はとても獰猛《どうもう》で三本の鎖でつなぎ厳重に武装した屈強な三人の男が一本ずつ鎖を引かねばならないほどでした。

クー・フリンは王たちの到着後まもなく、ちょうど会食が始まったころクランの屋敷に現れました。クー・フリンは屋敷の玄関へと向かい、王たちに手を振りました。皆ギョッとしたことに、そこへ番犬が突進していったのです。クー・フリンはなんの注意も払わず、いつもの退屈しのぎで打ち上げたボール目がけてハーリングのスティックを投げ次に槍を投げる遊びをしていたのですが、これらが順に落ちてくるのを拾おうとした瞬間に、犬が飛びかかりました。クー・フリンは片手で犬ののど元をわしづかみにし、片手で背骨をつかんで、目玉が眼窩から飛び出すほどの勢いで柱に叩きつけ、更にのど深くボールを押し込みました。犬はゴロゴロいいながら息絶えてしまいました。一部始終を見ていた王の一行は駆け寄って少年を肩にかつぎ上げたのです。

クランはやや不満げに少年を迎えました。『番犬を失ってしまいましたが、これから誰が屋敷を守ってくれるというのでしょう。』そこでクー・フリンは言いました。『同じ血筋の犬を育てましょう。その犬が大きくなるまでは私がお屋敷を守ります。』そのときドルイドがこの少年は『クランの犬〈クー・フリン〉』と呼ばれるであろうと言ったのです。」

コナル・ケルナハは浅瀬の惨状を指差し、メーヴとアリルにこう言いながら話を締めくくった。「六歳にしてクランの猛犬を殺した少年が、一七歳で人間の首を串刺しにしても少しも不思議ではないでしょう。」

それから、西軍の前に立ちはだかるこの並はずれた男について話は続けられたのである。次々と語られる、驚くべき類まれなクー・フリンの肉体と知恵。まだ子供のころに、多くのアルスターの男たちを殺した異邦人の一族に復讐したこと。一個の石で一二羽の鳥を仕留めたこと。戦いの後で宮殿の自室に戻ったクー・フリンが、更なる戦いを求める渇きを鎮めるために、まず全裸の女たちに赤面して顔を伏せ、それから冷水の風呂で全身を冷やすこと。このとき風呂の水は彼の狂熱で沸いてしまったという。

こんな少年が立派な戦士に成長し、いまメーヴとアリルの軍勢と対峙しているのである。自分を疑ったことのないメーヴでさえも、クアルンゲの褐色の牛を手に入れるという望みは本当にかなえられるのかと行く末を案じた。

Ⅱ

話を進めよう。クー・フリンの話を反芻しながら、西部軍は前進を再開した。クー・フリン本人と出会う日が近づいていた。平原を横切ろうとしたとき、道は彼によってオークの巨木でふさがれており、樹皮にやはりオガム文字で警告が刻まれていた。軍道を封鎖するこの方法は特別な意味を持っている。古来の戦の掟により、軍団の勇者が二輪戦車に乗ったままこの木を飛び越えないかぎり、この地点を通ることはできないから、挑戦するほかなかった。（そして前回と同じようにフェルグスは免除されていた。この障害も戦いの一部であり、クー・フリンが旧友フェルグスとの戦いを避けるためである。）

コナハトの男たちは二輪戦車でオークの巨木を飛び越えようとしたが、小川をまるまる埋めてしまうほどの太さであったため、挑戦者の多くが命を落とした。本隊がクー・フリンの障害に挑戦している間に、斥候に出ていた兵士は、川で朝の沐浴をしているクー・フリンに襲いかかろうと機会をうかがっていたが、その姿が川面に映っていたことが命取りとなった。クー・フリンは背後に迫る敵の姿を見るや、髪の毛をわしづかみにし、肩越しに川に放り投げ、水の中に何度も突っ込んで殺した。

それはどのような状況であっただろうか。西部軍の前進は、行程の端から端までずっと軍団の前をうろつくたった一人の若者に始終妨害され窮地に立たされるのだ。クー・フリンの噂を信じなかった者たちも、遭遇のたびに死ぬほどの思いをさせられ、恐怖におののくはめとなった。クー・フリンはどのような兵士、どのような勇者でもいとも簡単にやっつけた。一度に相手にする人数は問題ではなかった。そして、兵士らのふがいなさに怒り狂うメーヴは後方から声を嗄らしてののしった。

兵士たちは屈辱に耐えるしかなかった。〈クランの犬〉はとてつもない力を誇るだけでなく、残忍でもあったから。例えば西部軍を襲ったクー・フリンが一人の御者に遭遇した時のこと。御者は主人の見ている前で新しい車軸を作っており、クー・フリンは手伝って木材を削り形を整えてやった。御者は彼がクー・フリンであることに気づくと、殺されると思い震え上がった。しかしクー・フリンは振り返って、御者ではなく主人のオルラーヴ、メーヴとアリルの息子の首を斬り、御者にその首の後ろをつかませてメーヴのもとに持ち帰らせた。さらに御者がメーヴとアリルの前に直立した瞬間に、遠くから石投げ器で石を投げて頭を割ったのである。

またある時、傲慢な三兄弟がそれぞれ腕のいい御者を従えて戦いを挑んできた。メーヴとアリルの息子の仇を討つつもりだった。六対一であるし、みな凄腕の戦士だったが、全員が斬り殺されてしまった。クー・フリンには楽な戦いであったが、戦の掟に背く卑怯なやり方に腹を立て、次にメーヴとアリルの姿を見かけたならば、遠かろうが近かろうが石投げ器を使って撃ち殺すという誓いを立てた。その機会はすぐに訪れた。まずメーヴの首に座るペットのリスを撃ち殺した。次にアリルの肩にとまっていたペットの鳥の首を落とした。さらにアリルとメーヴの側近たちの頭が彼の方を向くたびにかち割った。こうしてある朝だけで四人が葬られた。

朝な夕なにクー・フリンは死神のように西部軍を攻撃した。ある者は川の浅瀬で首をはねられ、数人は平原で体を引き裂かれ、数十人は頭蓋骨を割られて死んだ。軍勢の減少をアリル王は恐れた。メーヴ女王は飛んでくる石で殺されることを怖れ、兵士たちの盾に隠れて移動した。

ところで褐色の牡牛は、クアルンゲの牛小屋で、遙か彼方で起きている大虐殺の臭いを嗅いだ。それに先立って、動乱に常につきまとっている戦いの女神モリーガンが牛を煽っていた。ある時は鳥、ある時は獣に、風に、女にと変身するモリーガンは、黒い鴉となって牡牛の肩にとまり、死と殺戮を叫んだ。煽られた牛は頭を低く下げて目の前にあるものをこくごとくなぎ倒し、角で地面を深くえぐって暴れ、人々は命からがら逃げ出した。

メーヴとアリルとその軍団はこの褐色の牡牛と深い峡谷で遭遇した。初め牛が罠にかかっていると思い、取り囲んで捕らえようとしたのだが、牛は角で家畜番を突き殺した。それから五〇頭の見事な若い雌牛を引き連れメーヴの野営地を踏み荒らして兵士五〇人を殺し、山野に消えた。

メーヴとフェルグスが密通を始めたのはこの頃である。メーヴにしてみれば、フェルグスと関係することは自分の目的を達成する究極の方法だった。決戦は目前、フェルグスを味方につけておかねばならなかったのだ。フェルグスも確実にメーヴが、あるいは意見が食い違っても判断を任せてくれるようにしたかったのである。しかしこういった事情がなくとも二人は親密になっていたかもしれない。フェルグスは風格のある男だったし、メーヴは官能的な女であったから。

野営地ではささいなことでも人目につく。妻を疑いはじめたアリルは、御者に偵察させた。御者は二人が寝床に入っているのを見つけると、フェルグスの剣を、似たような柄の木刀にすり替え、アリルにメーヴの相手がフェルグスであることを報告した。アリルは安心もした。少なくとも自分の知っている男でよかったと思ったのだ。メーヴには訳があってしていることなのだ、と自分に言い聞かせた。とはいえ、この事件はわだかまりを残したので、フィドヘルに興じている二人にアリルが中傷の言葉を吐き捨てることもあった。しかしそれ以上のことは何もしなかった。

広々とした平野にやって来たクー・フリンは、策を弄することなく前へ前へと突き進み、西部軍を側面から攻撃して戦列を整える暇を与えなかった。フェルグスの言葉を使えば「クー・フリンは木々を揺さぶり、川に命じて敵を溺れさせた」のである。軍団の士気は落ち込み、ついにアリルの息子マネがクー・フリンとの戦いを申し出たが、そのかいも無くマネも彼の親衛隊員三〇人までもが殺されてしまった。さらに三二人の戦士がクー・フリンのほんの遊び心で殺されてしまい、事態が深刻さを増すのをみた指揮官たちは、この無敵の若者と話し合うことを決めた。

これまでずっと誰もが、なぜあの偉大なるフェルグスがクー・フリンに挑戦していないのか疑問に思っていたのだが、そのつどフェルグスやドルイドは、かつての戦友同士は互いの同意がなければ戦えないし、クー・フリンはうなずかないだろうと説明した。

さて、アリルの息子が死んだ現場で、ある取り決めがなされた。それはクー・フリンがフェルグスに提案したものである。「西部軍は私の後を追って暴れ回り、多くの仲間を失った。それよりも毎朝この浅瀬で、選ばれた戦士と私が一騎討ちをすることにしてはどうだ。」

この話し合いの間、一人の若者がクー・フリンをにらみながら立っていた。若者はアリルとメーヴの養い子であった。

「何を見ている」クー・フリンが尋ねた。

「貴様だ」養い子は答えた。「他に見るものがあるか。」

「フェルグスの顔に免じて許してやっているのでなければ、とっくにお前のはらわたは地面にぶちまけられて鳩の餌になっているところだぞ!」クー・フリンは言った。

「明日、貴様が最初に対戦する相手は俺だ。そして最後の対戦相手だ。なぜなら俺がお前を殺してやるからだ。」

愚かな若者はあごをグイッと上げながら二輪戦車に戻ったものの、クー・フリンを攻めたいという思いを我慢できず、あさはかにも引き返してきた。クー・フリンは剣で地面を文字どおり「切り裂き」、足元をすくわれた若者はうつ伏せに倒れた。クー・フリンは相手の衣服を両袖のところから切り取り、剣で器用に髪を剃り落とした。しかし若者がまだ諦めなかったので、額から腰まで真っ二つに切断した。

そこへフェルグスが戻ってきて、約束はいったいどうしたのだ、と憤激したが、クー・フリンと死んだ若者のそれぞれの御者が、メーヴとアリルの養い子が自ら招いた惨劇であると説明したので、しかたなくフェルグスは遺骸を二輪戦車の後ろにつないでメーヴの野営地に引き返した。

翌朝、西部軍の陣営ではクー・フリンと一騎討ちをする戦士を誰にするか話し合ったが、志願する者はいなかった。そこで報償が示され、特に恐ろしい槍の使い手として知られる男が選ばれた。彼の武器はヒイラギの堅い木で作って先端を焦がして強化した九本の槍で、百発百中の腕前を誇り、敵はすべて槍を受けて倒れるのである。

そのときクー・フリンは飛んでいる鳥を捕まえるという大好きな遊びに夢中だったので、槍が飛んできても気づかなかった。しかし鳥を追ってかがんだりすばやく動いたりしていたので、槍には当たらなかった。最後の槍が飛んできて鳥の群れを飛び立たせたので、クー・フリンは後を追って走りだした。槍の使い手はちょうどクー・フリンに近づこうとしていたので、彼が自分から逃げだしたものと勘違いした。

丘の上から見ていたメーヴや臣下たちもクー・フリンを臆病者とはやしたてた。愚かな者たちだ。クー・フリンはくるりと振り返り、次は武装した男を送ってこいと叫んだ。クー・フリンにしてみれば、今日の男は武装していないのと同じなのである。

「ヒイラギで作った槍など、武器じゃないぞ」とクー・フリンは叫んだ。

西部軍が差し出す戦士らはもう決まっており、交渉人たちはクー・フリンと改めて翌朝の一騎討ちの約束をした。

夜の間に、クー・フリンは大きな赤いマントを体に巻きつけ、その中に大きな立石を入れた。二人の戦士は薄明の光の中で槍を選び、一騎討ちが始まった。その日のために選ばれたメーヴ側の戦士が先に槍を投げたが、それは石の入ったマントに当たって壊れた。代わってクー・フリンが放った槍は敵の頭に食い込んだ。戦士は「二四人の息子たちにこのすさまじい傷を見せに行きたい」と懇願した。彼が戻ってくると、クー・フリンは彼の盾の縁に飛び乗り、剣の一振りでその身体を四つに分断した。

一騎討ちのすぐ後、メーヴの部下たちが褐色の牡牛を再び見つけた。これまでずっと、メーヴの命令で探しつづけていたのだ。一〇〇人の男が縄や網を持って牛にしがみつき、なんとか牛を捕まえた。ところが、誰にも見つからない所に牛を閉じ込めたちょうどそのとき、通りかかったクー・フリンによって当然のように隊長が殺されてしまった。さらに多くの名高い戦士たちが野営地から大胆にも打って出て殺されたのである。クー・フリンは牡牛が捕らえられたことを知らず、故郷ムルテヴネの平原を守っていたのだ。

メーヴは兵士たちを率いてムルテヴネの真南、フォヘルドに野営した。さて西部軍が褐色の牡牛を捕まえたときクアルンゲからついてきた家畜番も一緒に捕えられていたのだが、脱走しようとして不運にも皮肉な死を迎えた。西部の男たちは盾をガンガン叩き、家畜番が世話をしていた自慢の牝牛の群れに後を追わせたのだ。おびえた牝牛たちは狭い峠道を猛進し、踏みとどまって止めようとした男に飛びかかって殺してしまった。

クアルンゲの牛を捕らえるという問題は解決したが、メーヴにはまだ最大の難題が残っていた。浅瀬でクー・フリンと一騎討ちをする戦士を見つけなくてはならなかったのである。そこにクール・マク・ダ・ロートの名が浮かんだ。クー・フリンの武勇や評判をよく知らなかったクールは、一七歳の少年と戦うように頼まれて腹を立てた。しかしクー・フリンがクールの前に戦った相手を全員殺した男であると説明され、しぶしぶこの役目を引き受けたのだった。勝負にはさほど時間をとらないだろうから、さっさと行軍の準備に取りかかってくれ、と面倒くさそうに言った。

翌朝、クー・フリンが先に浅瀬に到着した。勇者というものは全てそうであるように、クー・フリンとて初めから力がみなぎっているわけではない。そこで投げ槍や剣を使う離れ業を練習し、飛んでいる槍の先端に立つなど、持ち前の抜群の機敏さをさらに磨きながらクールを待つことにした。クー・フリンはその訓練に夢中になってクールが攻撃してきたのに気づかなかったが、何者か（おそらく一騎討ちの立会人フェルグスだろう）が彼の注意を促した。クー・フリンは振り向いた。そのとき持っていたのはリンゴ一つだけだったが、それをクール目がけて投げつけた。リンゴはクールの額にずぶりと食い込み、頭蓋骨を突き抜けて反対側に落ちた。それからというもの、数日の間、朝の浅瀬に向かおうとする者は一人もいなくなってしまった。西部軍は何人もの豪傑をむりやり立ち向かわせたのだが、クー・フリンは全員を打ちのめしてしまった。

ある朝、西部軍は一人の勇者を選び出した。一騎討ちを得意とする鍛え抜かれた男はかつての友で、クー・フリンは彼を気づかわずにはいられなかった。前の夜に二人は会い、クー・フリンは敵となった男にかつての友情を思い出させ、メーヴに対する忠誠を捨てるよう訴えたが、断わられた。戦いの掟を踏みにじられたことに激怒したクー・フリンが立ち去ろうとしたそのとき、地面に転がっていた鋭い杭が足に刺さりかかとから膝まで貫いた。引っ張りだした杭を旧友目がけて投げつけると頭に突き刺さり、こうしてまた一人、メーヴの英雄が死んだのだった。

毎朝、西部軍の陣営から戦士が憂鬱そうに浅瀬へと向かい、昼にはまだ間があるころ、切り裂かれ砕かれた死体となって帰ってくるのである。一人だけ生還し、後世に話を伝えることのできた戦士がいたが、彼もまた激したクー・フリンにのどをつかまれて内臓が破れ裂けるまで揺さぶられたため、重い障害を負った。西部軍のいかなる戦士でも、たった一七歳の少年に全く及ばないのだ。クー・フリンに髭が生えていないことをあざけるぐらいしか、彼らにはできなかった。

ある日、クー・フリンが気晴らしをしているところに、華やかな衣装をまとった堂々とした物腰の若い女がやって来た。彼はこの美しい女に惹かれたが、警戒心も抱いた。女は王の娘で、財宝と牛の贈り物を持ってきたと言った。しかしクー・フリンは、戦いの最中なのでかまっている暇はない、とあしらった。断わられて困った娘はクー・フリンを脅した。

「お前の戦いが最も激しいときに、ウナギになって水の中でからみついてつまずかせてやる、それから狼になってお前の行く手に獣を殺到させてやる、それから若い牝の赤牛になって牡牛をけしかけてお前を水の中で踏みつけさせてやる。」

クー・フリンはこのようなたわごとを、とくに女の口から聞くのが大嫌いだったので、失せろ、と言った。娘はまた戻ってくると言い残して立ち去った。

アリルとメーヴの野営地の士気は回復しようもないほど落ち込んでしまっていた。そこでメーヴは策を弄し、選りすぐって特別に訓練した戦士団をクー・フリンのもとに送り、夜ぐっすり寝入ったところを襲わせようとした。ちなみにこれは戦いの掟に反している。しかしクー・フリンはいつも襲われる前に目を覚まし、最初の三晩にそれぞれ七人ずつ、四日目の夜は八人、五日目から七日目までの夜はそれぞれ一〇人ずつ、一週間で合計五九人を殺した。このように多くの敵と戦ってもクー・フリンは息を切らすこともなかった。

ある日、鍛練不足で腕がなまるのを懸念したクー・フリンは、兄弟二人を浅瀬で殺した。二人目は一人目の仇を討つために来たのだ。この戦いの最中に、ウナギがクー・フリンをつまずかせようとし、次に狼が彼に向かって獣を殺到させ、次に若い牝牛が牡牛たちを彼に突進させた。彼はウナギを踏みつぶし、狼の目に石投げ器で石を投げて傷つけ、若い牝牛の四肢を砕いた。そのとき彼は王の娘だと言っていたあの怪しい女を思い出した。王女がこんなことをするであろうか。その女は戦いの女神、モリーガンであった。女神は、人間が戦うことをやめて和平を結ぼうとすると、必ず現れる。なるほど、西部軍は手を打ち尽くしてしまい、皆がもう和平しかないと思いはじめていたところだった。

アリルとメーヴも和平を請う以外に道はないと考え、クー・フリンは翌日の戦いの後で話を聞こうと答えた。この翌日の戦闘で二人はクー・フリンを罠にはめようとした。取り決めに従わず、一人ではなく六人の兄弟をまとめて送り出したのだ。「同じ胎内から生まれたのだから、六人でも一人と同じである」とうそぶいたのだが、六人とも死体となって帰ってきた。メーヴは怒り狂い、次の策を練った。クー・フリンを話し合いの場に連れ出して、家臣たちに襲わせるのだ。

クー・フリンは御者に忠告された。メーヴの言葉を絶対に信頼してはならない。メーヴはこの話し合いの場がさも安全であるかのように思わせるため、会見には女たちだけを同行させるから、クー・フリンは慣習どおり武装せずに来るように言ってきたが、これはメーヴの罠に違いない、と言う。クー・フリンは御者の忠告に従い剣をつけたまま赴くことにした。

その判断は正しかった。クー・フリンが話し合いの場に着くと、メーヴの部下たち一四人が物陰から飛び出し真っ向から襲いかかったのである。しかしクー・フリンの反射神経と技のすばやさに、彼らの目は追いつくことができなかった。クー・フリンがさっと身を翻したので、重い投げ槍は身体をかすめもしなかった。またしても一四人全員が殺された。西部軍の恥知らずな裏切り行為にクー・フリンの堪忍袋の緒が切れた。メーヴの天幕を飛び出し、これまで以上にすばやい手並みでフォヘルドの主力軍を攻め、野営地近くにいた八人の男を惨殺した。

メーヴ自身は策がほとんど成功したと思っていたが、クー・フリンの戦いぶりは今まで以上だった。こうなれば、西部軍は戦いの掟を破るしかなく、次の朝、一対一という取り決めを無視し五人の戦士がクー・フリンに襲いかかったが、問題にもならなかった。全員が次々と倒された。

フェルグスは、話し合いは無効になったものの、このような不正な行為がまかり通ることをさもしいと感じていた。どのように汚い手を使っても戦果が上がらないのだから、一騎討ちの戦いに戻るべきだ、と兵士たちを説いて回った。といって状況が変わるわけではない。クー・フリンが勝つ。圧倒的な強さで。メーヴは挫折感を味わってはいたが、気を取り直して新たな策を考えた。巧妙な話術で口説き落とし、一人や五人、十人ではなく、兵士を一〇〇人まとめて浅瀬に送った。しかしその兵士たちもことごとく殺された。クー・フリンと男たちの戦いは壮絶を極め、はねた首が血をまき散らしながら飛んでいき、遠くの土手に当たって跳ね返るほどだった。

西部軍は甚大な損失をこうむった。いかなる人物、いかなる戦士であろうと、レンスターの男もマンスターの強者もコナハトの切れ者も、クー・フリンには勝てないのだ。謀略も失敗し、掟を破ってもむだ。賄賂によってクー・フリンを窮地に追い込むことはできないだろうか。アリルとメーヴは賄賂として自分たちの娘を差し出し、クー・フリンは受け入れた。この娘こそ罠だった。クー・フリンは自分の面目にかけて王の言葉を疑わない。そこで、野営地にいる道化者に王のような衣装を着せて、クー・フリンと娘の婚約に立ち合わせ、その間クー・フリンをなんとか動かないようにしておこうとした。しかしクー・フリンは罠に気づき、石投げ器を使って道化者の頭を撃ち抜き、彼と娘の二人を二枚の立石に変えてしまった。メーヴとアリルの休戦を取りつけるための試みは、これが最後となった。

Ⅲ

途方もない激戦が続いている間にも、アルスターの男たちはいまだ呪いから解放されることなく、産婦と同じ苦しみを味わい、動くことができずにいた。援護してくれる軍隊がない以上、理屈では数の差でクー・フリンの方が負けるはずだった。メーヴとアリルは全同盟国に使者を送った。全ての王国から出兵するのだから互いの土地や財産が脅やかされることはないだろう、戦士の古き忠誠と恩義の名において、軍隊を提供するように要求した。アイルランドの、むろんアルスターを除くあらゆる地方から兵士たちが集結し、ムルテヴネの平原にどの軍も野営した。メーヴとアリルはフェルグスの助言には耳を貸さず、全員で進軍してクー・フリンを沈めなければならない、と全軍隊に命じた。

この大軍隊を見たとき、クー・フリンは今まで以上の怒りを覚え、鬨《とき》の声を上げた。それは耳をふさぎたくなるような、恐ろしい悪魔の呪いの声で、これを聞いた兵士が一〇〇人も恐ろしさのあまり死んでしまったほどである。それからクー・フリンは浅瀬へ向かい、流れの中に仁王立ちして、向かってくる全ての者を迎え撃つ構えを取った。軍団はメーヴの命令どおりに浅瀬へ、クー・フリンのもとへ続く狭い道を、打ち寄せる波のように進んでいった。

クー・フリンは休む暇もなく戦いつづけなければならなかった。今までも朝に一騎討ちをした後で、突然襲われたり、待ち伏せされたりすることはあった。しかし今度は程度が違う。夏の終りから春の初めまで、クー・フリンはひたすらアルスターを守るために戦いつづけた。クー・フリンはほとんど眠らなかった。時おり槍で体を支え立ったたまいびきをかくこともあったが、次々と挑みかかってくる戦士たちの鬨の声を聞くたびに目を覚ました。圧倒的な敵の数に傷を負うこともしばしばだったが、それでもクー・フリンはびくともしなかった。敵を叩き斬り、殺し、引き裂いた。まるで巨大な赤潮のように押し寄せるアイルランドの男たちの首をはね、四肢を切り裂いた。手を休めるのは、正面の死体の山がよじ登らねばならないほど高くなってしまい、敵がそれらの死体の上を移動している時ぐらいであった。

そこへ救いが現れた。彼の父ルグが異界から現れたのだ。ルグは光り輝く彩り豊かな衣をまとい、手には強力な武器を携えていた。ルグの姿はクー・フリン以外には誰も見ることができなかった。ルグは、三日三晩眠るクー・フリンを魔法で守り、クー・フリンの受けた傷を洗い油を塗った。目を覚ましたとき、クー・フリンはみごとに癒されていた。

別の救いも現れた。アルスターの少年団である。彼らは年齢が若いために呪いを受けていなかった。

少年たちは相対した敵を一人ずつ倒したが、結局西部軍に全滅させられた。一人の少年は逃れて、アリルを殺そうとしたところを、親衛隊に殺された。

クー・フリンが目覚めたとき、ルグは彼のもとを去った。これから起こる偉大なる戦いは、クー・フリンの手で成し遂げなければならないからだ。ルグはクー・フリンに異界のお守を与えた。

クー・フリンは大がかりな戦いを行う準備をした。彼の御者も戦闘服を着け、〈鎌の戦車〉の準備も完了した。〈鎌の戦車〉は、馬にあらゆる角度に釘が飛び出ている鎧をつけ、戦車本体の周りには鉤、槍の穂先、刃、尖った針を付けたものだった。戦車全体が大鎌のようになっており、いかなる攻撃を受けても、敵を刈り取ることができるのだ。

クー・フリンは戦いに向け、伝統的な、蠟を塗った牛革の二七枚重ねをまとい、それから八本の剣と八本の短槍、八本の投げ槍、八本の投げ矢《ダーツ》、八枚の盾で武装した。八枚の盾は全体に血のように赤い盾がかぶせてあり、それは牛を乗せて運べるほど大きく、髪の毛一本を真っ二つに切れるほど鋭い縁をしていた。紋章付きの兜を高く掲げて大きく鬨《とき》の声を上げると、その声が兜の中でこだまして、それはまるで一〇〇人の戦士の亡霊の呪いの声のようであった。彼は〈約束の地〉からの贈り物、着れば自分の姿が敵の目に見えなくなる魔法のマントもはおった。

さて準備は整い、戦意が全身をみなぎり、クー・フリンはこの世のものとは思われない不気味な怪物に変身した。肌の下の骨格は完全にねじまがり、首の神経はまるでロープの結び目がふくらんだようになった。目玉ははずれて、片目は内側に、片目は外側に飛び出た。口は大きく赤く、のどの両側までぱっくりと裂けた。顎は獣を噛み殺せるほどに強力で、噛むたびにギシギシきしんだ。足の裏から逆立った髪の先まで激しく体を振るわせると、血しぶきが上がり、彼の周りに赤い霧が広がった。髪のそれぞれの房には電流が走り、尖った釘のように逆立っていた。立ち上がって二輪戦車に乗ろうとすると、赤黒い血の太い柱が王冠の中央から宙へと高く吹き上がった。これまでの戦闘や大暴れなど問題にならない真の戦いへと、〈クランの犬〉は向かっていくのである。

戦いが始まった。駿足で優美な二頭の馬に引かれるクー・フリンの二輪戦車は、鹿よりも、空から舞い降りる鳥よりも速く、最初の突撃で五〇〇人を殺した。クー・フリンは、彼の名誉のために命を落としたアルスターの少年たちの仇を討とうと、うまく大軍隊の中心に突入した。誰もクー・フリンと対峙することなどできなかった。戦士たちは六列になって倒れ、死体はうずたかく積まれていった。西部軍はムルテヴネの平原で数え切れないほどの仲間を失った。その中には一三〇人の王、女や子供、動物も含まれていた。生き残った者も皆、一生消えない傷を受けた。クー・フリンは頑丈な武具を着ていたのでかすり傷一つ負わず、二輪戦車の御者も馬も無事だった。

翌朝、征服者クー・フリンは廃墟を眺め渡した。この勝利の瞬間のために戦闘服を脱ぎ、礼装した。噂はとうに広まっていて、勝者を愛してやまない女たちがクー・フリンを一目見ようと集まっていた。クー・フリンは赤い絹をまとい、赤い盾を持ち、手には殺した数名の敵の首を抱えていた。クー・フリンに石を投げつけられることを恐れていたメーヴですら、この見事な凱旋を見るために、盾で防壁を作ってその中からのぞいた。戦士たちは、あそこに立っている男をメーヴが征服することなど絶対にあり得ないし、アルスターの男たちにかけられた呪いが解けるまで彼が攻撃をやめることもないだろうと告げた。そしてアルスターの男たちとクー・フリンが一緒になって戦えば、自分たちは一掃させられるか、全滅させられるであろう、と。

このような状況でも、フェルグスは常に名誉を大切にしようとしていた。彼は多くのことに耐えてきた。アリルはフェルグスがアルスター出身であることをあざ笑ったし、クー・フリンに同情しているにちがいないと疑われもした。メーヴはフェルグスが前線に出て旧友クー・フリンと戦うべきであると迫り、とてつもない褒美も約束した。フェルグスは若いころ学んだ戦士の尊厳を心の糧とし、他の者たちにも自分と同じくふるまうよう求め、なんの得にもならぬ不当極まりない策略を捨て、浅瀬での一騎討ちの取り決めに戻るよう西部軍の兵士たちに訴えつづけた。また戦士たちに、クー・フリンの養父である自分の立場もわかってほしい、とも言った。

ところで事態は新たな展開を見せる。アルスターから使者が到着したのだ。使者はコンホヴァル・マク・ネサ王の息子ディアルミド〔「ディアルミドとグラーネの恋物語」のディアルミドとは別人〕。彼は、戦いを延期したいと述べ、さらに、問題を解決するためにアリルの牛とクアルンゲの褐色の牛を戦わせ、決着をつけてはどうかと提案した。しかしメーヴが異議を唱え、小競り合いが起こってメーヴの部下がディアルミドを殺してしまった。これは失策であった。誰一人として、ディアルミドがこれほど遠くまで馬を駆って南下する体力があるのなら、アルスターの男たちも力を回復しているのではないかと調べてみようとしなかったのである。事実、彼らは力を取り戻しており、クー・フリンに加勢するために着々と行軍を進めていた。

またしても一瞬で終わってしまう一騎討ちが再開されることになった。フェルフー・ロングシェフと呼ばれる勇者が名乗りを上げた。西方の出身だが、事あるごとにメーヴとアリルの国境に侵入し、二人に嫌われていた。そこで二人に気に入られるために、クー・フリンの首を二人に届けようと決意したのである。無鉄砲であるからこそ、クー・フリンの偉業を聞くたびに意欲が増すのだ。あの髭のないアルスター男が夏の終わりから春の初めまで、アイルランド全土から結集した兵士たちを窮地に陥れたという話、毎晩一〇〇人もの男を殺し、日中の浅瀬の決戦ではかなう者はおらず、死体が多くの宮廷の土塁の高さまで積み上げられたという話。フェルフー・ロングシェフは二〇人の兵士を率い、卑怯にも一斉に攻撃をかけたが、クー・フリンは剣の一振りで全員を殺し、地面の石の上に首をそれぞれ据えた。

翌朝、メーヴは再び策をめぐらせ、同じ家系に属する二九人の男たちを送り出した。フェルグスはこれは明らかに掟に反すると抗議したが、メーヴは問題はないと言い張った。「彼らは全員同じ肉と血と骨から生まれた」と。誰かが以前用いた詭弁だった。この一家は常に武器に毒を塗っておくので、フェルグスは不安になった。

実際、彼らはクー・フリンを死の一歩手前まで追い詰めた。初めに彼らが投げた二九本の槍をクー・フリンは盾で防ぎ、戦闘の妨げになる槍を剣で払ったのだが、この間にも彼らの攻撃はやむことなく、クー・フリンを地面に叩きつけ、足蹴りにした。公正な試合が確実に行われるように監視者として送り込まれたフェルグスの部下は、目前で繰り広げられる光景に思わず二輪戦車から飛び降り、二九人の攻撃者たちの右手を切り落とした。この事がメーヴに報告されたならば、フェルグスの部下全員の命を危険にさらすことになってしまう。そう考えたクー・フリンは、自分を守ってくれた者を守るため、二九人の毒の使い手たちを殺してけりをつけた。

これだけの被害にあえば、戦いを中止して西部へ帰るのが当然であろう。メーヴが良識ある謙虚な女ならば、とっくにそうしていたはずだ。しかしメーヴにとって良識や謙虚という徳はなんの意味もない。褐色の牛を捕らえるために来たのに、金髪の若僧に自尊心と軍隊を辱められ、煮え湯を飲まされたままで帰国などできようはずもなかった。彼女はクー・フリンを心も身体も痛めつける方法はないかと尋ね、意見を求めた。クー・フリンに勝つ人物が（フェルグスはもちろん除いて）もしいるとすれば、それは彼のことをよく知る人物ではないか。そこで、それが名誉であろうと不名誉であろうと、もう一度一騎討ちを決行することにした。今度はクー・フリン最愛の義兄弟フェル・ディアが相手となった。

これは申し分のない案である、と全員が賛成し、フェルグスは反対したが押し切られた。次にフェルディアの力量を調べた。フェル・ディアはクー・フリンのあらゆる技を知っていたし、同じくらいの戦績を持つ。またクー・フリンがどのように考え、応えるか、どうすれば彼を出し抜くことができるのか、知り尽くしていた。二人は槍でも剣でも鋭い刃の付いた盾でも、どのような武器でも同じようにすばやく使うことができる。唯一クー・フリンが優っているのは、ガイ・ボルガという名の空飛ぶ魔法の槍を持っていることだ。この名高い槍を足の爪先で投げつけるのである。それでもフェル・ディアは全身を胼胝《たこ》で覆っていたから、なんとか避けられよう。さて残る仕事は、フェル・ディアに今度の事情を納得させることだけであった。

それには大きな問題が一つあった。メーヴの使いがやって来ても、フェル・ディアはメーヴを訪ねようともせず、使いを一人で帰した。狡猾なメーヴは、言葉で説得してもむだだと悟っていた。武人の誰もがそうであるように、フェル・ディアもまた嘲笑を浴びることを恐れる。彼女は辛辣きわまりない風刺家や詩人に彼を中傷させ、彼女に会いに来ざるを得ないようにした。そしてフェル・ディアが到着すると、メーヴは態度を一転してあきれるほどたっぷりと甘くささやきかけ、胸の香水をかがせ、報酬に自分の娘を連れてきて接待させた。娘はフェル・ディアに、彼が極上の杯で酒を飲み干した回数の三倍の接吻をした。徹底したもてなしの末、座がなごんでくると、経験豊かなメーヴは褒美として酒、領土、二輪戦車、馬具、最高級の胸飾り、彼女の処女の娘、そして彼女自らが与える成熟した女の味を約束し、クー・フリンと戦うよう説得した。しかしこの申し出の意味を十二分に悟ったフェル・ディアは、愛しい義兄弟と戦うぐらいなら、いかなる褒美も受け取らないと答えた。とは言うものの、半ばメーヴの手に落ちてしまっているフェル・ディアは、メーヴの企みにあっさりと折れてしまうのである。

メーヴが廷臣たちと「クー・フリンは本気であんなことを言うのか……」などと話しており、これを聞いたフェル・ディアは、クー・フリンが何を言ったのか気になり、メーヴに尋ねた。すると彼女は、クー・フリンにとっては、「フェル・ディア如きに勝っても大したことではない」そうだ、と言った。これを聞いたフェル・ディアは、まんまと罠にはまり、朝一番に浅瀬に向かいクー・フリンと戦うことを決めたのである。メーヴは喜び、フェル・ディアにたくさんの褒美を約束した。木々の豊かな森林、指輪、結婚相手としてメーヴの娘、女王に忠誠を誓う武将たちの援軍。約束の印として大きな円形の胸飾り。真珠が埋め込まれたその胸飾りは、戦いが始まる前に光を受けて身につける者の心を揺さぶる。

もう一人の優秀な戦士フェルグスは、メーヴの取引のやり方に幻滅しており、落胆して交渉の場を去った。自分の従者を呼び寄せ、クー・フリンを捜しに行かせた。クー・フリンとフェル・ディアの義兄弟の絆が破れるのは、クー・フリンの養父であるフェルグスにとって悲しいことだ。クー・フリンはフエルグスの知らせに顔を曇らせた。フェル・ディアを恐れているからではなく、フェル・ディアを愛しているからであった。

メーヴの野営地に戻っても、フェル・ディアはなかなか寝つけなかった。もしクー・フリンと戦わないなら、メーヴの最強の戦士六人と戦うという、メーヴとの約束のせいで、得体の知れないもやもやが胸につかえているのだ。六人というのは、メーヴのもとに残っているのがそれだけということである。フェル・ディアは御者を起こし、クー・フリンと一騎討ちをするための準備をするよう命じた。彼は野営地からの途上メーヴとアリルのもとに立ち寄って別れを告げた。メーヴは寝床のアリルに言った、フエル・ディアは死体になって戻ってくるでしょう、と。

御者を伴ったフェル・ディアが浅瀬に着いたとき、クー・フリンの気配はなかった。フェル・ディアは、クー・フリンが対等の実力を持つ義兄弟との戦いを避けるために逃げてしまったのであればよいがと思った。英雄の武勇を真に愛しているフェル・ディアの御者は言った、「クー・フリン様は幾度となくフェル・ディア様を救ってくれたではありませんか。そう安易にあの方を殺《あや》めようなどとお考えにならないでください」。フェル・ディアは機嫌を悪くし、少し仮眠をとろうとした。しかし目を閉じることすらできず、ましてや快適な眠りなど取れるはずもなかった。

クー・フリンは、白髪混じりの老練の御者ロイグと共に、対岸から浅瀬に向かっていた。フェル・ディアの御者は彼らがやって来るのを聞き、姿を見て、その様子を言葉で表した。クー・フリンは力強く真っ直ぐにやって来る。猟犬と鷹を従えて。なんの迷いもなく、雷鳴がとどろくようにやって来る。フエル・ディアは、クー・フリンを賞賛しすぎるのはやめてくれ、と頼んだ。そして義兄弟を迎えた。クー・フリンはフェル・ディアの挨拶に顔を背け、不信の思いをあらわにした。さらに、フェル・ディアがメーヴの扇動や策略のえじきとなり、一騎討ちを受け入れたことを非難した。二人の古き友情は、この一騎討ちによって苦々しいもの変わってしまったのは明らかだった。一騎討ちの前置きとして型どおり互いの名前を呼び合い相手を罵倒してから、身構えてにらみ合った。互いにどのようなことをしようとしているか脅し合うのである。軍の戦士たちが聞いたとしたら怖れをなして逃げてしまうにちがいないほどすさまじい脅し合いであった。クー・フリンが義兄弟に投げかけた罵りの言葉はこうである。「もしフェル・ディアが死んだら、私はどれだけ嘆き悲しむであろうか……。」クー・フリンはフェル・ディアに武器を選ぶように言った。

夜明けを告げる一筋の陽光とともに、人々の最も忘れがたい戦いが始まった。彼らは、縁に鋭い刃のついた盾と投げ矢と短剣を取り、優美かつ精確にそれらを投げた。数時間投げつづけた。しかし二人の腕前も経験も受けた訓練も同等で、どちらも相手に当たらなかった。二人の防御は、攻撃と同じくらい見事なものであった。

次の武器は握りが亜麻で出来たなめらかな槍で、守りは二枚の頑丈な盾である。今度は守りよりも、槍を投げるときにこそ腕前が試され、その日が終わるころには双方とも大きな傷を負った。二人とも御者に武器をきれいにし直してもらっている間、抱擁し合った。それから同じ囲いの中に天幕を張り、互いにさほど離れていない場所に寝床を造った。クー・フリンは自分の傷の手当を終わると、医者たちをフェル・ディアのもとに遣わした。フェル・ディアは従者たちが上等な食事と甘い飲み物を用意すると、それらをクー・フリンの所へも持っていかせた。それぞれに仕える者の人数には多少の不公平があり、フェル・ディアには全アイルランドが味方しているようなのに、クー・フリンに助力しているのはごく少数の隣人だけだった。

翌朝、今度は大きな突き槍の戦いとなった。両者とも、この大きな戦いに早くけりをつけたいと思いつつ武器を選んだ。それぞれ一番大きい盾を取った。しかし盾はあまり役に立たなかった。それぞれ相手の盾を殴りつけて、鳥が通り抜けられるほどの穴を開けてしまったからである。二人は槍を構えて突進し、馬は幾たびもいななき鼻息を荒げ、御者は武器から飛び散る閃光に目をくらませられ、攻撃を防ぐ盾の立てる音に耳は聞こえなくなった。また一日が終わった。結果は引き分けで、二人は抱き合い、野営地に戻った。

その夜、大きな傷口から溢れる血を止めるのに薬は効果がなく、魔法を使わなければならなかった。クー・フリンは魔術師たちの治療が終わると、彼らをフェル・ディアのもとに送った。魔術師たちはその途中、最高級の料理と飲み物をクー・フリンに持っていくフェル・ディアの使者たちとすれ違った。

夜が明け、黎明の淡い光の中、両者は浅瀬で再び相まみえた。クー・フリンの御者ロイグは、フェル・ディアの様子がいつもと違うことに気づいた。陰に落ち込んだような、輝かしさが消え失せてしまったかのようであった。クー・フリンは、親愛なる義兄弟の士気が衰え、弱々しくなってしまったことが不憫でならなかった。もしロイグの洞察が正しければ、それはフェル・ディアの死が近づいているということだ。初めのうちフェル・ディアはまだまだ元気だと張り切っていたが、たしかに神経が弱くなっており、自分の死期が間近いことを感じはじめた。二人は嘆き悲しんだ。

彼らは戦いの準備をし、武器には最も重い粉砕用の剣を選んだ。最初の剣の一振りで、互いに赤ん坊の頭ほどの肉塊が引きちぎられた。二人は一進一退を繰り返し、立場は幾度となく入れ替わった。決着がつかないまま、その日の終わりに疲労困憊し気落ちして休息を取った。この夜は抱擁を交わさず、野営も近い所には設けなかった。何かが決定的に変わってしまっていた。二人の間に不安と終末の空気が漂った。

翌朝早く目を覚ましたフェル・ディアは、今日が重大な日になると感じつつ、クー・フリンよりも先に浅瀬に到着した。今日こそはクー・フリンはガイ・ボルガを使うだろうと考え、フェル・ディアはそれに備えた。手持ちの中で最も優れた戦闘服と、絹と皮と石材の七枚重ねを着て、その上に打ち伸ばした鉄の前垂をつけた。宝石と水晶で装飾した堅固な兜《ヘルメット》をかぶり、両手にはすさまじい威力を発揮する槍と頑丈な剣を持ち、幅の広い盾を皮紐で背にくくり付けた。盾は中心が大きく突き出していて、周囲には五〇の突起がぐるりと並んでいる。突起はいずれも猪の頭ほどの大きさだった。フェル・ディアは武装を終え、メーヴやアリルや彼らの部下たちから盛大な激励の言葉を受けた。そして、クー・フリンを待つ間に、大きく飛び跳ねて体の調子を整えた。

フェル・ディアの意気込みを見たクー・フリンは、徹底した準備だと御者のロイグに話していた。戦っている間だけでなく、一日中私のことを見ていてくれとロイグに頼み、クー・フリンはフェル・ディアにも劣らぬ荘厳な戦闘服を着た。フェル・ディアに負けぬ輝かしい戦いを見せてやろうと言わんばかりの意気込みだった。武器を選ぶ段になったとき、選択権のあったクー・フリンは浅瀬の水中で戦おうと提案した。フェル・ディアはそのとき、運命の時が来たと感じた。クー・フリンと水中で戦って生き残った者は誰一人としていないのだ。

この時のような戦いはかつてなく、また二度とないだろう。クー・フリンとフェル・ディアは体を揺さぶり、鬨《とき》の声を上げ、引っかき、激突した。互いに斬りかかり、優位に立とうとして互いの頭上を飛び越えた。高い土手の上に立ったクー・フリンはフェル・ディアの盾の上に飛び降り、巨大な剣を振りかざしてフェル・ディアの脳天を切り裂こうとした。フェル・ディアはまるで子供を相手にしているかのようにクー・フリンを蹴飛ばした。ロイグは二輪戦車からクー・フリンをやじって、叱咤した。

「いつまで赤ん坊や青二才や小悪魔のように戦うおつもりか。そんなふうでは自慢もできやしない。」

これに励まされたクー・フリンは力強く飛び跳ねた。電光石火の早業でフェル・ディアの盾の上にまたがったが、またもやフェル・ディアは彼を揺り落とし、水中でぐるぐると振り回した。クー・フリンは激怒し、巨人ほどに体をふくらませた。フェル・ディアに激しく襲いかかり、その残酷な光景に小川の土手に並ぶ観衆はたじろいで後ずさりした。クー・フリンとフェル・ディアは数センチほどに間合いを詰め、互いを叩きのめした。盾は上から下まで叩き割られ、槍は先端から柄までへし折られた。金属と金属がぶつかり合う音はまるで醜怪な悪魔の金切り声だ。二人が繰り広げる激闘に川の流れも変わり、人も馬も牛も辺り一帯から逃げ出してしまった。

フェル・ディアは好機を見いだした。クー・フリンの一瞬の隙を衝き、剣を真っ直ぐ胸めがけて深く突いた。鮮血がほとばしった。クー・フリンは生まれて初めての恐怖におののき、ロイグにガイ・ボルガを持ってくるように叫んだ。ロイグはガイ・ボルガを水に滑らせた。槍は流れに乗って下流のクー・フリンのもとへ届いた。クー・フリンは腰を曲げてこの短槍を摑み、伝授された作法に従って右足の爪先から槍を飛ばしたのだった。

槍はフェル・ディアの鉄を打ち伸ばした前垂を突き抜け、石製の上着、一番下に着ていた絹のシャツまで貫いた。鎧は三つに引き裂かれ、槍は全身の血管と内臓を駆けめぐり、その隙間に大釘を残した。決着はついた。それを悟ったフェル・ディアは武器から手を離し、悲しげにクー・フリンを見つめた。クー・フリンは赤く染まった川に武器を放りだし、義兄弟のもとへと駆け寄った。クー・フリンはフェル・ディアを抱き上げ、彼の陣営ではなく自分の側の土手へと引き上げ、最期を楽にしてやろうと、死にかけている身体を横たえた。そしてクー・フリンも力尽き、気を失った。

クー・フリンが気を失ったとき、反対側の土手で男たちが彼を攻撃する好機ではないかと話し合っていた。クー・フリンはそのひそひそ話が聞こえていたが気にも留めなかった。彼はフェル・ディアへの哀歌を詠いはじめた。遺体を涙で濡らしながら、フェル・ディアの偉業、人となり、卓越した才能を語った。偉大なる武人の死への手向けに雄渾な賛歌を歌いながら、メーヴがフェル・ディアを死の戦いに駆り出した日を呪った。

クー・フリンはロイグに、フェル・ディアを裸にしてガイ・ボルガを身体から抜くように命じた。血を流している身体は痛々しく、深い嘆きを誘うばかりだったのだ。ロイグに引きずられるようにしてクー・フリンは浅瀬を去った。生涯を閉じたフェル・ディアの遺体を地面に残して。(フェル・ディアが死んだ浅瀬は彼にちなんでアルディー Ardee、つまり〈フェル・ディアの浅瀬 Ath Fhirdia《アート・イルディア》〉と呼ばれている。athはゲール語で「浅瀬」の意味である。) クー・フリンは重傷を負っていた。アルディーを去ると、仲間が彼を介護した。彼らはクー・フリンの身体を幾つかの川に浸した。それぞれの川に異なった効能があるのだ。

西部軍ははるか南に集結し、類まれな力を持つこの男に対し相変わらず厳重に警戒していた。マク・ロトは今も外交官、諜報員であり、西部軍の野営地から馬を駆ってきて、メーヴが次に何をすべきかを見極めようとしていた。

マク・ロトが二輪戦車を引き返そうとしたとき、銀の大釘を振り回している銀髪の武人に捕らえられてしまった。この勇者はアルスターの男たちからフィンタンの息子ケテルンと呼ばれている。クー・フリンと同じように西部軍の野営地に攻撃を仕掛け、手ひどい損失を与えていたのだが、彼自身も深傷《ふかで》を負っていた。ケテルンはクー・フリンの野営地に退き、そこで最高の手当を受けたいと考えた。

残念ながらケテルンはわがままな疑り深い男で、彼を診るために送られた医者たちを追い返してしまい、何人かを殺してしまった。傷は命に関わるものだと言われたからである。ついにある医者が、ケテルンは、静かに死を待ちながら過ごすか、覚悟を決めて、最後の力をふり絞り三日以内に傷を与えた相手を攻撃するか、のいずれかだと言った。医者はケテルンの傷口からその傷を負わせた相手がわかった。一つはメーヴ、一つはフェルグスの息子、そしてアリルの養い子たちやその他の者たちである。

ケテルンの傷を直すには骨髄が必要だった。そこでクー・フリンは幾種類かの獣を数頭殺し、ケテルンをその骨髄の風呂に一日半浸らせた。ケテルンは肋骨も失っていたので、クー・フリンは二輪戦車の肋材で治してやった。ケテルンは武器も失ったが、そのとき妻が武器を持って二輪戦車で現れた。ケテルンは回復し、喜び勇んで武装して出撃した。

ケテルンが来るのを恐れた西部軍は、アリルの王冠を立石の上に置いてだまそうとした。ケテルンはまんまとだまされた。剣を石に突き刺したとき初めてだまされたことを知り、怒髪天を衝き、西部軍の一人にこの王冠を無理やりかぶらせ、切って捨てた。それでも足りずに暴れ回り、数個連隊が一団となって彼を攻撃しなければならなかった。そしてとうとうケテルンは殺された。

そのころ、アルスターの男たちは衰弱状態から完全に立ち直っていた。メーヴの大軍隊と戦い、最後の衝突で多くの出来事が起こった。アルスターのある軍隊は大殺戮を行い、その物語を語るべく生き残った兵士たちはメーヴの策略の犠牲となった。タルティウではアルスターの二輪戦車の御者たち一五〇人がメーヴ側の兵士四五〇人を殺し、彼らも死んだ。西部の男たちは盾の下に身を隠さなければならなかった。というのも、相対する二つの軍勢の戦士らは遠くから岩石を投げつけ合い、空中を石が飛び交っていたからである。その石投げもしまいには中止された。

このような大混乱が起きているとき、クー・フリンの地上における父、かの有名なスアルタウ（クー・フリンの真の父は異界の魔法使いルグである）はなにも知らずにいた。息子が一騎討ちや策略で苦しめられ攻撃され全身に傷を負った（盾を持つ左手だけでも五五箇所の切り傷があった）ことを知ると、クー・フリンを捜しに飛び出した。これを聞いたクー・フリンはうろたえた。もし父親が西部の者たちに殺されたら、今のクー・フリンには復讐をするだけの余力が残っていないかもしれないのだ。

スアルタウは息子クー・フリンの容態を嘆き、エウィン・ワハのコンホヴァル・マク・ネサ王の宮殿まで出かけていき、クアルンゲの褐色の牛の問題で息子がひどい目にあったことを詳しくアルスターの男たちに訴えた。だが一心不乱のあまりつまずいて盾の上に転んでしまい、その拍子に縁の刃で自分の首を切り落としてしまった。その生首はコンホヴァル王のテーブルに運ばれてもまだ同じことを訴えつづけていた。

ドルイドの助言に逆らい、アルスター王はさらに兵を出して戦場にメーヴを引きずり出すことを誓った。コンホヴァル王は自分の息子をアルスターの全地方に送り、武将と勇者を集めさせた。メーヴとアリルに対する戦いに参加すべく、全峡谷、山腹、緑の野原から戦士たちが馳せ参じた。軍を召集するのは簡単だった。みな王の声がかかるのを今か今か待っていたからだ。こうして巨大な軍勢がエウィン・ワハに集まった。

新たに組織されたこの軍隊は、初めから参加していた戦士たちを助けるために南へと行軍を開始した。メーヴとアリルの戦士たちは彼らを待ち受けていた。マク・ロトは迫ってくる軍勢の規模を見て、どのような準備が必要か知ろうとした。ところが彼の報告はこうであった。「戦士らの姿はなく、野生の獣と鳥の群れが森を離れていくのが見えました。濃霧が峡谷いっぱいに広がり、その中を赤い火花が飛び散って、雷鳴がとどろき、稲妻が光りました。私は大風にあおられて鞍から真上に持ち上げられ、また元に戻りました。」

フェルグスがこの光景を解き明かした。アルスターの男たちの行軍が森の地盤を揺るがし、動物が逃げ出したのだ。濃霧は戦う男たちの吐く白い息だ。彼らの瞳に宿る戦いへの熱情は炎となり、雷鳴と稲妻と大風は込み上げる怒りの憤激を先触れしているのだ。

さらに偵察を続けたマク・ロトは、アルスター軍を率いる男たちの才幹が侮れないことを報告した。例えば色の白い金髪の秀麗な男たち。彼らは厳粛であると同時に強情だ。同じ胎内から生まれた浅黒い肌の強腕の男たち、灰色の髪と死人のように黄ばんだ瞳を持つ男たち、血色の悪い尊大な男たち、陽気で愛すべき男たち。そして彼らはそれぞれ、美しい宝石のはめ込まれた盾や五叉槍、黄金の剣など、見事な武器を持っている。マク・ロトは言った、「この戦士たちは見るに美しく、戦いにおいては必ずや敵に死をもたらす」と。

そのころフェルグスはまだメーヴの野営地にいた。彼はこれらの英雄たちを、赤枝の戦士団にいたとき親しく知った。彼らに武術を教えたのはフェルグスであり、それゆえ彼らの優れた能力と技を知り尽くしていた。マク・ロトの伝えた男たちだけでも、きっとメーヴとアリルを打ち負かしてしまうにちがいない。その最強の武人たちが着々と西部軍目指して歩を進めている。そこでフェルグスは西部軍は休戦協定を結ぶべきであると申し出た。

コンホヴァル王とアリル王は休戦協定を結ぶために会見することとなった。広々とした場所に天幕を張り、夜明けまでは休戦することに合意した。しかし彼らは戦いの女神モリーガンのことを忘れていた。モリーガンは天幕の間をひらひらと飛び回り、彼らを血の戦いへと誘った。アリルは兵士たちを励まし、クー・フリンによる最初の殺戮を生き延びた戦士たちを、熱のこもった呼びかけで戦場へと駆りたてた。もはやアリル王は和平交渉を真剣に考えていなかった。

戦闘が始まったとき、クー・フリンはフェル・ディアから受けた傷を癒している最中だったが、ロイグの報告から戦いの状況を追っていた。西部軍の諸王が黄金の冠を朝の光の中で輝かせながら近づいてくるのを見て、クー・フリンは急ぎ御者を送ってアルスターの男たちを起こした。彼らは天幕からあわてて飛び出した。しきたりどおり、首に黄金のトルクを巻いているほかは全く裸である。いよいよ最後の戦いが始まった。クー・フリンはその様子を見晴らしのいい場所から見ていたが、いまだ療養中の身ゆえに戦えないことを悔やんだ。

一方フェルグスはついにメーヴとアリルの嘲りに屈して、戦いの指揮をとることになった。余談だが、アリルはフェルグスとメーヴが閨を共にした際に御者に盗ませた剣を返している。フェルグスは狂暴になった。彼には晴らすべき恨みがあった。最初の攻撃で、彼は戦列に切りかかって一〇〇人ものアルスターの男たちを殺した。本来ならば彼の親愛なる友ウシュネの息子たちとデルドレの命を守らなければならなかった者たちである。そしてフェルグス自身も、数年前デルドレたちがスコットランドから戻ったとき策略にかかり、彼らを守り切ることができなかったのだ。

次にフェルグスは、コンホヴァル・マク・ネサ王本人と対決した。貴様など野良犬と遊んでいるのがぴったりだ、とののしった。そして剣を振り上げてコンホヴァルの頑丈な盾を貫こうとしたとき、背後から二本の手が彼をつかんで抑えつけた。友人の手だった。友人はフェルグスに、怒りにまかせて協定締結を不可能にするような行為は控えるべきだ、と賢明さと思いやりをもって助言した。フェルグスは振り下ろしかけた剣を違う方に向けるよう言われ、それで三つの丘の頂を切り落とした。

クー・フリンはこのとき生じた轟音を聞き、いったいどのような猛々しい武人がこのような音を立てているのだろうかと思いながら、生来の戦いへの情熱がよみがえるのを感じた。御者や医者たちに戦場に行かせてくれと頼み、メーヴの送り込んだ二人の偽医者（クー・フリンの傷口がふさがらぬようにしていた）を殺した。身を引き締め、戦車の準備を整え、フェルグスの後を追っていった。以前に交わした契約に従い、フェルグスは常にクー・フリンには譲歩することにしており、またその約束を違えることもなかった。クー・フリンは正午までには戦場を一掃し、その途中で自分の二輪戦車も壊れた。

メーヴの軍隊は盾で壁を作って後方の側面を防御しながら撤退した。メーヴは〈毒の谷〉と呼ばれる場所でクー・フリンに捕らえられた。この谷の名はメーヴの血で谷が汚されたことに由来する。彼女は地面に膝をついて命乞いをし、クー・フリンもこれを受け入れた。彼は女を殺さない主義だった。

生き残った武人全員が今や戦場から退き、兵士たちはちりぢりになった。メーヴはまだ野営地にクアルンゲの褐色の牛を囲っていた。戦場から帰郷する途中、彼らはラトクローガン近くで、アリルの牡牛フィンドヴェナハと出会った。褐色の牛はフィンドヴェナハの頭を蹴り飛ばし、蹄が頭に食い込んでしまったので、フェルグスが引き離した。それから二頭の牡牛は戦いはじめ、昼も夜も戦って山々を震わせた。翌朝、褐色の牡牛はフィンドヴェナハの残りの体を角に引っ掛けたまま、山々に向かって駆けた。

その日、褐色の牛は故郷への道を探しながら、アイルランド中を歩き回った。そして、あちらこちらにフィンドヴェナハの臓物を落としていった。今日それぞれの場所に牡牛の臓物の名が付けられているゆえんである。褐色の牛はムルテヴネの平原にたどり着いたが、そこで事切れた。これがケルト英雄譚の中で最も長い物語の結末である。

アイルランドの西部諸州はアルスターと和平を結び、クー・フリンにアルスターから手を引かせた。少なくとも七年間は和平が守られ、アルスターの男たちは歓喜と賞賛の声を上げつつ、栄光につつまれて故郷へと帰っていったのである。

第3部

ウェールズの伝説

「マビノギオン〔マビノーギ〕」として知られている物語群《サイクル》は，ケルトの伝説の中で最も新しく最も彩り豊かな織り糸を形づくっている。1849年にレディー・シャーロット・ゲストは，ウェールズの二つの写本，14世紀初期の『フラゼルフの白書』と14世紀末―15世紀初の『ヘルゲストの赤書』から翻訳したとき，「マビノギオン」という言葉を一般的な文学用語に持ち込んだ。マビノギオンという言葉の直接的な意味は論議を呼びつづけている。「若い」を意味するマブ mab から来ているらしいが，時にはマビノーギ mabinogi という言葉は見習い詩人に対して用いられている。レディー・ゲストは複数形をつくるために接尾辞を加えて〈子供のための物語集〉を意味させた。これは間違った定義のように思われる。本来の物語は，詩人の試験を受ける者たちのための教科としての機能をもっていたか，あるいは若者たちの冒険の話だからマブという語根を与えられたか，いずれかの方が可能性が高い。

同じように，これらの物語が元来どの文化に属していたのかも正確にはわかっていない。ただし，次のレディー・ゲストの言葉は的を射ており，論議の余地はない。「ずっと昔，ヨーロッパ全体に，中世ロマンスと呼ばれる大きな文学母体があった。それは，大部分はテュートン〔ゲルマン〕を起源としゲルマン的性格を帯びているが，その中には更に古いケルトの痕跡がはっきりと認められる。」

しかし厳密に言えば，マビノギオンというタイトルは，レディー・ゲストの版の初めの四つの物語にのみ適用されるべきで，彼女の訳した11の物語すべてには当てはまらない。私は彼女の訳した順序に従ったが，九つの話しか収めなかった（単に，語り部の見地から他の二つを好まないという理由による）。

この伝説が現れたのはケルト文明展開の歴史の中では極めて遅かったが――13世紀までにはケルトの最盛期は過ぎて久しかった――，ケルトの祖先が口承によって伝えた足跡を残している。初期の物語の中の出来事が，ウェールズ人とアイルランド人との関わりによってわかるように，古代ケルトに起こったものであるのに対して，後期の物語はサクソン人とノルマン人の宮廷を連想させる華麗な見せ物《ページェント》や騎士道を描いている。それはアーサー王の登場で明らかに示されている。

マビノギオンにおいて物語はあらゆるものを意味する。話は規則的なテンポとイメージとアクションから成っている。物語の登場人物と事件は，様々なケルトのイメージ――色鮮やかな外貌，知的ゲーム，粋な武勇，有名な誇り高さ――を強め，そしてこれらが彼らを，初期ヨーロッパの地図の上で，流浪の民とはいえ輝かしい存在に仕立て上げたのだ。

ダヴェドの領主
The Lord of Dyfed

ある明け方、七州を統治するダヴェドの領主プイスは狩りに出かけた。霧の中、猟犬を連れて絶好の狩場である森へ馬を駆り、猟犬たちはくんくんと鼻を鳴らし、獲物のありかを告げてうなり声を上げ、密集した木立の間を走り回った。しかしプイスは後を追うことができなくなったので、犬たちを連れ戻そうと狩猟笛を吹いた。そうするうちに突然あたりに渦巻いた霧が濃くなり、狩猟隊の面々はプイスと彼の猟犬たちを見失った。霧はまるで灰色のマントのようにプイスたちを包み込んだ。プイスには仲間の狩猟笛の音が聞こえなくなったが、別の音を聞いた。犬の群れの吠え声だ。別の狩猟隊が反対側から森に入ってきたらしく、吠え声は前方から聞こえてきた。それはだんだん近づいてくる。霧が立ち込める中で二つの狩猟隊が衝突するのではないかと気がかりだった。

プイスは霧の中を犬の後を追って平地に入った。低い枝をかきわけながら進むと、前方に牡鹿を追いかけて空地を疾走してくる一隊が見えた。牡鹿はかなり走りつづけたのだろう、よろめきはじめていた。

猟犬の主人は見えなかったが、追跡してきた猟犬たちは牡鹿に迫り、ついに押し倒した。プイスは鞭を振るって、自分の後ろにいる猟犬たちを激しくけしかけた。猟犬たちがいつもに似ずとまどっていることに気づいていたが、獲物を前にした犬を操るのは簡単だった。ライヴァルの猟犬はというと、いまだかつて見たことのない色をしていた。まるで雪のように輝くばかりの白さ。耳は光沢のある血の色の真紅。そのような猟犬が一頭いるだけでも驚きだが、一群の猟犬すべてがそうなのだ。プイスは我に返り、角笛を吹き鞭を振るってライヴァルの猟犬の群れを追い払うと、自分の飼い犬たちに仕留めた牡鹿で食欲を満たさせたのだった。

プイスは馬に乗ったまま輪を描くように犬たちの周りを見張っていた。鼻を鳴らして牽制しながら争って鹿肉に群がる犬たちをいさめるのに鞭を振るっていると、狩猟姿の男が猛烈な速さでハシバミの枝の下をくぐって空地に現れた。灰色の服、灰色の馬に茶色の革の鞍をつけた男はプイスに言い放った。

「おぬしが何者かは知らないが、王であろうと民であろうと、通りいっぺんの挨拶しかするつもりはない。」きわだった容貌を持ち、貴族らしい風采と服装をし、名声と顔を誰にも知られているプイスにとって、男はただの無礼者に思われた。

プイスは見過ごせなかった。「それはあなたが大層な御身分だからか。」

「階級が問題なのではない」見知らぬ男が言った。

「それでは、いったい何が問題なのだ。」

「おぬしが無礼であることだ。」

「なにをさして無礼と言うのだ。」

「わしは今までおぬしのように不作法な人物に会ったことがない。いくら先にその場に着いたとはいえ、自分の猟犬に餌を与えるために、他人の猟犬が仕留めた獲物を横取りするなど。破廉恥きわまるぞ。おぬしに復讐しないことを幸運と思うがいい。」

プイスは答えた。「見知らぬ人よ、もし私があなたの気にさわることをしたのなら、それは私自身の掟を破ることになる。私は一人の狩人も見なかったのだ。」

「声は聞いたはずだ。」

「それは認める。」

「ならばおぬしは犬たちを引き留めておくべきではなかったか。絶対にわしの犬たちを追い払うべきではなかったのではないか。」

「ああ、なんということだ。あなたが憤慨するのも当然だ。」

「おぬしでも憤慨するだろう？」と見知らぬ男は尋ねた。

「わかりました」とプイスは言った。「無礼をお詫びする。すべてを償って、必ずやあなたの友情を勝ち得よう。」

「どうするつもりだ」見知らぬ男は片方の眉を上げた。

「許されるものなら、あなたの身分を聞かせていただきたい。その上で、あなたの身分にふさわしい方法で約束を果たそう。私はあなたがどなたなのかも存じ上げぬ。」

「わしは王だ。臣民の冠を戴きし指導者だ。」そこでプイスはうやうやしく腰をかがめた。

見知らぬ男は続けた。「おそらくおぬしも我が名を知っていよう。わしはアラウン。アンヌヴンの王だ。」

「王よ、私はあなたにお仕えしよう」とプイスは言った。「あなたに会えたことを栄誉に思う。しかしあなたほどに高貴な方であれば、友情を得るための方法をなにか示唆してもらえないだろうか。」

アラウンはしばらく思案した末に言った。「実は国境を接する隣人に苦しめられて頭を悩ませているのだ。ハヴガンという忌々しい厄介者だ。そのうえ危険な男でな。奴を退治してほしい。その暁におぬしを友と呼ぼう。」

「そのようなことなら喜んで」とプイスは言った。「ただ、どう退治したものか教えていただけないか。」

するとアラウンは即座に策を告げた。いともすばやく手際よいので、まるでプイスと出会うずいぶん前から考えていたとしか思えないほどだった。

まず第一に、即刻アンヌヴン王国とダヴェドとの間に篤い友好の絆を樹立すること。第二に、アラウンがダヴェドの領主を彼の王国に招待する。そのときアンヌヴンの民に気づかれないように、プイスが魔法でアラウン王の姿に化けること。それはまた、プイスが夜の床で美しい女を、すなわちアンヌヴンの王妃を手に入れるということでもある。第三に、今日の遭遇からちょうど一年と一日後、アラウンとプイスがこの森の空地で再会すること。その再会は重要な意味を持つだろう。なぜなら、アラウンはその前日に強敵ハヴガンと戦うことになっており、いまやプイスが彼の代理を務めておそらく敵を撃ち破るはずと、アラウンは大いに期待を抱いた。

見事な計画だった。プイスは、その運命の時いかにしてハヴガンを見定めればいいのかと尋ねた。

「簡単だ」とアラウンは言った。「今日からちょうど一年後に浅瀬でおぬしを待っている男が奴だ。闘い方を伝授しよう。まずここぞという瞬間が来るまでむやみに手出ししてはならぬ。決定的な一撃を食らわすのだ。よいか、攻撃の機会は一度きりだ。一撃で致命傷を与えなくてはならぬ。奴もそれを知って、慈悲のとどめを嘆願するだろう。だがそれを聞いてはならぬ。奴は魔法が使えるのだ。攻撃されればされるほど、それだけ翌日に力を増す。しかし一度で致命的な打撃を受けると、生き返ることができないのだ。」

「わかった」とプイスは言った。「しかし一つ問題がある。私の不在中、だれが我が国の面倒を見てくれるのだろうか。」

「簡単なことだ。わしらは入れ代わるのだ――おぬしはわしに化けて我が王国へ行き、わしはおぬしそっくりになっておぬしの国に行く。いちばん親しい家臣さえ気づかないだろう。」

二人の男は固い握手を交わした。アラウンはプイスについてくるよう手招きして馬首をめぐらせ、二人は程近い森のはずれの突端に行った。遠くにアンヌヴンの王国の領土と幾つもの宮殿が見え、大いに繁栄しているようだった。

男たちはここで別れた。プイスは崖の縁に沿って馬を走らせ、アンヌヴンの国境へと下っていった。平野や小路で出会う人々は王に化けたプイスに対して自分たちの王アラウンへの敬意を表し、うやうやしく頭を下げた。プイスはすぐに慣れてしまった。「彼」の城にたどり着くと、召使たちが珍しいやり方で馬のくつわを取り、プイスが狩猟服から錦織《ブロケード》と金で出来た宮廷服に着替えるのを手伝った。彼がアラウンとは別人であると疑う者はいなかった。変装したプイスは周りをよく観察した。この宮廷はダヴエドを含むどこよりもはるかに洗練され豪華だった。ダヴェドに戻ったらプイスの召使たちにもこの経験からいくつか学ばせることがあるだろうと感じた。よく訓練された兵たちが隊列を組んで行進してきたとき、プイスはそんな想いにとらわれていた。

プイスを待っていた王妃も殊の外すばらしかった。隣に座った王妃はむろんアラウンの妻である。優雅さと出自の良さを示す品格。王妃は気だてのよさと比類ない美貌を兼ね備えた極めて稀な女性であった。二人は座につき、それを合図にまことに楽しい宴が始まった。宴が終わると、二人は連れ立って寝室に入ったが、残念なことに「夫」は王妃に背を向け、彼女にとっては陰鬱にも感じられた長い沈黙のうちに眠りにつくのである。

翌朝、プイスは彼女よりもかなり早く起きだした。そして、彼女と廊下で出会ったときには、再び前日の心のこもった愛情深い態度をたやすく示したのである。それでも彼女はプイスにすっかりだまされて、夫の正体が変わっていることや、昼間いっしょに愉快なときを過ごしても夜にはまた冷たい関係に戻ってしまうことを、全く不思議と思っていないようだった。このような冷たい関係は、プイスが繁栄するアンヌヴンの王国で過ごした一年間ずっと続くのである。しかしまた、素晴らしい一年だった。狩り、話し合い、仲間づきあい、うまい食べ物、音楽。

さて一年が経ち、プイスは敵のハヴガンとの約束を果たすため、浅瀬に向けて出発した。主だった男たちがリーダーを支えるべく同行した。戦いの布告者が馬に乗って浅瀬の中心まで進み、角笛を吹いて勝者を決めるべき決闘の始まりを宣言し、「アラウン」とハヴガンの二王だけで戦うようにと告げた。

二人は、布告者を挟んで向かい合った。布告者は剣先が交わったところで退き、二人は攻撃に移るべく身構えた。

プイスの最初の一撃は、ハヴガンの守りの要である盾の突起に命中し、鎧は真っ二つに割れ、ハヴガンは馬の向こうに投げ出された。彼は水の中に倒れたが、魔法で敵の変装を見破り、この男はプイスであることを知った。アラウンが予告したとおりハヴガンはプイスにとどめを刺せと頼んだが、プイスは拒んだ。ハヴガンは部下たちに自分が死ぬことを告げた。

主人の死を悟ったハヴガンの部下たちは、プイスに臣従と忠誠を誓った。ハヴガンの王国もアンヌヴンの王国に加えられた。こうしてあの森でプイスが約束したアラウンとの友情は、見事に果たされたのである。

次の日の朝、プイスはアラウンと再会するために出発した。狩猟中の二人が初めて出会った日から、約束のちょうど一年と一日後のことである。アラウンは心からプイスをねぎらった。プイスはこの一年に身代わりとして行ったことと、その最大の成果、つまりハヴガンの死と彼の王国をアンヌヴンに併合したことをアラウンに伝えた。アラウンは感謝を述べ、プイスを元の姿に戻した。そしてダヴェドの領主プイスは故郷へと帰った。

一方アラウンは、アンヌヴンの王国で家臣や、そして愛する王妃に再会できることに狂喜した。もちろん彼女はこの一年と一日にわたる王の不在には気づいていない。

だがしかし、その秘密はすぐ暴かれた。というのも、その晩アラウンが王妃に愛情を示すと、この一年で「夫」の昼間の温かさと夜の冷淡さに慣れてしまっていた彼女は、突然の変わりように驚きをあらわにしたのだ。そこでアラウンはプイスの高潔さを悟り、すべてを王妃に話して聞かせた。王妃は王と同じく心を打たれた。プイスはやすやすと宝を手に入れられる立場にいたのに、アラウンの結婚の神聖さを一度たりとも侵すことはなかったのである。

ところでプイスはダヴェドに帰ると、「彼」の先年の執政をどのように評価するかと家臣らに尋ねた。彼らは「プイス」はこれまでに勝って、かつてない英知と心配りをもって統治したと告げた。それまでプイスは決して思慮分別があるとはいえず、決して気前よくもなかったのに、先年は違っていたという。実際、経済も政治も、軍隊も守護《パトロネージ》も、すべてが改善されていた。法律が強化され、より公正になっていた。隣国との関係が親密になり、より寛大になった。その一年は模範的な年であり、ある老臣は「ちょっとした驚異の年」と言い切った。

プイスはほほえみ、その年の出来事の本当の話をした。それでも家臣たちは眉をひそめなかったし、プイスをアラウンと比べるようなこともしなかった。それよりも、プイスがよき友を持ったことを賞賛したのだった。

あの森の中の狩りは、プイスにアラウンの友情を得ることを誓わせ、またダヴェドとアンヌヴンの民にとって大きな益となった。二人の大君主は政治的な友愛のしるしとして馬や猟犬や鷹や武器などの贈り物を交わした。アラウンとプイスの王国はますます親交を深め、プイスはアンヌヴンの王国から名誉ある称号を授けられた。そしてこの同盟者たちが会うたびに思い出はますます色鮮やかになるのだった。赤耳の白い猟犬が森の中で牡鹿を捕らえたあの朝のことが。

長い歳月が流れ、同盟は揺るぎなく、互いに実り多いものであった。プイスはアルベルスで開廷期を迎えていた。その日の宮廷の仕事は終わり、宴が始まった。最初の御馳走が終わると、プイスは新鮮な空気の中いつもの散歩をした。付き従う従者たちと、彼らの栄えやそれぞれの息子たちのこと、王国に関する自分たちの見解、宮廷のまつりごとなどについて、誰彼なしに話をしていた。プイスは宮廷の敷地が一望できる緑の丘へ向かった。

塚山に登ると、この地方一の忠臣が言った。「我が君、王家に生まれた者がこの塚山に腰を下ろすと、襲撃されて重傷を負うか、妖かしを見ると言われております。」

プイスは答えた。「運に任せてみようではないか。お前に守られた私に、誰が不運をもたらすというのだ。妖かしを見ることができるかどうか、確かめてみようではないか。」

驚くようなことは何も起こらなかった。その代わり、二人が草の上に腰を下ろしていると、一人の女が塚山の下のほこりっぽい道に現れた。女の乗る白馬は淡く光り、金の馬具がちりんちりんと鳴っていた。女はたっぷりとした金色の錦織《ブロケード》をまとっている。従者の誰も女を知らなかったので、プイスは急いで使者を走らせたが、追いつくことはできなかった。女は普通の速さで進んでいるように見えたが、使者が急げば急ぐほど、二人の間は広がっていく。決して女が速度を上げているようには思えないのに。引き返した家臣は息を切らしていた。そこでプイスは馬に乗った家臣に彼女を追わせてみた。宮廷一の峻馬を全速力で駆けさせたが、やはり追いつけなかった。女は決して速度を早めてはないのに、さらに間隔を広げていく一方だった。騎手はしょんぼりして戻ってきた。

プイスは一晩中この不思議な出来事にとらわれていた。次の日の午後の同じ時間に、国一番の駿馬を連れてくるよう家臣に指示し、再び塚山へ行った。すると思ったとおり錦織の女が白馬に乗って現れたので、プイスは彼女を取り押さえるために騎手を走らせた。しかし騎手が近づくと、今度もまた見た目の速さとは不釣り合いなほど差が開いていく。騎手は馬の手綱を引いて並足まで速さをゆるめた。女と同じ速さで追いかけ、女の仕掛けたゲームにのって差を縮めようとしたのだ。しかしその策も失敗した。彼は作戦を変え、今度は馬を全速力で走らせた。しかし女は速度を上げた様子もないのに、追っ手との間はいっそう広がったのである。騎手は疲れ切った様子で、プイスが口をすぼめて座っている塚山の上に戻ってきた。

翌日も彼らは同じことを繰り返した。噂は宮廷中に広まり、大勢の人がプイスの後について塚山へ登った。この日はプイス自身の馬に鞍がつけられた。女が馬に乗って現れると、プイスは後を追った。しかし、やっと声の届く距離までしか近づくことはできなかった。彼は叫んだ。「そこを行く御婦人！恋する男のためを思って、待たれよ！」

女は馬を止め、顔のヴェールを上げた。

「あなたは何者だ。どこから来たのだ。この地で何をしている。」プイスは、美しさにあふれんばかりの神秘的な騎手に向かって矢継ぎ早に問いかけた。女はこの地で取り引きをするのが彼女の務めであると、率直にそしてやさしく答えた。

「あなたの御用について尋ねても差し支えないだろうか」プイスは礼を尽くして尋ねた。

「ええ。ほかでもなくあなたに会いに来たのですわ、我が君。」驚いたプイスがなんとか落ち着きを取り戻す間に、女は自己紹介をした。「フリアンノンと申します。」

「美しい響きだ」とプイスは言った。

習慣に従って女は自分の血統と一族の名を唱えた。

プイスはそれを礼儀正しく、きちんと聞いてから、尋ねた。「しかしあなたの務めと私はどのように関わっているのだ。」

女は彼に物語った。遠いところから、長い間プイスを愛していた。しかし悲しいことに、一族は女が嫌う男を「ふさわしい相手」として結婚するよう誓わせたのである。女をこの生き地獄から救う術《すべ》はたった一つしかない。

「そして、それはどのような方法なのだ」プイスは尋ねた。彼はすでに、華やかで成熟したこの甘美な声の乙女に魅惑されていたのだ。

「我が君、それはあなたが私の愛に応えてくださることでございます。」

彼は馬を降りてひざまずき、そして胸に手をやり、フリアンノン以外の世界中のどの女性も選ばないと誓った。二人はこの契りを確かめるために、ちょうど一年後に彼女の父親の宮廷で再会することを約束した。彼女はプイスにこの神聖な誓いを必ず守るよう言い残していった。こうして、彼はかつてないほど用心深く一年を過ごしたのである。

さて一年後の約束の晩に、プイスは立派な服を身にまとい、最も信頼のおける九九人の家臣を従え、フリアンノンに会うためその父親の宮殿へ馬を走らせた。宮殿ではダヴェドの偉大な指導者をもてなす宴がかなり前から調えられてきた。プイスの一行が最も名誉ある席へ儀式にのっとって広間を進んでいく間じゅう、心からの歓迎を受け、旗が振られ、トランペットが鳴り響いた。プイスはフリアンノンとその父親の間に座った。宴は音楽とともにはじまった。やがて笑い声と楽しい語らいのざわめきが音楽にとって代わった。

召使たちが最初の御馳走の残りを片づけたころ、フリアンノンは作法に従い隣の席にワインを注いでいたのだが、貴公子らしい顔立ちの背の高い赤茶色の髪の若者が黙って扉から入ってきた。彼は生まれながらの威厳と品格を持ち合わせた男で、長テーブルの間を大股でプイスの方へ歩いてきた。フリアンノンの父に会釈をし、着席を断って、丁寧にプイスに話しかけた。

「私は願い事をするためにまいりました、ダヴェドの領主、アンヌヴンの指導者よ。」

「聞き届けよう」とプイスはいつものように寛大に答えた。フリアンノンはワインの杯を手に若者の少し後ろに立ち、警告の色を浮かべてをプイスを見ていたが、彼がその表情に気づいたのは答えた後だった。

若い男はプイスに懇願した。一晩を共にすることなくフリアンノンを自分に引き渡してほしいというのだ。プイスは唖然とした。彼は若者に約束すると応えたが、まるでこれは自ら自分の寛大さの罠に落ちたようなものではないか。ようやくプイスはこの若者の正体に気づいた。しかしもう遅い。怒り狂ったフリアンノンはテーブルを回ってきて、この男こそ一族が結婚させようとしている男なのだと告げた。

「どうにかしてくださらなければ」とプイスをなじった。

「どうすることもできぬ」と彼は言った。「私は歓待の掟を守らねばならぬ。今となっては、名誉をかけて交わした約束に捕らえられているのだ。」

しかたなくフリアンノンはある計略をささやいた。まずはプイスがフリアンノンを形式的に男に与える。後でプイスに小さな袋を渡すから手放さないように。また男が彼女の床に入る日を公に一年後と定めるのだ。そしてその夜にプイスは九九人の武装した家臣を引き連れ、窓の外の果樹園に散らばって隠れるのである。

フリアンノンはその際にプイスがどうすべきかも教えた。よぼよぼの老いた乞食に変装し、大広間にびっこをひきひき入ってこなくてはならない。宴の主は施しを求めるものを追い出せないし、フリアンノンの婚約者に何をしに来たかと尋ねられたら、プイス扮する乞食はフリアンノンが渡した小さな袋を出して食物を要求するのだ。しかもこの魔法の袋は七つの王国の食物すべてを入れても満たされない。宴の主がイライラしてきたら、その袋は真に偉大で高貴な男が中に入って食物を丹念に踏みつけない限り満たされることがないのだ、といってなだめるのだ。男は自分が優れた者であることを証したいだけでなく、見苦しい乞食を追い払いたいがために、フリアンノンが言えば必ず袋の中に踏み入るだろう。その瞬間、プイスは袋の紐をきつく締める。男を確実に罠にはめたら、狩猟笛を吹いて家臣たちを集めるのだ。

早口でささやかれたこの計画に同意して、二人は「御返答を、ダヴェドの領主」と腰に手を当てて迫る若い男に向き直った。

フリアンノンが口火を切った。「ダヴェドの領主は約束を守るでしょう。ですが御領主は今はこの家の招待客です。無礼をなさるべきではありませんわ。」

うわべは従うと見せかけて、彼女はこれからちょうど一年後に若い貴族と床入りすることを約束した。男は大股に歩いて出ていった。宴は幾分控えめになったが続けられた。

さて一年後、約束の夜、プイスは九九人の家臣を引き連れ、今度は王権のしるしは帯びず完全武装で整然と王国を横断し、フリアンノンの父親の宮殿へと馬を駆った。やがて男が到着し、フリアンノンを得たことに特に喜びを示すこともなく、豪華な歓待を受けている。プイスは男たちをリンゴの木の下に隠し、宴がたけなわになるまで待たせた。それからプイスはぼろぼろの汚れた服とブーツ姿の乞食に身をやつし、びっこをひきながら宮殿に入っていった。宮殿の召使も番兵も伝統にのっとって乞食の行く手を遮らず、彼が大広間を進んでフリアンノンと父親の間に座る男に近づいたときも誰も気に留めなかった。

「なんだ」若い男は乞食が来るような場所ではないと鋭い口調で言った。

「食べ物を下され」プイスは袋を差し出した。横柄な若い男は、自分の宮殿でもないのに、乞食に食べ物を与えるよう指を鳴らして合図した。

召使たちは骨付きの大きな肉片とパンの大きな塊と果物を台所からせっせと運んできた。しかしいくら入れても袋がいっぱいにならないので、見ていた客たちは騒ぎだした。

「じじい、この浅ましい袋はいっぱいになるということがあるのか」とプイスのライヴァルは言った。

「真に高貴な生まれと良き心と名誉をもつ人物が袋の中に立って、中の食物を押し込んで、袋に満腹であることを教えてくだされば。」

「そこをどけ」とフリアンノンにけしかけられたライヴァルは言った。「俺が立ってやる。」

そして実際に作業にとり掛かった。プイスは袋の口を開けて手助けをしようとしたが、男はその手を乱暴に押しのけ袋に足を踏み入れた。男は腰まで袋に入った。プイスがすばやく勢いよく袋を逆さまにすると、男は逆さまに袋に納まった。プイスは紐をきつく締めると、変装を解き、角笛を吹き鳴らした。九九人の武装した家臣たちが全速力で大広間に馬を乗り入れ、男の家臣たちを取り囲んだ。プイスは高慢な若者の入った袋を高い鴨居に吊るした。男がもがいている膨らんだ袋の周りを、プイスの家臣たちが馬を走らせたり、走ったりして、袋を棍棒や剣の峰で楽しそうに打ちながら叫んだ。

「袋に入っているのは何だろう。」

その度にプイスが陽気に答える。「穴熊さ。」即席に誕生したこのゲームはダヴェドの村から村へ〈穴熊の袋詰め〉として知れ渡るようになる。

さて、ざわめきや笑い声が一時途絶えると、袋の中から男が声を上げた。

「我が君！ 袋の中で死を受けるには、私の生まれは高貴すぎるはずです。」

プイスと宮廷の主であるフリアンノンの父親のどちらに向かって言ったのかはっきりしなかったので、二人で男を袋から出すことにした。男は床に転がり出てきた。あざだらけで服は裂け、彼の自尊心は衣服と同様にぼろぼろになった。

フリアンノンは、男に父親とプイスに対して誓いを立てさせましょうと言った。

「決して復讐をしないことを誓うのです」とフリアンノンは言った。「嘆願するすべての者に望みのものを与える、我がダヴェドの領主にしてアンヌヴンの長を援助することを誓うのです」。

これで一時的にも男はプイスの家臣となるのである。男は静かに広間の外へ出て傷を洗い流し身なりを整えることを許された。戻ってきた男はテーブルからかなり離れた控えめな場所に座った。

それから一週間にわたって盛大な宴が催され、領主の大歓待がふるまわれた。誰もがプイスを高貴で威厳がありながら寛大な良き人と思った。プイスはフリアンノンの父親と親交を深めることができ、彼もプイスから深い感銘を受けた。宴が終わったとき、二人はフリアンノンをプイスの妻としてダヴェドに迎えることを取り決めていた。フリアンノンが大喜びしたのは言うまでもない。

プイスとフリアンノンは美しく晴れた朝、贈り物を積み込み、皆に祝福されて出発した。家臣たちは城門から花びらを振りまき、手を振りつづけた。

プイスがダヴェドの地に降り立ち、フリアンノンを臣民に紹介すると、誰もがあたたかく彼女を歓迎した。民はすぐさまフリアンノンを愛した。老いた人々は目に涙を浮かべ、若者は美しさと装いに魅了された。フリアンノンに会いに来た人、面会した人誰もが彼女になんらかの、鳥や宝石や衣服や花などの贈り物をした。すばらしく楽しい結婚式の後、彼女と彼女の愛するプイスは、ダヴェドのまことに幸せな統治者として落ち着いたのである。

しかしやがて不幸が彼らを襲った。三年たってもフリアンノンは身ごもらなかった。いつでも王国の安定の要は、確実な世継ぎがいることである。プイスの重臣たちは密かに集まって懸念を話し合った。彼らの中のある厳格な人が昔、よその王国で世継ぎがいないがゆえの存亡の危機を目の当たりにしたことがあり、プイスに子供を授ける他の妻を見つけるよう熱心に勧めさえした。プイスは感情を害してフリアンノンをかばったが、それでも彼らの心配を理解し、結婚して間もないことを理由に一年の猶予を望んだ。そしてもし一年後にまだ妊娠しなければ、たとえ彼の意に沿わぬことであっても、彼らの助言に従うと告げたのであった。

めでたいことにフリアンノンは一年の内に息子をアルベルスで出産した。ここは二人が初めて出会った場所、フリアンノンが白馬に乗って現れた所だ。六人の信頼できる産婆が母子の世話をするために宮廷に雇われた。ところが生誕後のある晩、まったく不思議なことに、フリアンノンも産婆もみな眠り込んでしまった。そして彼女らが目覚めたときには赤ん坊は消え去っていたのである。

子守をしていた産婆たちは職務怠慢により処刑されることを恐れ、自分たちの命を守るために女主人に罪をかぶせる計画を思いついた。ちょうど宮殿の寝室のグレイハウンドが子犬を生んでいたので、産婆たちは子犬たちを殺してフリアンノンの顔に血を塗りつけたのである。彼女が目を覚ますと、産婆たちは彼女が眠りながら子供を殺したと証言したのだった。

フリアンノンは赤ん坊を失ったことを悩み嘆きながらも、産婆らが謀って自分を陥れたことをすぐさま悟った。彼女は尊厳を振り捨てて、産婆たちに真実を話すよう哀願した。そうするならダヴェドから速やかに脱出させることを約束した。しかし産婆たちはでっちあげを取り下げず、この悲劇のために開かれた法廷を首尾よく納得させたのである。

プイスは妻を守るために考えうる限りの権力を用いた。死刑を免れさせ、追放も拒んだが、しかし結局罰には同意しなければならなかった。法廷はフリアンノンに、七年間城壁の外に座り、到着する人や出発する人みなに息子の死にまつわる悲しい話をすることを課したのだった。さらにまた、訪問者が裕福であろうと貧乏であろうと、痩せていようと太っていようと、重くても軽くても、その人を背負って丘の上の宮殿まで運ぶことを申し出なくてはならない。子の誕生から失踪、裁判、判決までは数カ月が過ぎていた。フリアンノンはそれから最初の一年間、来る日も来る日も彼女の務めを果たした。彼女の悲しい告白を聞かずして宮廷を出入りする者は一人もいなかったのである。

さてそのころ、グウェントの領主テイルノンという偉大な男も、降って湧いたような難問に頭を抱えていた。彼は実にすばらしい牝馬を所有しており、これが毎年五月の最初の日に出産するのだが、毎年牡の子馬が消えてしまうのだ。ちょうどフリアンノンの赤ん坊のように。テイルノンはすでに数頭を失い、忍耐にも限度がきていた。彼はこの年の子馬は絶対に失わないぞと妻に決意を告げた。

五月祭の前夜、ベルティネ祭の魔法の大祭の夜がやってきた。テイルノンは牝馬を絹の端綱で屋内に導き入れ、座って見守った。真夜中を知らせる鐘が鳴ると、牝馬は子を産み落とした。愛らしい糟毛の牡の子馬である。その瞬間、ヒューという大きな音がして巨人が現れ、曲がった鉤爪を高窓から伸ばして、まだ毛も乾かず足のふらつく子馬の真直ぐな鬣《たてがみ》をひっつかみ、大広間から空中へと引っ張り上げたのである。テイルノンは広刃の剣を抜き、巨人の鉤爪付きの腕を肘からたたき切った。子馬と前腕と鍵爪が石畳の床に落ちた。大きな悲鳴が夜を貫いて響き、それはすさまじい騒音になった。テイルノンは石の廊下から大扉を通り、夜の中へと追跡した。しかし何も見えず、ただ暗闇と空の星とたちまち遠のいていく物音があった。

彼が玄関口に戻ると、そこに幼児がいた。男の赤ん坊で、白い綾織《ダマスク》のおくるみに包まれてうれしそうに笑っている。テイルノンは拾い上げ、妻が子馬の誕生の結果を待っている寝室へと連れていった。彼女は長い間子宝に恵まれず、息子を切望していた。そして興奮がさめたとき、二人は子供が明らかに高貴な生まれであることに気づいていた。しかしいったい誰の子なのだろう。まったく心当たりがなかった。

子供は彼らのもとで並はずれて強く利発に育った。六歳になったとき、それまでにもう馬小屋で立派な働き者になっていたので、テイルノンと妻はこの子を見つけた晩に生まれた牡の子馬を贈った。

そのうちに、テイルノンはダヴェドに旅をした人から、フリアンノンと「死んだ」息子の噂を耳にした。彼は聡明な男だったから、養育してきた男の子が、見れば見るほどますます、彼がかつて仕えていたダヴェドの領主プイスに似ているように思えてならなかった。悲しくはあったが、真実が明かされ、正義が果たされねばならぬという思いから、このことを妻に告げた。二人はたいそう少年を愛していたが、結局は王子でありダヴェドの世継ぎでもあるのだから、プイスとフリアンノンのもとへ帰るべきなのである。そしてフリアンノンも不当な恐ろしい罰から解放されるのだ。

テイルノンは今や申し分のない若者に成長した子を連れて、プイスの宮殿へと馬を駆った。二人は城門にフリアンノンの姿を認めた。彼女は二人に向かって言うのだ、「私に背負われて宮殿へ登ることをお望みならば、どなたでもお連れしましょう。これは私に課せられた罰なのです。私は我が子を自ら手にかけて殺したのですから」。テイルノンも少年もその申し出を断った。

プイスはかつての家臣テイルノンを手放しで歓迎し、宴と音楽が催された。しかし気づまりのこともあった。というのも、テイルノンの要望でフリアンノンが同席していたのである。最初の御馳走の後、テイルノンは宴の席で演説する許しをプイスに乞うた。彼は立ち上がり、すべてを話した。牝馬とその子馬、巨人の腕と鉤爪、綾織《ダマスク》のおくるみのなかで笑う赤ん坊が残されていたことを。彼はフリアンノンを振り返り、彼女がひどく不当な扱いを受けていることを自分は確信していると言った。

「私の息子として伴った少年を御覧になってください。この子に触れてください。髪にさわってください。目をのぞいてください。笑顔を見てください。そしてもしこの子があなたの失われた息子でないとお思いなら私におっしゃってください。ダヴェドの領主の御子息でないとお思いならば！」

広間はしんと静まりかえった。どこかで女のすすり泣く声がした。

「もしそれが真実《まこと》ならば」とフリアンノンが言った、「そうであれば私は悲しみから解き放たれるでしょう」。

フリアンノンは席を立ち、ためらいながらも両の眼に全神経を込めて少年に近寄り、おそるおそる少年に手を差し伸べた。少年は事の成り行きがわかっていなかったが、フリアンノンを迎えるために勢いよく立ち上がった。少年の額や美しい髪へと伸ばされた手は震えていた。フリアンノンはのろのろとその金色の髪のまわりに手をさまよわせるばかりで、触れることを恐れているようだった。少年の目をのぞき込んだ。それから笑っている可愛い顔を優しく両手ではさんだ。まるで少年が赤ん坊であるかのように。そしていきなり彼の頭を胸に抱き締め、むせび泣いたのだった。

「いかなるところに住むいかなる女性であっても自分の子供はわかりましょう。」フリアンノンは泣いた。

プイスは心打たれる余り、誰を抱き締めればいいのかわからなかった。フリアンノン、それとも少年だろうか。はたまたテイルノンか。プイスもただただ泣いていた。

広間にいた人々が立ち上がり、歓呼し、同時に泣きだした。彼らは杯やテーブルを打ち鳴らし、剣で盾を叩いて鳴らした。喝采が一段落すると、彼らは養父母が少年に与えた名前、「金色の髪を持つ愛し子」という意味のゴウリエを少年が名乗りつづけるべきか話し合った。一人の老臣が、フリアンノンが「プラデリ」という言葉を口にしたことを指摘した。これは「悲しみ」という意味なのだが、彼らはこれこそ最もふさわしい名であると賛同した。少年はこうして、プイスの息子、プラデリと名乗ることとなった。

それから今度はテイルノンが話した。

「私はこの少年が、自分を深く愛した育ての母を忘れないことを望みます。いま妻は彼を失うことに胸もはり裂けんばかりの思いでしょう。」

プイスは、自分と息子が、このときからテイルノンとその妻に援助と保護を惜しまないことを約束した。テイルノンたちがずっと少年の人生に関して意見を言えるようにし、また少年が養父母にいつでも会えることを約束した。テイルノンは領地に帰る準備をし、金髪の少年と愛情のこもる別れの挨拶をした。プイスとフリアンノンは馬や猟犬、宝石、衣類などの贈り物を押しつけようとしたが、テイルノンは彼自身の尊厳とプイスへの尊敬のために受け取らなかった。

プイスの息子プラデリは新しい生活のなかで、細心の注意と思慮の行き届いた教育を受け、両親が息子の美しさ、聡明さ、多芸多才、そして勇敢さに喜びを覚えない日は一日とてなかった。

長い年月が流れ、父プイスがこの世を去ったとき、プラデリはダヴェドの七つの王国と、領有する保護国、そしてアンヌヴンの王国を継ぐことができるまでに立派な成長を遂げていた。プラデリはさらに領土を広げ、かつてないほどに愛され敬われる人物になっていった。

そうしてプラデリは麗しい妻をめとり、秀でた両親から受け継いだ英知と権威の伝統を守りつづけたのである。

シールの娘ブラヌウェン
Branwen, the Daughter of Llyr

偉大なるシールの息子ブランが王座についていた頃のことである。その日、ブランは廷臣や従者たちとハルレフの岩の多い海岸に座って話をしていた。そこへ一三艘の艦隊がアイルランド南部方向の水平線から現れた。

「守りを固めよ。正体を確かめるのだ」とブランは命じた。

西風を受けて見慣れない艦隊が近づくにつれ、しだいに繻子《サテン》の旗に刺繍された紋章もはっきりとしてきた。旗艦が艦隊から離れて前進して船首高く和平の印を掲げ、大型ボートを降ろした。これも和平の印である。ボートはブランが座っている岩を目指し陸へ向けて真っ直ぐに漕ぎだした。

ブランは敬意をもって船員たちを迎え、どこから、また誰の命で来たのかを尋ねた。艦隊はアイルランドの強大な権力者マソルフのものであり、渡航には目的があった。マソルフが、ブラン最愛の妹の美しいブラヌウェンを妃に迎えるために訪れたのである。使節は、この縁談はシールの娘でブランの妹あるブラヌウェンにとって、身分にふさわしく望ましい話であると説明した。なぜならブラヌウェンが家柄にふさわしいすばらしい夫を得るだけでなく、二国が強力な同盟で結ばれるからである。

ブランはマソルフと話し合うために招待状を渡し、使節は大型ボートで旗艦に戻った。午後マソルフが上陸した。彼は立派な威厳を備えた男だった。ブランは手放しで歓迎し、宴は夜中まで続いて話題は尽きることがなかった。ただしマソルフの王国の掟に従って、宴の催しが全て終わるまでは政治的な話題は口にされなかった。

翌朝、ブランは議会でブラヌウェンとマソルフの結婚は両国に利益をもたらすと決定し、正式に協定が結ばれて、婚宴はアベルフラウで催されることとなった。その地までアイルランド人は湾岸に沿って海を行き、他方ブランは臣下たちを伴って陸路を行くことも定められた。

宴では、ブランと両親が同じの兄弟マナウアザン（ブランには二人の異母兄弟がいる）が一緒に座り、その向かい側にマソルフとブラヌウェンが座った。こうすればマソルフは新しい花嫁と話をすることができ親密になれる。ちなみに全ての儀式は、ブランの大きな身体が心地よく収まる建物がなかったので、特製の天幕で行われた。宴の後、マソルフとブラヌウェンは夜を共にした。すべてがうまく進み、アイルランドと、権力のある島ブリテンは同盟国となったように思われた。マソルフにこの結婚を決意させたのは、噂に高いブラヌウェンの美貌のほかに、この同盟があったのだ。

翌朝、眠い目をこすりながら両国の役人が集まり、マソルフの屈強の従者たちのために必要な設備について話し合った。マソルフにとっては、多くの馬が休める馬小屋が特に必要だった。この大がかりな作業は、ブランの異母兄弟で、喧嘩早さで悪名高いエヴニシエンによって知らないうちに進められていた。しばらく私用で出かけていたエヴニシエンは、帰ってきたときに大きな馬囲いを見つけ、その所有者を知って怒った。アイルランド王がこのように贅沢な歓待を受けていること、なによりも自分の許しもなくブラヌウェンの結婚が決まったことを。

エヴニシエンは憤慨したが、アイルランド兵全部と戦うことは不可能だったので、アイルランド人の馬の脚を傷つけ、口を裂き、耳とその骨を削ぎ、眼球をえぐり、尾を切り落とした。激しい苦痛に叫ぶ不幸な馬は見るも無残だった。傷を負った馬は一文の値打ちもない。馬たちは殺された。エヴニシエンのこの暴力的な行為は、アイルランドから来た王への侮辱を意味し、その大切な財産の一部を故意に損ったとみなされた。

アイルランドの廷臣は計算づくの侮辱であると、王に訴えた。

「しかし」マソルフは当惑を隠しきれない面持ちで答えた。「もし侮辱したいのなら、なぜ私とブラヌウェンの結婚を承諾したのだ。矛盾しているではないか。」

「われらにはブリテン国のやり方は理解できませぬ」廷臣は言った。「ですが、あやつらの所行は明白にございます。」廷臣たちは、停泊している艦隊を率いて帰国するようマソルフを説得した。

ブランは宮廷の隠密からマソルフたちが帰国しようとしていることを聞いて驚き、使者を遣わした。使者たちは馬が不具にされたことをアイルランド人から初めて知らされて、愕然とした。彼らはアイルランド王を諫めようと、ブランがこの蛮行を知っていたらもっと憤慨しただろうと言った。たしかにブランは事実を知るや、直ちに策を練って対応した。

「アイルランド人の怒りを解くまでは帰国させられぬ」ブランは宣言した。「両国の友好関係はさほど必要ではないかもしれぬ。しかしマソルフとアイルランドを敵にまわすわけにはいかんのだ。」

そこで彼は今一度マソルフをなだめるために、最も経験豊かな廷臣を二人送った。うち一人は弟のマナウアザンである。

「マソルフ殿に伝えよ」ブランは指示を与えた。「傷つけられた馬すべての代価として、より優れた馬を差し上げよう。さらに義にかなうよう、マソルフ殿の背丈の長さと指の厚さの純銀の延棒と、彼の顔の大きさの金の皿をお渡しする、と。そして私が身内ゆえの板挟みになっていることを話すのだ。このような行為の犯人は誰であれ火刑に処すべきなのだが、今回の傷害は我が異母兄弟が行ったので、おいそれと刑に処するわけにはいかぬ。とにかく、マソルフ殿においでいただいて二人だけで話し合いたい。謹んで謝罪して、望まれるいかなる和平条件をも受け入れる覚悟がある、と。」

アイルランド人は話し合って、人道上有利な立場が相手に移ってしまったことを悟った。もしブランが申し出た寛大な和解を受け入れなかったら、自分たちの方が面目を失うことになるのだ。マソルフはブランの使者に丁重に礼を述べ、申し出を受け入れて、広間に当たる巨大な天幕が整え直された芝地へ戻った。ブランは償いを約束するために、宴を設けたのだ。そしてマソルフの隣に座り敬意を払った。

しかし彼は招待したはずのアイルランド人の数が少ないことに気づいた。

「差し上げたものが、罪滅ぼしには少なすぎましたかな。明日、代わりの馬をお渡しするつもりでしたが、ではそのときに、魔法の大釜も差し上げることにしましょう。御家来が戦死されたら、その大釜に入れてみられるがいい。次の日には完全に元の姿で、戦えるようになって這い出てきます。ただ一つ欠点は、元に戻った者はみな口がきけなくなるのです。」

マソルフはこのすばらしい贈り物にあつく礼を言った。翌日、ブランは約束を守って、マソルフが所有していた馬と同じくらいに優れた種馬と子馬を引き渡したのだった。

その晩の食事の席でマソルフはブランに、どのようにして魔法の大釜を手に入れたのか尋ねた。ブランはあるアイルランド人がくれたのだと答えた。汚れた金髪のその男は、アイルランドにある火のように熱い溶鉱炉と化した牢屋から逃げ出してきたのだった。

なんとマソルフはそのアイルランドの男と彼の恐ろしい妻を知っていた。この男が背に大釜を背負って湖から現れたときに出会ったのだ。マソルフはその時のことを話し始めた。

夫に続いて湖から上がってきたそのアイルランド人の妻は、夫の二倍大きく、四倍も恐ろしく、八倍も醜怪であった。男はマソルフに、妻は程なく、一ト月と一四日の終りに妊娠する、生まれる子は成長して立派な武人となるだろう、と言った。マソルフは考えた末に、二人を城に招いて部屋を与えた。しかし一年を少し過ぎたころから夫婦は耐え難いほど不快な存在になった。憎らしげに文句を言い、絶えず不満を訴え、悪臭を放ち、民や廷臣までも悩ませた。女は男より信じられないほど大きくなった。ついに代表の者が彼らを追い出すようにマソルフに嘆願したのだった。

しかし厄介者の夫婦は城を去ることを拒んだので、廷臣たちはアイルランドの鍛冶職人総出で特製の建物を作らせ、彼らを閉じ込めることにした。建物が完成するまで二人を宴でもてなしつづけ、騒ぎに紛れて夫婦とその恐るべき家族を閉じ込める。それから鍛冶職人たちが石炭の壁を高く積み上げ、鍛冶場の溶鉱炉のように燃やすという策である。

すべてが予定通りに進んだ。建物の中に入った野卑な男と手ごわい妻は酔って浮かれ騒ぎ狂乱状態になり、鍛冶職人たちは外からふいごを使って家がいやがうえにも熱くなるまで熱しつづけた。鉄の壁が赤くなったころ、中の二人はようやく何が起こっているのかに気づいた。そして家が赤から白熱色に変わりはじめたとき、野卑な男はその大きな体で壁に体当たりして壊し、妻とともに空中に逃げ去った。

こうして恐ろしい夫婦はアイルランドを逃げ出し、ブランの王国へ来たのだった。ブランは優しく二人を保護したので、彼らは立派な武装の兵士を多数育てることでその恩義に報いたのである。

ブランとマソルフは多くの似たような話に夜通し花を咲かせた。話し疲れると、二人は夜が明けて人々が目覚めるまで、音楽師たちが次々と奏でる調べに耳を傾けていた。友好関係は確実に回復し、大層喜びに満ちた帰国となった。マソルフは、悪いことを良いことに変えてくれたブランの歓待に感謝した。繻子の国旗を掲げた一三艘の王の艦隊が、メナイ海峡からアイルランドへ向けて出航した。マソルフの傍らにはブラヌウェンが座っていた。アイルランドの民は一目で王妃を気に入り、城の庭には贈り物がうず高く積み重ねられた。ブラヌウェンは男の子を産み、王国は彼らの統治のもとで繁栄した。

二、三年経ち、マソルフの結婚や世継ぎの誕生などの喜ばしい出来事の興奮が冷めると、王の相談役たちは以前馬が不具にされたこととその背後にあった侮辱を思い出し、マソルフがウエールズ人に復讐する気がないのも男らしくない、王者らしからぬといって、王と対立し、悩ましつづけた。また彼らは、マソルフが妻ブラヌウェンにはけ口を向け、寵愛を失うように仕向けた。マソルフは、ブラヌウェンから王妃としての、世継ぎの王子の母としての地位を取り上げ、調理場の召使に格下げした。それから毎日ブラヌウェンは、威張りちらす料理長に侮辱されたり、料理見習の少年たちにさえ頬を殴られるような恥辱に耐えなければならなかった。マソルフはさらに、用心のために廷臣の助言を受け入れ、アイルランドからウェールズに向かう全ての船を妨害して逆方向へ向かわせるよう艦隊に命令した。ウェールズにいるブラヌウェンの家族が彼女の惨状を耳にすることがないようにしたのである。

このような状態が三年続いた。ブラヌウェンは調理場で屈辱を紛らわすためにムクドリを飼っていた。鉢の縁に止まらせ、言葉やお使いなどを教えた。ある日、翼の下に手紙を結び付けてムクドリをウェールズへと放した。運よくムクドリはカエルナルヴォンにあるブランの集会場にたどり着いた。鳥は空から矢のような速さで降りてきてブランの肩に留まり力尽きてしまったが、廷臣が翼の下の手紙に気づいた。このムクドリは飼いならされて、伝言を運ぶよう教えられているのではないか。果たして手紙はブラヌウェンからものであった。ブランは手紙を読み、悲しみと怒りに震えた。

彼は復讐を決意した。全領土の首領たちに使者を送った。首領たちは君主ブランの緊迫した呼びかけに応じ、武器を調え戦装束に身を包んだ。ブランは王国内一五四郡から同胞を召集し、偉大なシールの娘であり彼の妹である王女ブラヌウェンに対する卑劣で非道な仕打ちを知らせたのだった。ブランはウエールズ全土から募った兵と水兵で王の軍隊を増強し、カラダウグを長とする七人の選良〈七騎の座〉にまつりごとを任せて、戦士たちと共にアイルランドへ向かった。

ブランは手で水をかきながら歩いてアイルランドへと海を渡った。楽師たちの竪琴とリュートの弦が濡れないように背負っていた。彼の後に艦隊が従った。

マソルフの豚飼いたちが海岸から海を見ていた。豚飼いはそこにとんでもない光景を見た。陸地がそっくりそのままアイルランドに向かって近づいてくる。森、山、切り立った高い崖、そして崖の両側にある一対の湖。豚飼いたちは急いでマソルフ王に目を疑うような光景を報告した。王にはなんのことやら見当もつかなかったが、陸地がブラヌウェンの故郷の方角からやってきているので、豚飼いたちをブラヌウェンのところにやって尋ねさせた。ブラヌウェンは、兄ブランが艦隊を送って自分を助けにきたのだと言った。森の幻影は船のマストの連なり、湖は鼻筋の高く通った兄の両の眼、山は海を直進する兄自身。もともと兄は船よりも大きい人ですから。

アイルランド人たちはあわてて会議を開き、シャノン川を渡って後退し、船がさかのぼれないように川の下流に巨石を敷き詰めることにした。またブランが兵を率いて向こうの川岸に到着する直前に橋を破壊したので、ブランは川を渡ってアイルランド人と戦うことができないと見て取った。

「頭《かしら》たる男は、一番初めに橋にならなければならぬ。」ブランは腹ばいになって巨体で川岸をつなぐ橋となり、兵たちを渡らせた。

一方、ウェールズの兵たちが首尾よく前進してくるのを見たマソルフの従臣たちは、特別の友情を示すことでブランの攻撃を封じようとした。すなわちマソルフは、ブラヌウェンがこうむった数々の屈辱の代償として、今晩ブランの目前で、彼女の産んだ息子を即位させる、と言ったのである。

ブランは喜んだが、更なる償いを要求したので、マソルフたちはまた長い時間をかけて話し合い、巨体であるがゆえに快適に住める家のないブランのために家を建てることにしたのである。ブランはこの申し出をしばらく考えた末、戦いの殺戮を恐れるブラヌウェンの心情を汲んでこれを受け入れたのだった。

アイルランド人は家を建てた。それは非常に巨大でなんでも揃っていて品格があり、ブランの王権に栄光を与え、さらに立派に見せるような家だった。両国の兵の部屋がたっぷり取れるほどの広さであった。しかし実はマソルフの重臣たちは罠を仕掛けていたのだ。彼らは全ての柱に釘を打ち、大きな袋を下げた。それぞれの袋に戦士を隠し、宴のさなかに飛び出してウェールズ人を殺すよう命じたのだった。何百もの袋が、大屋根を支える柱に下げられた。

だがアイルランド人たちは喧嘩っ早いエヴニシエンが家を見に来ることを考えていなかった。廊下を歩いていたエヴニシエンは袋を見上げ、傍らのアイルランド人侍従に尋ねた。

「この中には何が入っているのだ。」

「小麦粉です。ケーキを作るためのオートミールが入っております。」

「そうか?」エヴニシエンは一つの袋を力を込めて締めつけた。彼の指は袋にひそむ戦士の頭蓋骨を砕き、脳みそをつぶした。

「で、こっちの中身は何だ」エヴニシエンはあざけった。

「小麦粉です」別のアイルランド人が答えた。「全粒粉でございます。」同じようにしてエヴニシエンは次々に全ての袋の中のすべての男たちの頭を押しつぶしたのである。

この直後に即位式が始まった。少年王は参列した人々を魅了した。愛らしい少年はウェールズからやって来た親族たちと情のこもった挨拶を交わした。

エヴニシエンは、ブラヌウェンの息子が大広間にいる人々と挨拶を交わしたのに、自分にはしないと大声で文句を言った。ブランは叔父に敬礼するよう少年を促した。しかしエヴニシエンは小さな王子の踵《かかと》をつかみ、頭から燃えさかる炎に投げ入れたのである。止める間もなかった。ブラヌウェンは狂ったように火の中から我が子を引っぱり出そうとしたが、彼女まで死んでしまうとブランが止めた。これをきっかけに戦闘となった。ブランは盾をブラヌウェンの肩に押し当てて守りつづけ、アイルランドとウエールズ史上最悪の凄惨な戦いから逃れて、無事彼女をあの家の中に連れて入ることができた。しかし両国の兵たちはたたきつけ、肉を切り、えぐり、攻撃し、互いを刻み合っていた。初めはウエールズ側が優勢だった。しかしかつてブランがマソルフに与えた死者を蘇らせるあの大釜が持ち出されると、状況は一変した。

袋の中に入っていてエヴニシエンに殺された二〇〇人も含めアイルランド人がその大釜から生き返ってきたのだ。生き返った男たちは口こそきけなかったが元どおり戦える身体になっている。黙々と彼らは戦った。エヴニシエンはまたもや自分が厄介な争いを引き起こしたことに気づき、華々しい最期を飾ろうと決意した。彼は重なったアイルランド人の死体の中に隠れ、大釜に投げ込まれるのを待った。係りの者が近づいてきて彼をつかみ上げ、大釜に放り込んだ。そこで彼は渾身の力を込めて巨体の両手足を一気に踏ん張り、自分の身体もろとも大釜を粉砕するのである。こうして、両国の多大の損失の中でウエールズ人の勝利が決まるのである。ただブラン陣営で生き残ったのは、たった男七人だった。ブランは魔法の矢に足を射抜かれており、死の床でブランは七人に最後の指示を与えた。

「私の頭を切り落とし、ロンドンへ持って行け。顔をフランス側に向けてロンドンのホワイト・ヒルに埋めるのだ。ただしそれまでに時が必要だ。初めにハルレフで七年過ごせ。そこではフリアンノンの小鳥たちが調べを奏でるだろう。次の八〇年間をペンヴロ〔ペンブローク〕で過ごせ。私の頭はこの間ずっとお前たちとともにあるだろう。腐ることはない。ペンヴロにいる間は、決してコンウォールの方角に向いた南の扉から出入りしてはならぬ。もし扉を開けてしまったら、すぐさま私の頭をロンドンに持って行って埋めるのだ。」

七人の男は儀式にのっとってブランの頭を切り落とし、急いでアイルランドを後にした。彼らがウェールズにたどり着いたとき、一行と共に帰郷したブラヌウェンはこれまでの出来事をじっと思い返した。そしてよみがえる記憶とともにとてつもない悲しみでいっぱいになったブラヌウェンは、心臓が破れてしまい息絶えたのだった。

ブラヌウェンを埋葬した後、男たちはハルレフへと旅を続けた。その途中、土地の者に自分たちが留守をしていた間のことを聞かされる。アイルランド遠征中、国は不安定になり、留守を守っていた男たちのうち六人が、姿が見えなくなる魔法のマントを着たある王に殺された。男たちにはただ剣のきらめきしか見えなかったのだ。そして残った七人目の男、ブランの息子カラダウグは、六人が殺害されたのを見て、心臓が裂けて死んだというのだ。

ブランの頭を埋めることなく、七人の旅は続いた。ハルレフにたどり着き、十分な食料と飲み水を得た。芝生の上で食事をしていると、三羽のフリアノンの小鳥が現れ、世にも美しい歌をうたってくれた。

七年後、ハルレフを後にして、ペンヴロへ向かった。そこにはすばらしい海の風景が待ち受けていた。そこに建つ館の二つの扉は人を招くかのように大きく開かれていたが、三つ目のコンウォール側の扉はぴたりと閉ざされていた。八〇年の間、彼らはそこで過ごした。平和でのどかであった。ブランの頭も共にあって、腐ることなく、まるで生命を宿しているかのようであった。しかしついに一人の男が誘惑に負け、第三の扉を開けてしまう。扉が開いたとたん、彼らは喪失感に見舞われた。様々な痛みに襲われ、全てを奪われ、ありとあらゆる侮辱を受けたような感覚に陥った。一行はこの地を去らなくてはならないと感じ、慌しくロンドンのホワイト・ヒルに行き、ブランの頭をフランス側に向けて埋めたのだった。

一方、彼らが後にしたアイルランドでは、土地は荒廃し、一人の男も残っていなかった。妊娠している女五人だけが生き残っていた。ブラヌウェンにまつわる恐ろしい戦い以来、洞窟で生活していたのだ。女たちは五人の男の子を産み、皆たくましい若者に成長した。若者たちは子孫を増やさねばならないと考え、それぞれ仲間の母親を妻にした。こうして人間が増えていった。彼らは土地を分割した。今日アイルランドが五つの国に分かれているゆえんである。彼らは種をまき、土地を耕し、作物を収穫した。金脈を掘り当て、争うことなくに領土を広げて繁栄させた。

繻子の国旗を掲げ華麗で整然とした一三艘の艦隊がアイルランドから水平線を越えてブランの王国に来航するところから始まったブラヌウェンの長い復讐の物語が、ここにようやく幕を閉じたのである。

シールの息子マナウアザン

Manawyddan, the Son of Llyr

マナウアザンは、妹ブラヌウェンのこうむった屈辱に復讐するためにアイルランドで戦い、生き残った七人のうちの一人である。たいそう心ひろく、物腰の上品な人物であった。アイルランドで戦死した兄ブランの頭を、遺言に従ってロンドンのホワイト・ヒルに、儀式にのっとって仲間たちと共に謹んで葬った。それからロンドンの町並と丘を眺めながら、深い悲しみに沈んでいた。

マナウアザンは仲間たちに言った。「君たちの中でただ一人私だけが、今宵の寝床すら持たぬ男であることを知っているだろうか。」

「しかしブリタニアの新王はあなたの従兄弟ではありませんか」と、プイスとフリアンノンの息子であるダヴェドのプラデリが言った。

「おそらくはそうであろう。しかし私にとってはブランこそが我が王であり、今でもそれは変わらぬ。だからこそブランの地位につく人物から歓待されるのはつらい。」

「それならば、共にダヴェドに行きませんか」とプラデリが申し出た。亡父プイスと同じように気高い男である。「我が母フリアンノンはあなたのものです。御存知のように母はいまだ容色を失ってはおりません。またダヴェドの七州はいま母が治めておりますが、これからは共に統治なさればよろしいでしょう。お望みならば永遠にお治めください。しかしもしそのような権限は好ましくないとお感じになれば、あなたのために土地をお譲りすることもできましょう。」

こうして一行はダヴェドに向かった。晩餐のとき、マナウアザンはフリアンノンの隣に座った。プラデリの言葉に偽りはなく、見れば見るほど彼女に惹かれていった。マナウアザンは食卓の向かい側に座るプラデリに呼びかけた。「君の申し出をありがたく受けることにしよう。」

「息子は何を申し上げたのですか」フリアンノンはいつも通りの勘のよさで尋ねた。

プラデリは答えた。「母上、私の特権で、あなたをマナウアザン殿に差し上げると話したのです。」

フリアンノンは「喜んで従いましょう」と答え、二人は宴から退席し、寝室へと向かった。

そして二人は再び宴に戻ってきた。するとプラデリは、宴はまだまだ続くが、自分はブリタニアの新王カスワサウンに会うために旅に出ると告げた。情報に通じているフリアンノンは新王はケントに行って留守であることを知っていたので、王の一行がダヴェドの近くに来るまで待つべきであると言った。プラデリはうなずき、代わりにダヴェド内の直轄地と、彼の父が協定によって獲得し彼が継承したアンヌヴンの領地を巡回することにした。

それはまことに楽しい一巡りだった。川にはかつては一匹もいなかった魚が住むようになり、湿地は緑豊かに、狩猟は獲物に恵まれ刺激に満ちていた。途中プラデリは一人抜けだし、ちょうどフラダヘン

〔オクスフォード〕に到着していた新王カスワサウンに拝謁することができた。王はブランの死後もひき続きダヴェドと同盟を結んでおり、親しみのある熱のこもった好意を示してくれたので、プラデリは心も軽く帰還した。

アルベルスで新たな宴が始まった。アルベルスはプラデリの父プイスが白馬にまたがり金の錦織《ブロケード》をまとったフリアンノンと出会った地である。宴の最初の晩、召使たちが第一の御馳走の皿を下げた後、マナウアザンは晴れて妻となったフリアンノンや友だちと共に、プイスが馬に乗った彼女を見そめた正にその場所を歩いた。草に腰をおろしたとき、晴れた空からふいに雷がとどろき、霧がまたたく間に辺りをおおった。ひどく濃い霧で、すぐ傍らの人さえ見えないほどだった。霧が晴れると光がそこかしこできらめき、周りは冴えわたっていた。ところが動物の群れが見えない。そして宮殿からは廷臣たちが消え、人っ子一人いなくなっていた。残っているのは、プラデリとその妻、マナウアザンとフリアンノンの四人だけであった。

宮殿に戻った四人は人々を探してあらゆる場所を見て回った。広間、部屋部屋、調理場、厩舎。しかしすべてもぬけの殻で、閑散とした敷地に彼らの足音だけが響く。広場にも宮殿にもどこにも数時間前までの暮らしの痕を一つとして見つけ出すことはできなかった。

四人は気を取り直し、なんとか暮らしていこうとした。城の食料貯蔵室には新たな宴のための食物がゆうに一カ月分は蓄えられていた。これらが底をついた後も、狩猟や釣りをして必要を満たすことができた。ここでは野生の動物や蜂蜜を望むだけ手に入れられた。

しかし二、三年も経つころにはこの状態に飽きてきた。いたたまれなくなって、ウェールズを離れ、ヘーンフォルズ〔ヘレフォード〕の境界を越えてイングランドへ向かうことを決意した。

四人はみな鞍作りの仕事を始め、すばらしい成功を収めた。中でもマナウアザンは一番の職人になり、例えば青いホウロウ細工と硬い良質の革を用いて美しい鞍頭を作り上げた。まるで魔法を用いたかのような巧みさなので、ついにマナウアザンは近隣の鞍職人の仕事を奪ってしまった。そのため地元の人々が徒党を組んで彼らを苦境に陥れようとしているという噂が流れ、マナウアザンたちは動揺した。プラデリは地元の人々と戦うことを望んだが、結局争いを避けてヘーンフォルズを去ることにした。

次の街では、鞍を作るのは気が進まなかったので、盾を作ることにした。

「しかし盾の作り方を知っていますか」とプラデリは尋ねた。

マナウアザンは首を振った。「それでも試してみることはできるだろう。」

もちろん彼らは人目を惹く色合いの非常に防御力に優れた盾を作ったので、程なくその地域すべての、そして周辺の多くの戦士たちが彼らの盾を求めるようになった。またしてもマナウアザンたちは、競争者たちに深刻な影響を与えることになってしまった。四人はヘーンフォルズの鞍職人仲間と同じように盾職人たちに集団で襲われ、そこも立ち去らなければならなくなった。

「さて、どうする」とマナウアザンは次の街で言った。

「どのようにでもお心のままに」とプラデリが答えた。「お考えを持っておられるのはあなただから。」

「靴はどうだろう」マナウアザンは言った。「靴職人は我々と争うほど好戦的でも勇敢でもなさそうだ。」

今回はやや慎重に靴作りをした。材料の革を地元で手に入れ、バックルを鍛冶屋に頼んだ。とはいうものの、まもなく彼らはすべてを自分たちで手がけるようになり、また同じことが繰り返されたのである。靴職人たちは自分たちから仕事を奪う三人の異邦人を殺そうと集まったので、マナウアザンとプラデリは妻たちと共にダヴェドへ帰ることにした。

アルベルスに到着して、彼らは火を焚き、長く野営生活を送った。一カ月ほどの間、ささやかながら元のような暮らしを心から楽しんだ。

ある朝、マナウアザンとプラデリは、よくしつけておいた狩猟犬を連れて狩りに出た。ところが急に犬たちが灌木の茂みから後ずさりし、尻尾を巻いて哀しげに鳴き、おののいた。馬に乗ったプラデリとマナウアザンが犬たちを怖がらせたものを見にくると、ほのかに光る白い巨大な猪が木々の間から現れた。二人は手綱を引いて馬を止め、犬たちを呼び集めて追跡させた。結果は引き分けであった。陽光を浴びてきらきらと輝く牡猪は追い詰められ頭を低くしていたが、犬たちはうずくまってうなり声を上げおびえているだけだ。男たちが前進すると牡猪は再びしばらくの間走り、それからついてくるようにと誘うかのようにまた止まって振り返った。

牡猪は悠々と、二人がよく知った土地であるのに見たことのなかった並はずれて巨大な建物へと導いた。それは要塞らしかった。高くそびえ立ちなめらかで力あふれるこの砦は、マナウアザンやプラデリにはなじみのないようなすばらしい石造りだった。犬たちは牡猪を追って城壁の中へと消え、あたりはしんと静まり返った。ワンワンという犬の吠え声も、ぶうぶうという牡猪のうなり声も、キャンキャンという犬の悲鳴も聞こえないのだ。プラデリは猟犬だけでも連れ帰ろうと、中へ入ろうとした。マナウアザンは、この建物にはダヴェドから古き良き生活を奪った呪文がかけられているのではないかと押しとどめたが、プラデリは我慢できずしぶる馬をなだめつつ進んでいった。

プラデリは手綱を操り、黒く輝く高い城壁の内側へ入ると、あたりを見渡した。そこには犬も牡猪も見えなかった。前方、広い閑散とした中庭の真ん中に噴水があるだけだ。台座は大理石、水盤は分厚い黄金で出来ており、空高く、肉眼では見えぬ高さまでまばゆい四本の鎖が絶え間なく噴き上げられている。プラデリは心を奪う美しい情景に魅せられ、馬を降り、黄金の水盤に触れようと駆け寄った。ところが水盤に触れたとたん手がくっつき、身動きができなくなってしまった。口をきくこともできず、助けを呼ぶことができない無言の囚われ人となってしまったのである。

一方マナウアザンは草の生い茂る土手でプラデリを待っていたが、落ち着けず土手を上ったり下りたりしていた。太陽が西に沈みはじめた。しかたなくフリアンノンの待つ我が館へとゆっくり馬を走らせて戻った。

「プラデリはどこですか。」マナウアザンが一人で帰ってきたのにフリアンノンは驚き、事情を聞いて彼を責めた。

「あなたがプラデリを見つけないのなら私が捜しに行きます。」フリアンノンは馬に鞍を置くと、息子とその猟犬を捜しに馬を駆ったのである。

まだ西日がうっすらと残るなか城に到着したフリアンノンは、馬に乗ったまま開いた城門を通過し、黄金の水盤にしっかりとくっついて立ちつくすプラデリを見つけた。フリアンノンは彼を見ながら慎重にその周りを歩き、何が起こったのかと尋ねたが、応えはなかった。そこで馬から降りたフリアンノンは水盤に触れてしまい、プラデリ同様に動くことも話すこともできなくなってしまった。二人は言葉を交わすこともできないで向かい合って立っていた。水盤からは相変わらず無限の鎖がはるか空高くへと延びている。夜になると、二人は雷を聞いた。濃厚な霧が球体のようにくるくると転がりながら開いた城門を通り過ぎ、水盤と噴水、プラデリとフリアンノン、すべてを消し去ってしまった。

マナウアザンはダヴェドのがらんとした館に戻ったが、唯一の仲間となってしまったプラデリの妻は夫の失踪にとても動転しているし、マナウアザンと共に残されたことも心配だった。マナウアザンが庇護と友情を固く約束すると、ようやく落ち着きを取り戻した。だが二人が失踪して日々の暮らしも送りにくいので、残る二人はアルベルスを去ってイングランドへ向かい、仕事をすることにした。

だが全く同じことの繰り返しだった。マナウアザンは再び靴を作りはじめたが、優れた職人だとわかって地元の職人仲間《ギルド》に妬まれ、殺すと脅迫される。プラデリの妻はひるまず戦うよう励ましたが、マナウアザンはイングランドを去って今一度ダヴェドに戻ることを選んだ。

今回マナウアザンは知恵を働かせてブッシェルます数杯分の種小麦を買い求めた。アルベルスに帰ると、種を植え、荒れ放題の館とその周辺全体を順序よく整備した。小麦は申し分ない収穫を約束してくれた。しだいに穂が肥り、黄金色になっていく様をマナウアザンは日ごと見て回った。刈り入れの時期が迫ると、畑を毎日歩き回り、農夫なら誰もがやるように小麦に触り、匂いをかいで、最も適当な時を判断しようとした。良き農夫は小麦を収穫すべき最良の時を知っているものだ。やがてマナウアザンは、畑の一つに時が来たこと、明日は実り豊かな収穫の日となるだろう、と確信した。

だが刈り入れの朝、彼を待っていたのは悲劇だった。丈高い茎の先にたわわに実っていた見事な穂が消えてしまっていた。頭部を失った茎が惨めな姿をさらして立っていた。朝のそよ風は冬の風のようにその間を通り抜けてヒューヒューと音を立てていた。次の畑へ向かうと、幸いにも害を受けておらず、翌日が収穫する頃合だと思われた。しかし一夜のうちに悲劇は繰り返された。朝マナウアザンが目にしたのは、穂の全くない茎だった。三番目の畑でも同じことが繰り返され、荒涼とした畑でマナウアザンは策を練った。

四番目の畑で、マナウアザンは畑の脇の雑木林に身を隠し、膝に剣を横たえて一晩を明かした。真夜中、巨大な波のうねりのような音が聞こえた。おびただしい数のネズミが潮のように丘じゅうにあふれ出ている。ネズミは小麦畑に押し寄せ、茎に群がり、穂を噛み切って逃げていく。それは信じがたい光景で、マナウアザンにはとどめることもできなかった。

しかし一匹のネズミだけ身が重すぎ欲張りすぎて逃げそこねた。マナウアザンはこのネズミを手の中にひょいと捕まえた。館に戻ると、プラデリの妻が何を持っているのかと尋ねた。

「盗人を捕まえましたぞ」とマナウアザンは言い、小麦に起こっていたことを彼女に告げた。

「まことに不思議な目にお会いになったのですね。ですが、マナウアザン様、あなたは高貴なお生まれではございませぬか。ネズミを殺されては品位をおとしめることにはなりましょう。それに、なんとなく不安なのです。このことには表に見えている以上の何かがひそんでいるような気がして。」

「このネズミを殺すのに、ためらうことなどありましょうか。こやつは盗みを働いたのです。盗みの罰は首吊りに決まっているではありませんか。もし私がすべてのネズミを捕らえていたなら、一匹残らずくびり殺しているところですぞ。」

彼女がいくら懇願し、道理を説き、そして胸騒ぎを訴えても、マナウアザンは考えを変えなかった。彼はアルベルスで最も高い塚山の上に、二股になった木で首吊り台を作ることにした。この塚山は、プイスとフリアンノンが出会い、魔法の霧が発生しダヴェドに呪文をかけた場所である。作業をしていると、みすぼらしい身なりの老人がやって来た。これまでイングランドで歌うたいをしていたという。乞食もプラデリの妻と同じように、ネズミを殺すなどという卑しい行為はやめるようにとたしなめ、イングランドで物乞いをして得た金子を差し出しさえした。自分をおとしめることになると強く諭しても、マナウアザンは承知しなかったのである。その間もネズミは囚われ人のようにマナウアザンの掌中にあった。

首吊り台がほぼ完成したとき、今度は立派な服装の聖職者が一人、見事な馬に乗ってやって来た。

「何をしていらっしゃるのですか」聖職者はマナウアザンに尋ねた。

「盗人を捕らえたのだ。盗みの罰は縛り首と決まっている。いま盗人を縛り首にしようとしているところだ。」

「あなたのように高貴な身分の方がですか。そんなささいなことにこだわって自分をおとしめるのはおやめください。生まれ高き者がネズミを殺すなど！」

司祭は容易には信じられないと言い、彼がネズミを買い取るか、もしくは思いとどまるのに必要なだけの金子を支払うと申し出た。だが司祭の試みは無駄だった。

マナウアザンがネズミの首に紐を巻きつけたとき、大勢の側近を伴った司教がこんもりとした木立の細道を通り塚山の頂へと馬でやって来た。司教もマナウアザンに多額の金子を差し出し、もっと差し上げてもよいとさえ言った。

「私は盗人を捕らえたのだ」一本調子に、しかし断固とした口調でマナウアザンは答えた。「盗みの罰は縛り首であろう。盗人は縛り首にするだけだ。」

しかしマナウアザンは、司教がこの件に特に関わりがあるように感じられた。彼の申し出は通りすがりの無関係の人物にしてはせっぱ詰まっているように思えたのだ。

とうとう司教はマナウアザンに言った。「お望みの額を言ってください。」

「高潔な友プラデリと、その母にして我が妻フリアンノンの解放を求める」

「わかりました。ではネズミを放してください。」

「次に、ダヴェド全土にかけられた魔法を解くのだ。」

「承知しました。さあネズミを放してください。」

「まだだ。このネズミの正体を知りたい。」

「これは私の妻だ」と司教は答えた。「妻を自由にしてやってください。」

マナウアザンは尋ねた。「お前は何者だ。なにゆえこのようなことをしでかしたのだ。」

「我が名はスイド。プラデリの父プイスに〈穴熊の袋詰め〉で辱められた復讐を果たすために、ダヴェドを攻撃したのだ。プイスが乞食に身をやつしてフリアンノンを奪うために来た宴を覚えているだろう？」

スイドの兵士たちがダヴェドの地を滅ぼさせてくれと彼に願ったのだ。スイドは従者たちをネズミに化けさせ、小麦を荒らさせせた。速く走ることのできなかったネズミは、スイドの妻である。妊娠していたので身体が重く足も遅すぎた。

マナウアザンはこの交渉では優位の立場にあったので、そのほかの要求も容れさせた。二度と再びダヴェドに呪いをかけないこと。プラデリとフリアンノンと、そしてマナウアザンに復讐を企てないこと。マナウアザンがネズミを解放する前に、プラデリとフリアンノンをこの場に連れてくること。

プラデリとフリアンノンが一瞬にして姿を現した。マナウアザンは手放しで再会を喜び、安堵した。落ち着きを取り戻すと、ネズミを首吊りの縄から放してやった。司教に化けていたスイドが魔法の杖でネズミを腹の大きな美しい女性に変貌させせた。

その瞬間、ダヴェドの全土と宮殿はかつての繁栄の状態に戻り、動物たちも働く人々も、畑も細道も元どおりになった。まるで長い眠りから覚めたように日常が戻った。太陽が昇ったのだ。

これで、スリルの息子マナウアザンの物語はおしまいである。幸せな暮らしがダヴェドに戻ったのである。

グウィネズの領主マース、マソヌイの息子

Math, the Son of Mathonwy, Lord of Gwynedd

プラデリがダヴェドとグラモルガン、そのほかに二つの国を統治していたころのことである。グウィネズの統治者はマソヌイの息子であるマースであった。彼は高潔で伝統を重んずる人だったので、乙女の膝に自分の足を乗せて処女を守らずにはいられなかった。戦いや狩りなどやむをえないとき以外はこの習慣を守った。当時マースのとくに気に入りの乙女はペビン渓谷出身のやさしいゴーエウィンで、噂に高い美女であった。

そのころ、マースの姉の二人の息子、ギルヴァイスイとグウィディオンが側近団に所属していたが、ギルヴァエスイがゴーエウィンに心を奪われてしまった。乙女の美しさや、二人が同じ城にいたことを考えれば意外ではなかったが。恋の矢に射抜かれたギルヴァイスイは食べ物ものどを通らず、顔色が青ざめてまるで生きた屍のようだった。兄の鬱々とした様子に弟のグウィディオンが気づいた。

「兄上、何やら思い病んでいらっしゃる御様子ですね。顔色はお悪いし、無口になられました。」

「訳は言えないよ。理由は簡単だ。伯父上がどんなひそひそ話でも聞くことのできる魔法の力を持っていらっしゃるからな」とギルヴァイスイは言った。

「なるほど、わかりました。では代わりに言ってさしあげましょう。兄上はあの乙女がお好きなのでしょう。ね、あのゴーエウィンが」とグウィディオンが言った。

ギルヴァイスイはため息をついて思いをもらした。

「やはり」グウィディオンはうなずいた。「ではどうやってゴーエウィンを手に入れましょうか。」

二人はグウィディオンの計略をたずさえ伯父のマースを訪ねた。グウィディオンが口火を切った。

「閣下、お聞きくださいい、奇妙な話があるのです。」

グウィネズの領主はうなずいた。

「南の浜辺に珍しい獣が何頭も流れ着きました。土地の者も見たことがないような生き物だそうでございます。」

「してそれは何だ。」

「豚もしくは猪と呼ばれる生き物でございます。牛よりも小さいですが、丸々と太って、水分も肉もたっぷりしています。」

「誰が所有しているのか」マースは尋ねた。

「プイスの息子、プラデリと思われます。アンヌヴンの領主アラウンがプラデリに贈ったのです。御所望でございますか。」

「何か策があるのか。」

「私なら、兄とほかの一〇人と共に吟遊詩人《バルス》に扮することができましょう。詩の代価としてプラデリに獣を望みます。」

「拒まれたらどうするのだ。」

「閣下、私は豚を得ることなくして閣下の御前には戻らないつもりでございます。」

グウィディオンはギルヴァイスイほか一〇人と共に馬で南へ向かった。そして、プラデリが会議を開いているカーディガンで、一二人の〈吟遊詩人〉は学者・文人としてたいそう熱烈な歓迎を受けた。プラデリはグウィディオンを彼の右側に座らせて、物語を所望した。

一晩中グウィディオンは語りつづけた。良い話、美しい話、悪い話、おかしい話、緊迫感あふれる話、ややこしい話、長い話や、短い話。人々は泣いたり笑ったり、驚いたりした。廷臣たちはグウィディオンを賞賛した。彼はその魅力で皆を感服させたのだ。プラデリは片時もグウィディオンを離さず、時を忘れて二人で話を続けた。

そしてついに、グウィディオンが詩の代価を要求する時がやってきた。

プラデリは答えた。「そなたは見事に我らを楽しませてくれた。望みどおり豚を遣わすことこそ最も喜びとするところだ。しかし私は我が民に、豚の数が今の倍に増えるまで売ったり贈ったりしないと約束したのだ。」

「そういうことでしたら……」とグウィディオンは、あたかも理解したかのように肩をすくめた。「ですが今は、いいともいけないとも即答なさらないでください。今宵一晩この件について私に考えさせていただけませんか。」

それから急いで仲間と相談した。プラデリは豚を「売ることも贈ることも」できない。「しかし、交換というのはどうだ」とグウィディオンが言い出した。

そこで、魔法を使ってプラデリが豚との交換を納得するような切り札を用意することにした。グウィディオンは呪文を唱え、マッシュルームを、純金の馬勒と鞍をつけた超一流の黒毛の種馬一二頭、純金の首輪と紐でつながれた黒毛のグレイハウンド一二頭、そしてこれらの猟犬を連れて種馬を駆る戦士のための盾一二個に変えた。幻覚の術の達人グウィディオンならではの魔法である。

プラデリはこの気前のよい贈り物の美しさに衝撃を受けたが、豚との交換についてはやはり廷臣たちに諮らわねばならなかった。しばらく話し合った末、交換なら贈与や売買とは異なりプラデリの約束を破ることにはならないという結論となった。グウィディオンの才知の勝利である。彼は豚を手に入れたのだ。

ところでグウィディオンは、自分の魔法がグウィネズのマースの宮殿に帰り着かぬうちに効力を失ってしまうことを、プラデリには言うはずもなく、仲間にさえプラデリの王宮を無事に立ち去ったときにようやく明かしたのである。そのため彼らは馬に乗って豚を追いながら猛烈な勢いで国を横断し、不利な条件では可能な限りの速さで北上した。ポウイスとフロスを通ってハルレフに向かう道を取った。グウィディオンが正確に予測したように、そのころにはすでに盾などはマッシュルームに戻っており、プラデリは兵士たちを集め、ペテンに対する復讐を果たそうとしていた。

豚を無事囲いの中に入れると、グウィディオンらはマースの宮殿に向かった。そこでは膨大な兵を召集する手筈が進んでいた。プラデリの怒りはますます高まり、二一カ国から支援部隊を集めている、という報告がマースのもとに届いていたのだ。グウィディオンとギルヴァイスイと仲間らは武装してペナルスへの行軍に加わるふりをしながら、すべての男たちが出陣した後の宮殿に戻った。お目当ての部屋から女たちを追い出し、ギルヴァイスイはその夜、処女のゴーエウィンと無理やり床を共にしたのである。

翌朝、グウィディオンとギルヴァイスイはマースの大軍に合流した。マースは二つの町の防御線を固め、程なくプラデリが現れ、激戦が繰り広げられた。プラデリは退却したが、マース軍の二人の甥が突っ走って追跡したため、また戦闘が起こった。プラデリは時間を稼ぐために休戦を求め、二四人の人質を差し出したが、それも続かず、事態はプラデリとグウィディオンという二人の主役の間で決着がつけられることとなった。

マースは一騎打ちを承諾し、双方とも軍を引き上げた。この一騎打ちにもグウィディオンは魔法を使って勝ち、ついに偉大なるプラデリを殺したのだった。プラデリは自分の寝床で品位をもって死ぬことをゆるされるべき人であったが、ペテン師の手によって殺されたのだ。プラデリ軍の兵士たちは打ちのめされ、力をなくし、指揮官を失った惨めな有様でダヴェドへと帰還していった。

グウィディオンとギルヴァイスイはグウィネズまで凱旋して賞賛を受け、マースは休息するために城へと帰還した。

マースがいつものように足をゴーエウィンの膝にのせて休もうとすると、彼女は後ずさった。

「閣下、私はもはやこの名誉を受けるにふさわしくはありません。新しい処女を見つけてくださいませ」

「そなたも処女であろう」

「いいえ。今はもうそうではないのです。」ゴーエウィンは泣いていた。「あなたの甥が戦いの前の晩に城に来ました。グウィディオンに助けられて、ギルヴァイスイが閣下の御寝所で私を辱めたのです。」

甥たちはまだ栄誉の余韻に浸っていたが、怒り狂った王は二人に食べ物も飲み物も与えないようにと王国中に触れを出した。とうとう彼らが城に戻ってきたとき、マースは恐ろしい魔法の杖を振って、まずギルヴァイスイを牝鹿に、グウィディオンを牡鹿に変身させたのである。

「獣のような奴らめ。されば獣になるのが道理というもの。」マースは二人を森でつがいとして暮らすようにと追いやり、一年後の今日戻ってくるように言い聞かせた。

約束の日、私室にいたマースは城の猟犬たちが狂ったように吠えたてるのを聞き、召使に様子を見に行かせた。城の庭に子鹿を連れた牡鹿と牝鹿がいた。マースは庭に降り立つと、三頭に杖を振り、牡鹿を牡猪に、牝鹿を牝猪に、子鹿は人間の子供に変身させた。そして二頭の猪に行って子供をつくり、再びちょうど一年後に帰ってくるようにと命じた。子供は城に入れて、鹿を意味する「ハイドゥン」と名付けられた。

一年後、二匹の猪が子供を連れて帰ってくると、マースは甥たちをつがいの狼に、子供は少年に変身させた。少年は猪の意味の「フイフドゥン」と呼ばれた。

次に狼たちが戻ると、二頭が生した子は人間に変えられて「ブレズン」と呼ばれた。こうして、子鹿、子猪、子狼という出自になぞらえて名付けられた三人の少年が誕生した。

それからマースはグウィディオンとギルヴァイスイを人間の姿に返し、男同士でつがいとなり子供を生したことがいかに恥辱にまみれたものであるかを教えた。ただ、二人はこれでようやくゴーエウィンを辱めた罪を許されたのである。二人は黙って神妙に叔父の傍らの席に着いた。

そこでマースは彼らに、新たな処女を選ぶように言った。マースは例のごとく処女の膝の上で足を休める必要があるのだ。グウィディオンとギルヴァイスイは自分たちの妹、つまり王の姪を推し、マースは彼女を呼び寄せた。

「そなたは処女か。」

「私が知りうる限りそうですわ」と彼女は答えた。

マースは玉座から降り立つと、魔法の杖を床に斜めに突いて、言った。「これをまたいでくれぬか。本当かどうか確かめたい。」

少女が言われたとおりにすると、彼女の身体から金髪のまるまるとした赤ん坊が産声を上げながらぽろりと落ちた。この声を聞いた少女は扉に向かって走ったが、その途中でまた小さな包みを落としたので、グウィディオンは居合わせた人々が気づく前につかみ上げ、布でくるんで彼の自室の櫃の中に隠した。その間にマースは金髪の赤ん坊を取り上げ、「海」という意味の「ダラン」という名を与えていた。

その晩グウィディオンは赤ん坊の泣き声に目を覚ました。寝台の足下の櫃には、なんと男の赤ん坊がいた。グウィディオンは赤ん坊を乳母に世話させた。二年の間に赤ん坊はすくすくと成長し、少年は独りで宮廷に出られるまでになった。二倍ずつ年を重ねて成長したのである。少年とグウィディオンは実の親子のように深く親密な関係を培っていった。

ある晴れた日、グウィディオンは少年を連れて王宮から散歩に出かけ、妹を訪ねた。この妹は、マースの処女選びの席で子を産み落とした女性である。彼女はグウィディオンに少年の正体を尋ねたが、自分の息子であると知らされると、その件を恥じていたので困惑した。

「なぜだ」とグウィディオンは言った。「お前は自慢すべきだぞ。良い子ではないか。」

「名は何というの。」

「名前はまだないのだ。」

「では、私が付けないかぎりこの子には名を持たせないことにしましょう。」

「この性悪女め！　この子は必ず名前を手に入れるぞ。俺が間違いなく名前を持たせてみせる。お前は二度と処女と呼ばれないことを悔やむがよい。」

グウィディオンは怒り狂いながら宮殿へと戻った。

翌日、グウィディオンは少年を連れて、遠いメナイの海まで歩いていった。海峡の岸に沿って生い茂るスゲと海岸に積み重なった海草から、魔法を使って大きな革の帆の付いた見事な船を造り上げた。二人はこの船で沿岸を走り、妹が住んでいる港の入口に停泊した。城にいる妹が自分たちに目を留めることを知っていたので、グウィディオンは魔法で自分と少年の姿を変え、女ならば欲しがらずにはいられないような靴を作って妹の心を動かそうとした。

妹は使いに靴を一足注文させたが、グウィディオンは大きすぎるのを作った。もっと小さいのを作るように言うと、今度は小さすぎた。彼女が文句を言うと、直接足の寸法を測らない限りもう作れないと応えた。

そこで妹は港に赴き、靴を作る変身した兄と少年に船上で会う。

「なぜちょうどいい大きさの靴を作れないの」彼女は尋ねた。

「今ならばできますよ」彼は答えた。

ちょうどその時、ミソサザイが船首に止まった。少年が鳥をめがけて投げ矢を放つと、鳥の足に命中した。妹はほめて言った。

「この金髪の少年はすばらしい腕前の持ち主ではなくて？」

「さあ、お前はこの子に名前を付けたぞ」グウィディオンは言った。「お前はセウと名付けた。〈すばらしい腕前を持つ者〉と。」その瞬間、船は海草に返り、グウィディオンは本来の姿へと戻った。少年も元の姿に戻った。妹は憤りをあらわにした。

「その子は名前は得たかもしれない。けれど決して武器を持つことはない、私が授けないかぎり。」

数年が過ぎた。少年セウは大きく力強く、そして優れた騎士に成長したが、武勲を挙げることを阻まれていた。そこでグウィディオンはこの状況を変えようと決心した。ある日、少年を連れて馬で妹の住む海沿いの街まで出かけた。城門近くでグウィディオンとセウは二人の若い名高い詩人《バルズ》に変身し、グラモルガンから来たと門番に告げた。グウィディオンの妹は二人を招き、宴を催した。そしてすべての人が床につくまで年長の「詩人」と会話に花を咲かせた。

グウィディオンは朝一番に目を覚まし、魔法を使って港の守りを脅かす架空の艦隊を出現させた。艦では叫び声が上がり、トランペットが華々しく鳴り響いた。城では二人の「詩人」を巻き込んだまま戦いの備えに入った。グウィディオンの妹は彼らに助けを求めた。グウィディオンは城壁の四方の守りを固めるよう助言した。彼女は召使にグウィディオンと少年のため一揃いの武具と武器を用意させた。

「我々が武装するのですか」とグウィディオンは尋ねた。

「ええ、そうですわ」妹は答えた。

「彼も武装するのですか」グウィディオンは少年を指さした。

「もちろんです。」

「よくできました、奥様」と言いながら、グウィディオンは正体を明かした。

妹はこれほどの屈辱を受けたことはないと怒り、さらに新たな誓いを立てた。少年は未来永劫、世界のどの民族からも妻をめとることはないというものである。グウィディオンは彼女の悪辣さを呪い、少年は必ず妻を得る、それもすばらしい妻を得るとより強力な誓いを立てた。

彼はマースに全てを話した。マースは少年の美しさと力に心を動かされていたので、グウィディオンを助けてオークの花やエニシダやシモツケソウから一人の少女を創った。セウはこのすばらしく愛らしい娘と結婚し、並々ならぬ喜びを得たのである。さらに祝いの席で、グウィディオンはセウに幾らかの領土を与えるようマースを説き伏せ、若い二人は幸せに人生のスタートを切った。

二人が自分たちの城で生活を始めて間もないある日、セウはマースに謁見するために出かけた。妻はその日の午後、とても印象的な猪狩り競争を見物し、ずば抜けた狩りの達人の身元を確かめさせるため使者を送った。

「ペンシンの領主、グロヌ様だそうです」使者は報告した。妻はその晩遅く戻ってきた狩りの一行を城に招いた。そしてセウの妻とグロヌとは恋に落ちた。夕食の間じゅう二人は視線を絡ませ、その夜は寝床を共にした。グロヌは留守にしているセウの場所を占領したのだ。

グロヌは次の夜もそこで眠り、その次の夜もそうした——彼女がグロヌを引き留めたので。彼は愛を偽り、セウを殺せば結婚できると彼女の耳もとでささやいた。共に三夜を過ごした後グロヌは去った。セウが戻ってきて二人とも捕らえられることがないように。

帰城したセウを妻は温かく出迎えたが、寝所では無言で彼を拒んだ。

「どこか具合でも悪いのか」セウは尋ねた。

彼女は彼が殺されてしまうのではないかという恐怖にとりつかれていることを話した。

「ばからしい」とセウは言ったが、彼女の気遣いに打たれた。「お前に話していないことがあるのだが、それを話そう。それでお前の心が安まるだろうから。」

そして、どこで、どのようにすればセウを殺すことができるかを話し、いかなる敵でも彼を殺すのは難しいと言った。

「馬に乗っているとき、そして歩いているときの私を誰も殺すことはできない。また俺を殺せるのは一年かけて作り上げられた槍だけだ。ただし屋内でも屋外でも私を殺すことはできない。」

「とてもすばらしい話です。私の聞きまちがいでなければ、あなたを殺す方法はないということでしょう。」

「一つだけ方法がある。川岸に屋根を葺いた風呂を作り、そこへ山羊を連れてくる。私が片足を山羊の背に、片足を風呂の縁にかけたときだけ、私を殺すことができるのだ」

「そのようなことなら避けられますね。」

「そうだとも。つまりそれは、歩いているのでもなく、馬に乗っているのでもなく、そして屋内にいるのでも屋外にいるのでもないということだ。」

妻はこのセウの話の一切をグロヌに伝え、二人で策を練った。

グロヌは特別な槍を作るのに心血を注いだ。一年後、セウの妻は夫に向かって言った。

「片足を山羊の背に乗せて、もう片足を屋根の葺かれた風呂の縁にかけたときだけ、あなたの身が死にさらされると話してくださいましたね。どうすればそのようにして立つことができるのか、やって見せてはいただけないかしら。そうすれば私がそのような攻撃からあなたをお守りすることができますもの。」

片足を山羊の背に乗せ、片足を浴槽の縁にのせることで、乾いた地にもそして水の中にも足をつけない状態で立つことになるのだと、彼は再び説明した。

「明日見せてやろう」疑うこともなくセウは言った。

そこで妻は準備に取り掛かった。川岸で適当な場所を選び、召使が捕まえられるだけの山羊を集め、グロヌには近くに隠れているよう告げた。召使がいちばん大きい牡山羊を選んでセウの方へ押し出した。セウは、屋根を葺いた浴槽の縁と立っている山羊の背に足を片方ずつ乗せ、ふらふらしながらもバランスを取った。

「わかっただろう」彼は妻にほほえみかけた。

グロヌは離れた土手の藪の中から立ち上がった。必要なのはほんの一秒だった。彼は毒を塗った槍を投げ、それはセウの肋を貫き、震えながら突っ立った。セウは断末魔の叫びをあげ、人々が見守るなか鷲になって空高く舞い上がった。さっと輪をかくと、いずこともなく飛び去った。グロヌと彼の新妻は腕を組み合ってセウの城へと戻っていった。そして寝床を共にし、セウの領土の新たな支配者となったのである。

事の次第はマースとグウィディオンのもとに届いた。グウィディオンは服喪の期間が終わると、愛する甥セウを探すためグウィネズの宮殿を離れる許しをマースに請うた。それは長い捜索の旅であった。国の最も明るいところから最も暗いところまで、至るところでセウの行方を尋ねて回った。

ある日、グウィディオンはペナルスで農夫の家の前に降り立ち、一夜の宿を乞うた。農夫の家族は快くもてなしてくれた。夜が更けたころ丘から豚飼いがやってくると、主人の農夫は例の牝豚に変わったことはないかと尋ねた。その牝豚は毎晩豚小屋に戻ってはくるのだが、不思議なことに毎日姿を消してしまうのだ。豚飼いは、この豚がどこへ行くのか皆目見当がつかないそうだ。グウィディオンはこの話が自分になにか関わりがあると感じた。

翌朝グウィディオンは馬に乗り、豚飼いが豚小屋の戸を開けるとき様子をうかがっていた。牝豚は矢のように飛び出し、川のそばの丘を駆け登り、頂から隣の渓谷へと駆け下りていった。そして豚は木々の根もとで立ち止まり、ふんふん嗅いではなにかを食べはじめた。初め遠くから眺めていたグウィディオンは、馬から降りてそっと近づいていった。豚が食べているのはうじ虫と腐った肉だが、上から降ってきているようなので、驚いて見上げると、木の頂の枝に鷲が止まっている。鷲は病気らしく小刻みに身を震わせている。身震いするたびに肉が落ち、牝豚の口の中に消えていくのだ。

グウィディオンは魔法で鷲の正体を見破った。彼は詩人のように、ナイティンゲールのように鷲に甘く歌いかけ、枝から枝へ、下へ下へと彼の膝まで下りてくるよう誘いかけた。そしては魔法の杖で鷲を軽くたたくと、彼の前に哀れなまでに心身ともにやつれたセウが現れたのである。姿は歩く骸骨のよう、頬は落ちくぼみ、なにかぶつぶつとつぶやいている。

グウィディオンは彼を抱きしめ、優しく城へ連れ帰った。グウィネズの領主であるマースは専属の医師をすべて集めた。香りと薬草の治療が続けられ、一年後、セウは再びまっすぐ立つことができ、ようやく元の美しい姿を取り戻した。セウはマースやグウィディオンと共にグロヌに対する復讐を誓った。兵を集めて訓練し、グロヌとその妻、つまり花から生まれたセウの元の妻を攻撃するために出発した。

セウの元の妻は王宮の女官を引き連れて真っ先に逃げだした。狂ったような勢いで国中を縦断して山中の秘密の王宮へ向かったが、グウィディオンはすぐ後を追いかけた。追跡の恐怖を体験したことのなかった女官たちは後退しつづけ、とうとう大きな湖に墜ちて溺れ死んだ。彼女らの主人だけがグウィディオンの前に引き出された。

「お前は殺さぬ。死よりもひどい苦しみをくれてやる。お前は鳥になるのだ。だがただの鳥ではないぞ。お前はあれほどすばらしい男に、私の愛する甥セウに、最も恥ずべきふるまいをしたのだからな。お前は二度と日の光の前に姿を現すことはできぬ。夜の鳥になるがいい。それもほかの鳥をこわがらせるような鳥に。」

そしてグウィディオンは、花から生まれたこの女をフクロウに変身させたのである。

グロヌはペンシンに引きあげた。グロヌはセウに使者を送り、十分な償いをさせてほしいと頼んだ。しかしセウはこれを拒み、グロヌは毒槍を投げた場所に戻らねばならぬ、今度はセウが彼に槍を投げるだろうと伝えさせた。

セウとグロヌは、花から生まれたセウの妻が、かつて運命の槍を投げさせた場所で出会った。グロヌは臆病者だった。部下を身代わりにしてセウと対決させようとしたが、全員が拒んだ。グロヌはなんとか助かろうとして、性悪で不実な女のたくらみに乗せられて命を落としてしまう男は哀れではないかと言ったが、セウは無視した。ついにグロヌは、セウが槍を投げるとき、近くの巨大な石の影に立たせてくれと嘆願した。大した差ではないと、セウはこれを許した。彼の投げた槍は、石を貫き、真直ぐグロヌの背骨に突き刺さったのだった。

その矢の突き抜けた痕を残す石が今も残っている。今日セッヒ・ロヌと呼ばれている石である。

セウは自分の領地に戻り、グロヌの後を引き継いだ。彼は思慮と愛情を持って支配し、やがてマソヌイの息子マースの跡目も継ぎ、グウィネズの領主となったのである。

マクセン帝の夢

The Dream of the Emperor Maxen

その昔、古代ローマ皇帝マクセンは賢明で公正な人物として知られていた。彼は途方もない経験をしたことがある。ある朝マクセンは狩りに行くと告げ、従者らを伴って、馬でローマの北を流れるティベレ河へと向かった。狩りに同行したのは帝国内保護領・属州の王と領主あわせて二三人で、すべてマクセンに篤い忠誠を誓っている人々だった。このように錚々たる顔ぶれで狩猟隊が構成されるのは滅多にないことなので、輝かしい人々に囲まれたマクセンはこの上ない喜びを覚えていた。

その日は気温が上がり眠けを誘うような陽気になったので、従者たちはマクセンのために休息所を用意することにした。槍にみんなの盾を架けて天幕の屋根にみたて、皇帝の黄金の盾を枕とした。マクセンは信頼する臣下たちに守られて深い眠りに落ちた。これが彼の不可思議な体験の始まりであった。マクセンは夢を見たのだ。あたかも彼が実際に旅をしているかのような夢を。

夢の中でマクセンはまず、今いる場所からはるか彼方の谷間の奥へと旅立った。そこには青空に届くかのような世界一高い山がそびえ立っている。山を登ると、その向こうには美しい平野が広がっていた。光り輝く幅の広い河川が数本、山からこの平野を横切って海へと流れている。その中で最も広い河をマクセンは河口まで下った。河口はとても広く、入江には巨大な城郭に守られた都市があり、その城郭は色とりどりの塔を備えている。マクセンは城壁の真下に停泊し、そこでかつて見たことも聞いたこともないほどの大艦隊を目の当たりにするのだ。艦隊の旗艦の甲板は金と銀、タラップはセイウチの牙で作られていた。夢の中のマクセンがタラップを上って乗船すると、乗組員たちは帆を揚げた。船は港から大海に乗り出し、どこよりも肥沃で美しい島へと向かうのだ。

最初の島には、船が着いた岸の反対側に、とても越えられそうもない高く尖った頂がそそり立っていた。次の島には広い入江に巨大な城がそびえていた。マクセンはこの並はずれて大きな建物に入り、中央広間へと歩を進めた。

マクセンは驚きを隠せずに辺りをゆっくりと見まわした。広間の頂は黄金で出来ており、壁には宝石がはめ込まれ、扉も黄金、そして幾つかの銀のテーブルと金の長椅子が置いてあった。そのうちの一台のテーブルで二人の金髪の少年がボード・ゲームをしていた。彼らは漆黒の繻子《サテン》と錦織《ブロケード》の服をまとい、頭には光る貴石をちりばめた黄金の細いヘアバンドをし、皮靴の純金の留金も光り輝いていた。

近くの柱のところに、金で二羽の鷲を彫った大きな象牙の椅子に豊かな白髪をいただいた老人が座っていた。数本の金の腕環と指環、また首には太い黄金のトルクという装いもさることながら、堂々たる態度の人物である。ボード・ゲームで使われているのと同じ齣《こま》を彫っていた。

その部屋の老人のちょうど反対側に、マクセンは金の椅子に座る少女を見た。少女の美しさは、まるで太陽のようにマクセンの眼を眩ませた。金のブローチをつけた白絹の胴衣と、宝石をちりばめたブローチで留めた金の錦織《ブロケード》のケープ。髪はルビーをちりばめた黄金のバンドで押さえ、黄金の幅広のベルトもしていた。少女はマクセンを招き、抱擁して傍らに座らせ、彼の首に腕を巻きつけた。

ちょうどその時、ティベレ河の谷間で狩猟の一行に囲まれて眠っていたマクセン帝は目を覚ました。午後の暑さに動物たちのうめき声は止まず、槍の上高くに掲げた盾が風のためぶつかり合ってかんかんと鳴り響いている。

夢から覚めたマクセンは心穏やかではなかった。片時たりとも少女を忘れることができなかったのだ。何事にも関心をもてなくなり、以前ならば心から楽しんだワインにも音楽にも興味を示さなくなってしまった。廷臣たちには、彼が四六時中眠りを求めているようにみえた。まことに、眠りの中では妨げられることなくマクセンは夢見ることができるのだ、漆黒の錦織《ブロケード》を着た少年たちや、鷲の彫刻がほどこされた象牙の椅子に座っている白髪の老人とともにホールにいる少女を。

ついに最長老の家臣が皇帝を諫めた。

「陛下、王たちはひどく動揺している様子でございます。このままでは謀反を起こしかねません。」

「なぜだ」マクセンは物憂げに尋ねた。

「陛下が統治をなさらないからでございましょう。陛下は諸王に対する皇帝としての職務を果たしておられませぬ。彼らは自分たちの皇帝を失ったと感じております。彼らは陛下になにも申し上げない代わりに、陛下のお言葉も聞きますまい。」

「ローマじゅうの賢者を集めるのだ。彼らに我が憂いを包み隠さず話そう。」

マクセンはかつてのような気魄で賢者たちに夢の話をした。いかに彼の魂が夢の中の少女に捕らえられてしまったかを告白した。そしてそれぞれが知恵を出し合うよう求めた。その結果、夢の中の少女の消息をたしかに得られるはずの三つの地方に、三年の間使者を送ることになった。

しかしこれはうまくいかず、それから一年後マクセンはもっと深い絶望の淵に沈んでいる。そこで長老格の王の一人が、マクセン自ら少女探索の旅を始めるように勧めた。たしかにマクセンは自分の夢の旅が始まった川岸を覚えていた。こうして王のすぐれた使節団がもう一度集められ、身分を表わす帽子と袖を組み合わせて通行の安全を保証する特別な衣裳が用意された。使節団は川を越え島を越えて順調な旅を続け、マクセンの夢の旅を辿っていった。

ついにある日、スノードン山の近く、アングルシー諸島が見える所で、夢の少女を発見した。マクセンが言ったとおり少女は清らかで輝くばかりに美しかった。黒い繻子と錦織を着た少年と共に金色の広間に立ち、向かいには白髪の老人が象牙の玉座に座っていた。

使者はひざまずき、「ローマ皇妃陛下」と少女の興味をそそるような刺激的な挨拶をした。いぶかしげな少女に、彼らはローマ皇帝が彼女の夢を見たこと、皇帝が少女を愛していることを伝え、伴って帰国するよう遣わされたことを話した。しかし少女はこの話を信じず、皇帝自身が会いに来ることを望んだ。そのため使節団は休むまもなく急いで引き返した。

マクセンは、使節団が少女を発見した場合に備えて出立の準備をしていたので、直ちに彼らと共に出発した。軍隊も伴って、道中で彼はブリテンを含むすべての国を征服した。その道のりはまさしく夢そのままで、使節団の案内が正しいことを証した。ウェールズで最終目的地の見えるところまで来たとき、マクセンは夢に見た場所を確かにほんとうに発見したと悟ったのである。

マクセンは高ぶる気持ちを抑えきれず黄金の広間に足を踏み入れた。夢の人々に再びまた、今このとき、現実に会うことに震えていた。マクセンは皇帝の威厳を持って少女のもとに歩み寄り、椅子から立ち上がらせた。そして抱擁し、少女にローマの皇后に対する挨拶をした。少女はマクセンを受け入れ、二人は寝室に入った。

翌朝、マクセンは夢によって乙女と出会えたことを喜び、少女が望むもの全てを与えようと申し出た。少女は父親への贈り物にブリテンを選んだ。また自身には皇后ヘレンの領地として三つの広大な島々を要求し、また三つの地域、アルヴォン、カマーゼン、カエルレオンに自分のための要塞を建造することを望んだ。マクセンはこれらすべての希望を喜んで聞き届けた。

マクセンは妃と共に、以前のように狩猟や音楽やワインなどを満喫する暮らしを楽しみながら、ヘレンの領地で七年間過ごした。しかしこのことによって、自分の帝国を失う危機に陥っていった。ローマ人は国を発展させるための伝統がある。それは、いかなる皇帝であっても、いかに傑出した、神々しい人物であったとしても、たとえどのような理由があるにせよ、それが帝国のための遠征であっても、国外に七年間滞在するような皇帝は、紫の衣を脱がなくてはならない（皇位を放棄しなくてはならない）ということである。この伝統に従って、マクセンは皇帝の座から降ろされ、ローマから追放されたという告知を受け取った。

怒ったマクセンはガリア地域を征服しながらローマへ向かった。ローマを包囲攻撃したが、都市ローマを落とすことはできなかった。しかしヘレンがマクセンの必要とする兵力を提供した。ヘレンのためならいかなる危険も顧みず、いかなる労も惜しまない忠実な軍隊を自分の兄弟たちに率いさせて、マクセンにもたらしたのである。

兄弟たちとその将官たち、そして老練な兵士たちは、ローマを陥落させようとするマクセンの作戦を検討した。今までの正面攻撃は成果が上がらないので、策をめぐらせることになった。そこで壁の高さを数カ所で測り、それからローマの守備隊の目に触れないように、壁をよじ登るためのはしご代わりの刻み目を大工に刻ませた。

不文律の取り決めで、両軍には昼過ぎの二時間、食事と休息が許されている。これをヘレンの兄弟が率いる一隊は作戦に利用することにした。兵士たちは朝、いつもよりも多い食事を与えられた。休憩の時間になると兵士たちは防御壁の中で休むと見せかけ、刻まれた梯子へと駆け寄り、マクセンの皇帝権を侵害した敵の皇帝を捕らえ、直ちに殺したのであった。守備隊の征服には三日間かかったが、ローマ市全体が完全に掌握され、マクセンは皇后ヘレンを伴って凱旋した。

マクセンは感謝の気持ちで胸がいっぱいだった。そこで彼はヘレンの兄弟に、欲しいだけの土地を手に入れるために自分の全軍隊を使っていいと申し出た。彼らはこれを自由に解釈し、遠征を重ねて併合した全ての領土で男たちを皆殺しにした。

また後々の禍根を除くために、ヘレンの兄弟たちは女性たちの舌を切り取った。つまり母国語を忘れさせた。以来、被征服民たちは子々孫々、征服者たちの言葉を話すことになるのだ。

マクセン帝の夢から始まった物語はこうして終わる。

シーズとセヴェリスの物語

The Story of Lludd and Llewelys

ブリテンの大王ベリが死んだとき、残された四人の息子のうちの一人シーズが王位を継承し、知恵をもってブリテン全土を統治した。市の城壁を強化し、望楼を増やしより高くし、彼の知る世界中のどの国よりも水準の高い住居を建てるよう市民に義務づけるなどして、ロンドンのすべてを一新した。シーズはこの都を愛していた。彼の息のかかったこの都は「シーズ Lludd」という名前が訛って「ロンドン London」と名付けられたのである。

シーズは兄弟の中でもセヴェリスを特に愛していた。二人の男は仲が良く、互いに信頼を寄せていた。ところでセヴェリスは、フランス王が亡くなり、たった一人の跡継ぎが王女であると知ったとき、王女が婿を必要としているだろうと考えた。フランス王女との結婚がブリテンに威信をもたらすのは確かである。セヴェリスは国と王家にとってこの結婚が妥当であるかどうかを兄に相談した。シーズはセヴェリスを激励し、フランスに向かう弟の旗艦にすばらしい艦隊を随行させた。そしてこの申し出は成功した。フランスの宮廷はすぐに同意し、これは良縁であると年若い王女に助言した。セヴェリスも兄の助言と好意に導かれて賢明で信頼に値する統治者となり、良縁は証明された。こうして兄弟はブリテンとフランスを支配した。

しかし数年後、シーズの王国は同時に起こった三つの災いの餌食となる。策を見いだせないまま王国は混乱に陥った。

まず第一の災いはコラニア人の侵入である。彼らは魔法でブリテン島中のあらゆる人々の表裏すべてを聞き知ることができたので、ブリテン人の誰もこの連中に対抗することができなかった。コラニア人打倒をもくろんでも、その計画が谷底や山の頂でささやかれたとしても、すぐさま聞きつけられてしまうのだった。さらにコラニア人は妖精の貨幣を使ってブリテンの経済を徐々に衰退させた。なぜなら、この貨幣を通貨として流通させることはできたが、それを保管したり貯蓄したりするとマッシュルームに変じてしまうからである。

第二の災いは人々を狂気に追いやった。年に一度のベルティネ祭、つまり五月祭の前夜にそれは起こった。耳をつんざくような甲高い不快な音や鋭い響きの血も凍るような叫び声が全土に響き渡り、それを聞いた全ての人々が錯乱し、死者も出た。勇気ある男でさえ顔色を失って家にこもり、女は病気になり、子供は恐怖から立ち直ることができなかった。動物は震え上がり、木々は葉を落としてしまったのである。

第三の災いはシーズ王自身に甚大な打撃を与えた。彼の宮廷や神殿のみならず、ロンドンのあらゆる貯蔵庫で、食糧をどれほど上の方の安全な場所に積み上げても、次の日には全て消え失せているのである——たとえ一年分もの食糧を入れておいても。

これらの災いは収まるどころか広がる一方で、王国の誰一人として被害を免れず、人々はシーズ王に救いを求めた。シーズは臣民のために最善を尽くしたいと願ったが、なす術はなかった。そこで王の相談役たちから、王の弟でフランス王のセヴェリスが三つの災いに冷静な判断を示してくれるかもしれないと提案がなされ、シーズは密かにフランスへ船出した。

セヴェリスは兄が公海を渡ってフランスへ向かっているという知らせを受けると、その理由を予知して船で出迎えた。英仏海峡の真ん中で、大艦隊から離れて旗艦のみが前進し、兄弟は暖かい抱擁を交わした。セヴェリスはシーズに訪問の理由は推測していると告げた。二人の話し声がコラニア人に伝わらないよう、セヴェリスは盗み聞きされない方法を考え出した。狩猟用の角笛を引き伸ばしたような管の長い青銅製のラッパを使ってシーズに告げるのである。しかしなんと、互いにどのような傷の言葉に変わって相手に届いてしまうのだ。

すぐにセヴェリスは長いラッパの中に悪鬼がいることに気づき、召使にワインを管に注ぎ込ませて濯ぎ落とした。こうしてセヴェリスはようやく、盗み聞きするコラニア人を追い払う方法をシーズに告げることができたのである。

彼はシーズにブリテンにはいない毒虫をたくさん渡した。数匹は再び必要となるときの繁殖用に保存し、残りは潰して水に溶かすように。国に帰ったら、老若男女すべてを集め、この液体を吹きかけるのだ。ブリテンの臣民は多少不快に感じるだけで害はないが、コラニア人だけはこの毒によって撲滅するはずと言った。

次にシーズは、五月祭の前夜に起こる叫び声という第二の災いのあらましを弟に説明した。「兄上の国を侵略しようとしているドラゴンの攻撃を、兄上の国のドラゴンが恐ろしい叫び声を上げて毎年撃退しているのです。これを利用すればよろしいでしょう。

国に戻ったらまず島を測量なさい。全ての海岸線を正確に測量し、最も遠い四隅から島の正確な中心地点を割り出し、そこに印を付けます。それから深い穴を掘り、側面にはつっかい棒をする。十分な深さになったら、穴の底に最高級の蜜酒の入った大釜を最高級の絹の布で包んで置くのです。誰にも任せてはなりませんよ、兄上、次の五月祭の前夜まで御自身でそこに立って監視してください。

大釜を注意深く見ていなさい。〔戦う二頭のドラゴンの姿が見えますから。〕戦いながらドラゴンは突然よろめき傾いで、辺境からあなたのいる中心地へと転がってくるでしょう。完全に力尽きたら、二頭とも真直ぐ穴の底へ、蜂蜜酒《ミード》の入った大釜を包んだ絹の上へと落ちるでしょう。その時にはもう二頭のドラゴンは二頭の豚に変身しているはずです。絹に包まれたままミードの底まで沈んで、のどが渇き切っているので一滴余さずミードを飲み干すでしょう。そのとき二頭を包んだまま布を引き上げ、固く結んで、用意の石櫃に布ごと閉じ込め、王国で最も堅固な要塞に埋めるのです。これで第二の災いは止むでしょう。」

シーズはラッパに向かって叫んだ。「では最後の災いだが、食糧が消えてしまうのはなぜだろうか。」

「いちばん単純ですよ」とセヴェリスが返答した。「魔法使いが食糧を盗んでいるのです。食卓に魔法をかけて人々を眠らせ、その隙に食糧を盗んでいるのです。」

「阻止するにはどうすればいい。」

「眠らないことですよ」とセヴェリスはラッパに叫んだ。「魔法使いの術にはまってはなりません。凍るくらいに冷たい水を入れた桶を傍らに置いておき、眠くなったら中に飛び込むのです。それが魔法使いを捕らえて勝つ方法です。」

シーズは弟を抱擁して感謝し、国に帰った。そしてすべてセヴェリスの指示どおりに実行した。まず毒虫を潰して水に混ぜ込み、コラニア人を含む全ての民を集めてこの液を吹きかけた。コラニア人は地面を転げまわり、断末魔の叫びを上げて死んだ。

次にブリテンの中心地点を測量し、それはフラダヘン〔オクスフォード〕だったが、そこに巨大な穴を掘り、極上のミードを満たした大釜を見事な絹の布で包んで置いた。一晩中起きていると、はたして二頭のドラゴンが現れ、頭上空高くで戦った。セヴェリスの言葉どおり、ついに二頭のドラゴンは疲れ果て縮んで小さな二頭の豚となり、絹の布の上に落ちてミードに沈み、眠そうながらも騒々しく飲み尽くした。シーズは絹の中に二頭を包んでしっかりと縛り、石櫃に閉じ込めて、スノードン山麓の地中深く埋めた。こうして二度とおぞましい叫び声が聞こえることはなくなった。

シーズは最後の災い退治に取り掛かった。宴を催し、人が入れるほどの大きさの桶に氷水を入れて肘の脇に置いた。夜がふけ、宴を楽しむ者たちの話が不明瞭に、歌声が途切れがちになり、人々は睡魔に襲われ、一人また一人とテーブルに突っ伏して眠り込んだ。シーズも同じように眠りそうになったが、なんとか意識を保って冷たい桶に飛び込み、起きていることができた。彼はこれから起こる出来事を見届けるために静かにうずくまっていた。

扉が開き、巨大な人の形をしたものが入ってきた。完全に武装した巨人は、非常に大きな籠に食べ物を詰めはじめたが、この籠はふくらんで食べ物の屑までも呑み込んだ。テーブルが空になると、巨人は人々が眠りに落ちている広間を去っていく。

シーズはすぐさま巨人の後を追い、攻撃を仕掛けた。巨人は籠を下ろし、剣を抜いた。戦いは激しかった。互いに位置を目まぐるしく入れ替えたが、ついにシーズの一撃が巨人の鎧を差し貫き、火花が飛び散った。巨人は降伏し、命乞いをした。

巨人が今までに盗んだ全てを償い、シーズの王国に忠誠を誓い、決して二度と悪さをしないと約束してようやく、シーズはその命乞いを聞き入れた。こうして、三番目の災いも取り除かれた。

ブリテン全土は、シーズに永遠の感謝と尊敬を示し、ロンドンの最も高い丘に彼の名を付けた。つまりラドガットと。

キルフフとオルウェンの物語

The Tale of Culhwch and Olwen

有名なアーサー王にはキルフフという従兄弟がいるが、彼は一風変わった子供時代を送った。

キルフフの母親である王妃は懐妊したときに気が狂い、人と交じわれず、どこにもじっとしていることができなくなった。宮殿を抜け出して、王国をさまよいつづけたが、保護されて、いったんは回復の兆しを見せる。しかしある日、いつのまにか豚飼いの家の傍に来ていて、豚にひどい嫌悪感を抱いたのをきっかけに再び神経が高ぶり、産気づくが、産み落とすとすぐに逃げだしてしまった。豚飼いは女の身分を知っていたのですぐに赤ん坊の世話をし、まもなく宮殿に連れていった。すでに赤ん坊はキルフフと名付けられていたが、キルフフとは豚が走りまわり鼻をふんふんいわせる場所という意味である。赤ん坊の名前が生まれた場所にちなんで名付けられるのは、その時代には珍しいことではなかった。

少年が宮廷で暮らしはじめて程なく、母親が死んだ。彼女は死に際に夫である王に言った。

「あなたは将来、新しい妻を迎えられましょう。そのことをお恨みはいたしません。けれど、新しい王妃様が私たちの息子キルフフを勘当するのではと不安でなりません。どうかお願いでございます。私の墓に野薔薇の花が二輪咲くまでは再婚なさらないでくださいまし。」

それからキルフフの母親はお付きの懺悔聴聞僧を呼び出し、自分の墓をいつもきれいにして野薔薇の花が二輪咲きそうになったら茂みを刈り込むように告げた。

修道僧は亡き王妃の遺言を七年間守りつづけた。王は七年の間、毎月、宮廷の従者に王妃の墓に薔薇が咲いているかどうか確かめさせた。修道僧が注意を怠らなかったので、従者は見にきた後はいつも、花の影も形もないと報告していた。ところが七年経って修道僧は遺言を忘れ、狩りの途中偶然にも王自身が二輪の野薔薇が墓に咲いているのを見届けたのである。

王はぐずぐずしているような男ではなかったので、直ちに新しい妃を探しはじめた。相談役が、ドゲド王の妃こそ王の伴侶としてふさわしいと知らせたので、王は兵を率いてドゲド王を攻め、王を殺してその妃、そして王女と領土も手に入れた。

王の二人目の王妃は、ある日、城の近くを散歩していて、歯の抜けたしわくちゃの老婆に出会った。この出会いに運命を感じとった王妃は、日ごろ感じていた疑問を老婆に尋ねた。

「私は宮殿で子供を見たことがない。」

「王様にはお子様がいらっしゃいません。」老いた女はいつの世も不正直な生きものである。

「なぜ私は子無しの男に選ばれなければならなかったの。」

「永遠に子供が出来ないとは限りますまい。王様は王妃様によって子供を授かることになりましょう。」

「他に何か。」

それまで嘘をつきつづけた老婆だったが、あきらめて言った。「王様にはもう男の御子が一人いらっしゃいます。」

妃は急いで城に戻り王に詰め寄った。「なぜ、御子息のことを隠しておいでてしたの。」「わかった。」王はキルフフを王妃に引き合わせた。「これが息子だ。」

妃は少年を頭のてっぺんから足の爪先まで見て、こう言った。「あなたは結婚してもいい頃ですね。私の娘と結婚なさい。我が娘ながら、十二分に魅力的ですから。」「私は結婚するにはまだ若すぎます」と息子は答えた。

「それなら呪いをかけましょう」義母が言った。「巨人の王の娘、オルウェン以外と結婚することは許しません。」

キルフフはこのむちゃくちゃな言い分におののきながらも、顔を赤らめた。まだ見ぬ乙女に愛を感じたのである。この様子を見ていた王は息子の味方として、従兄弟のアーサーを訪ねて髪を切ってもらい、巨人の娘を手に入れる手助けを頼むように助言したのだった。

キルフフは黄金の馬勒と鞍をつけた灰色の馬に乗り、アーサーの城へと向かった。彼は戦斧、すなわち空中から鮮血を降らせる手斧と、柄と刃が黄金の剣を携えていた。それぞれガーネットとルビーをちりばめた首輪を付けた二匹の犬を連れている。彼自身は、すべての隅に深紅のリンゴの飾りが付いたゆったりとした紫のマントをはおり、象牙の狩猟笛が腰のベルトに揺れ、ブーツには赤い金の薄片が埋め込まれている。丘を下り、アーサーの宮殿へと向かうキルフフの顔は光り輝いていた。

城の門番はキルフフをさえぎった。

「肉にはナイフが入れられ、蜂蜜酒《ミード》も角杯に注がれて、すでに宴は始まっております。しかし招待された方々だけしかお入りになれないのです」と門番は言った。招待客でないキルフフは客用宿舎に留まって、そこで食べ者や水をふるまわれ、余興でもてなされ、寝床が用意される。アーサーには次の日の朝一番に会えるということだった。

「朝まで待てるものか」キルフフは言った。「私を入れないなら、大声で三回叫んでやる。私の声ははるか隣の島まで、そして高く雲までも響くのだ。その声を聞けば、孕《はら》み女の子宮はすべて空っぽになり、妊娠していない女は石女《うまずめ》になるぞ。」

「アーサー王にお尋ねしなければなりません。」門番はキルフフを外で待たせ、城内に入ってアーサー王に告げた。王と御一緒にインドやノルウェイ、アフリカやギリシャで異国の王たちを見てきたが、いま城門で待っているような非凡な姿の若者は見たことがないと。それでもアーサーは規則に従うようにと言った。そのとき、きらめくキルフフが馬で入ってきた。

彼がほとばしるような言葉で滔々と挨拶すると、アーサーは同じような調子で応え、宴に加わるように招いた。だがキルフフは、そのために来たのではない、食べ物や飲み物などほかで手に入ると言った──違うのだ。自分はアーサーにかなえてほしい願い事がある。聞き届けられるならば、一生アーサーをほめたたえよう。もしそうでないなら、アーサーが恥ずべき人間だと吹聴してやるだろう。

するとアーサーは「何が望みだ」と言って、武器と妻を除いて、キルフフに与えられるものをすらすらと挙げていった。

キルフフが「あなたに私の髪を切っていただきたいのです」と頼むと、アーサーは金の櫛と銀の鋏で髪を切りはじめたが、その最中にキルフフとの血縁を知った。深いつながりに動かされてアーサーは言った。「従兄弟よ、おぬしの願いはいかなることでもかなえよう。」

キルフフは答えた。「巨人の王の娘、オルウェンと結婚したいのです。」

それを聞くと、アーサーは熱心に約束したにもかかわらず、いい顔をしなかった。キルフフはアーサーを説得するために、アーサーの血統と周辺に現れた神話的な人物や偉大な英雄《ヒーロー》や貴婦人《ヒロイン》の名前を挙げて、詰め寄った。名前が列挙されるにつれて、部屋は静まり返っていった。キルフフはオルウェンへの燃えるような愛に高揚していたので、アーサーの祖先の輝かしい黄金時代まで歴史をさかのぼるのは造作もないことだった。キルフフにとってオルウェンへのこの愛が探求の旅の力強い支えだった。

アーサーは再び動かされ、すべてをあげてオルウェンを探し出し、キルフフにその居場所を伝えることを約束した。すぐさま王室の使者に、偉大なる血統と一族の名に泥を塗ることがないよう、世界中くまなく探して見つけ出すよう命じた。

しかし一年たってもオルウェンは見つからなかった。キルフフは自分の願い事のほかは全て聞き届けるのだろうと、アーサーをなじった。それを聞いて、アーサーの家臣の一人カイが大声で言った。「それでは陛下に対して公平ではありますまい。私が彼女を探しに行きましょう。あなたも同行なさるがいい。彼女が本当にいるのなら、必ず見つけましょう。」

カイは自信たっぷりだった。実際彼には自信があった。彼は九日間も息を止めていられるし、九日間眠らなくても平気なのである。彼の剣から逃れて生き残った者はいない。

カイはベドウィルという名の武人を同行させた。ベドウィルは全ての道を知り尽くした王宮付きの案内人であり、また全ての言語に精通する通訳である。一行には魔法使いも加わった。魔法使いは、窮地に陥ったときに彼らの姿を消すことができる。出立する彼らにアーサーは神の加護を祈った。

最初の難題は、幻影のような巨城。一行の誰もがかつて見たこともない壮麗な建物だった。しかしいくら馬を走らせても近づくことができず、彼らはとまどった。城の前には、大群の羊が見渡すかぎり広がる平原で草を食んでおり、小高い所から一人の羊飼いが数千もの羊を監視していた。恐ろしい姿の男だった。羊一匹とて見失ったことのないのが彼の誇りだというが、牧羊犬のせいで羊には近づけそうにもなかった。馬のように大きく醜怪で、その息は全てを焦がしてしまうのだ（たぶん羊は除いて）。

キルフフたちは通訳に羊飼いと話をさせようとしたが、独りで行くのをいやがったので、魔法使いが牧羊犬に魔法をかけてから、ようやく皆で羊飼いに近づくことができた。そして、この巨大な城砦が巨人の王のものであることがわかった。

「その巨人こそ我々の探している人物だ」と言い、キルフフが巨人の王の娘との結婚を望んでいること、アーサー王その人がキルフフの後ろ盾となっていることを羊飼いに告げると、とたんに羊飼いは深い同情の眼差しを向けてきた。

キルフフは羊飼いに感謝の印として指環を与えた。その日戻ってきた羊飼いは、女房の顔を見るや、指環の持主は彼女の前にその身を横たえることになるだろう、つまり死ぬだろうと話した。

実はこの羊飼いの女房は、キルフフの叔母、彼の母親の妹であることが判った。女房は甥に会いに行くが、カイが焚火から燃えさしを取って女の前に突き出し、甥との抱擁を妨げる。カイは女がキルフフのあばら骨を折ってしまうのではと疑ったのだが、案の定女房は燃えさしをひったくり、鋼のバネのように折り曲げたのである。

家に戻って落ち着きを取り戻すと羊飼いの女房は、巨人の王に二四人中二三人の息子が殺されたのだと話した。二四番目の息子は死を免れたが、今でも長櫃の中に隠れて怯えながら暮らしているのだ、なんて可哀想な子、金髪の巻毛の美しい息子なのにと嘆いた。

巨人の娘オルウェンをキルフフの妻にするために探していることを聞くと、女房は驚き、城の者に見つかる前に立ち去るようにと言い張った。しかし彼らの意志の固さを知ると、貴重な情報を教えてくれた。オルウェンは毎週末ここに髪を洗いにやってくるのだが、そのときいつも指環など身につけている物を残していくというのだ。

翌日が週末である。オルウェンは炎の色をした絹の服を着て、首にはエメラルドやルビーのはめ込まれた太いトルクをつけていた。壁の陰から見ていた男たちは乙女の虜になってしまった。森の花のようにほっそりとした手に見とれ、金色の髪と、海の波の飛沫のように白い肌、その美しさが出会う全てを変える様に驚嘆した。華奢な足が触れた場所にはクローバーの花が咲き乱れるのだ。

オルウェンが羊飼いの家に入ると、キルフフが現れ、熱く愛の告白をした。オルウェンは父親がいかなる結婚も許さないとキルフフに言った。「私が結婚すると父が死ぬという言い伝えがあるのです。」

「私と逃げましょう」キルフフは嘆願した。

「いいえ。父に会ってくださいまし。あなたは危険を恐れない勇気のある御方。父に私との結婚を申し込んでください。父があなたに幾つかの試練を課すでしょう。それを達成なされば、私はあなたのもの。けれど失敗なされば、あなたは死ぬことになりましょう。」

「お試しなさい」仲間たちはキルフフを励ました。

翌日、彼らは城に向かった。途中、九つの門をそれぞれ守る九人の門番と獰猛な猟犬を始末した。オルウェンの父、つまり巨人の王は、無礼者たちをよくよく見るために、召使にまぶたを持ち上げるよう命じた。巨人のまぶたは重すぎて、二股の棒で支えなければならないのだ。

キルフフが目的を明らかにすると、巨人は明日戻ってくるように言った。しかし彼らが広間を去ろうとしたとき、不実な巨人は穂先に毒を塗ったどっしりと重い槍をキルフフの背に向けて投げた。危うくベドウィルが間一髪のところで槍をつかみ、飛んできた勢いを利用して投げ返した。槍は巨人の膝に当たり、うめき声は石壁を震わせた。彼はこれからは歩くたびに痛むにちがいないと文句を言った。

翌日、英雄たちは再び巨人の城に向かった。身なりを整えていたので彼らは立派に見えた。彼らは巨人と対決した。

「オルウェンをキルフフの妻にいただきたい。」

巨人は一族の年長の女性と相談しなければならないと言った。そして彼らが緊張を解いたその隙をついて、また毒を塗った槍を投げた。仲間の一人がこの槍を止め、巨人の胸めがけて投げ返したので、槍は巨人の胸を貫いた。巨人は大声でほえ、鳥たちは屋根から飛び立った。彼はこれから歩くたびに息がもれそうだ、食事もまずくなると文句を言った。

英雄たちは食べ物を見つけるために城を出て、野宿した。翌朝、城に戻った彼らは巨人に、これ以上卑怯なまねをしないように頼んだ。それにもかかわらず巨人はまたもや毒槍を投げてきたのである。今度はキルフフが槍を止めて投げ返した。それは巨人の眼球を貫き頭蓋骨に突き刺さるほど凄まじい力だった。人食い鬼は涙の止まらぬ目で物を見なければならなくなったと文句を言った。彼らは巨人に、傷は自業自得だと言い、これ以上面倒を起こさないようにと諌めた。

最初の毒槍をベドウィルが投げ返したとき、巨人は牛アブに刺されたくらいにしか感じなかった。二番目の槍が命中したときは、蛭《ひる》に噛まれたように感じたと言った。しかし三番目の槍が目を傷つけたときは、狂犬に噛まれたみたいだったそうだ。そしてついに、翌日からはもう投げないと巨人は言った。

そうして、巨人はオルウェンとの結婚についてキルフフと話し合った。巨人は言った。「公平にしようではないか。貴様がわしの頼みをきいてくれれば、オルウェンをやろう。そしてわしは自分の運命を受け入れよう。まあ、その必要もなかろうが。一つだってできはせんだろうからな。」

「最初の任務は何ですか」キルフフが尋ねた。

巨人は危険な冒険を次々に挙げた。最初は、夜明けまでに、城門の外の丘を燃やして炭にし、地面に鋤き込むことだった。これはキルフフのような英雄にはいともたやすいことである。ところがこれには難しい条件が付いていた。この土地を耕させるのに、巨人が名付け親となっている、強要されなければ働かない農夫を見つけなければならなかった。また、この仕事のための道具を作るある鍛冶職人を見つけ、やはり力づくで働かせなければならなかった。それから、剣で脅迫されなければ誰にも貸さないような気難しい人物が所有している二匹の有名な去勢牛と、他の去勢牛も幾頭か――その中の二頭は元は人間だったが、罪を犯したために魔法で変身させられた――見つけてこなければならなかったのである。

巨人の全ての要求をキルフフは少しの不安も見せずに承知した。雄蜂が一匹もいない群れから採った、どんなに優れた蜜蜂が作ったのよりもずっと甘い蜂蜜。それから、世界中で最も強い酒を満たしているので持主が絶対手放さないはずの酒杯《ゴブレット》。さらに、この世のあらゆる美味を詰めたという有名な籠。それから、あれもあれもあれもあれも――巨人の要求はいつまでもいつまでもいつまでも続いた。

例えば、かつて誰も手に入れたことのない角杯も要求した。それから、持主が手放したがらない竪琴。フリアンノンの魔法の鳥。アイルランドの魔法の大釜。生きた猪から有名な牙を取ってくること――巨人がこれを使って顎髭を剃りたかったのだ――そしてこの牙は、アイルランド王の息子だけが手に入れられると言われている。さらに、地獄の炉床から魔女の血を小人《ドワーフ》のギドリンの魔法瓶に入れて冷まさないように持ってくること。そして、厳重に守られている、入れた液体が決して酸化しない瓶。

キルフフは、いかに不可能そうにみえる難題にも、「わかりました」と落ち着いてうなずいた。

しかし巨人は「まだあるぞ」と一つ一つ細かに挙げていく。「わしはこの鋏と櫛が欲しい。それからあの若い犬とその犬をつなぐ有名な紐も。それからその紐に付けられるたった一つの首輪と、その紐と首輪をしっかりと留められる鎖が欲しい。それからそれら全てを操れるただ一人の狩人であるマボンという名の男を。ただしその居場所を知る者は誰もいない。それから海の波と同じくらい速く走ることのできる馬が欲しい。」

キルフフは動じなかったが、仲間たちは驚きと落胆で開いた口がふさがらなかった。

自分の腕の長さほどもある難題の一覧表を読み上げながら、巨人は楽しげだった。むろん巨人の腕がいかに長いかはおわかりだろう。彼が要求した途方もなく多種多様な人物と品物は、互いに他のものを手に入れなければ得られないものばかりである。最後の難題はその典型だろう。ある巨人から剣を盗まなければならないのだが、持主の巨人を殺すには当のその剣がなくてはならないのだ。

「一つでも手に入れられなければ」と巨人は自信ありげに言った、「娘はやれんぞ」。

キルフフは答えた。「私にはアーサーという従兄弟がいます。従兄弟の力が私の自由になります。」

「ほう、策をめぐらす術は知っているようだな。ではこの全てを手に入れてきて、オルウェンを手に入れるがいい。一つでも失敗したら、それで終わりだ。」

キルフフは仲間と馬で出発した。彼は最後の課題からとりかかることを決めていた。その方が課題にひそむ筋立てにかなっていると悟ったからである。

まず初めに、本人の持つ剣でなければ殺すことのできない巨人の城を探しだした。カイが城門に向かうと、門番が彼をさえぎった。訪問を歓迎はするが、来客用宿舎に留まってもらうというのである。

「後悔するぞ、お前の主人が俺の特技を知ったらな」とカイは言った。

「どんな特技だ」と門番は尋ねた。

「俺は世界一うまく剣を研ぐ男だ。」

「御主人様におぬしのことを知らせてまいろう。」門番は中に入り、剣を研ぐ許しを巨人から得てきた。

カイは城に入って、巨人の前の椅子で袋から石を取り出し、初めに片面を研いで、巨人に手渡した。

「あとの片面も同じようにやってくれ」と巨人が言った。カイは残りの面を研ぎ、再び渡した。

「おぬし、よくできるな」と巨人は言った。「おぬしと同じような仲間はいるのか。」

「ちょうど今、一人、外に控えております。真の技の持ち主にございます。あの男は柄から離れて飛んでいく槍を持っています。その槍の穂は攻撃し終えてちゃんと戻ってくるのです。」

「そやつを連れてこい。」

ベドウィルが連れてこられ質問される前に、カイは飛び上がって試し切りをするふりをして巨人の頭上で剣を振るい、頭を切り落とした。そして仲間たちは城の人間をみな倒し、あたう限りの戦利品を奪い取って城を廃墟とした。

次に彼らは最も難しい課題、所在のわからないマスティフ犬の持ち主、本当にいるかどうかもわからない男、マボンを捜す旅に出発した。

キルフフは難題を片付ける順序を考え直さなければならないことに気づいた。マボンを見つけるためには、やはり巨人の王の言った順番を守らなければならないのだ。これには援助が必要だったので、アーサー王が多くの戦士を引き連れて加わることになった。

まず彼らはマボンの一族の行方を追った。一族は警戒厳重な城に囚われていたが、城主はアーサーの伝説的な力を恐れていたので、すぐに人々を引き渡した。

この一族の助言で、マボンを探す次の段階として、通訳を通じてキルゴウリーの黒鳥の話を聞いた。黒鳥は自らの長い歳月を語った。その物語は、鍛冶屋の金床を嘴でつついて小さいネジほどに砕くのにかかる時間くらい続いたが、それでも黒鳥はマボンのことを知らなかった。生後三日で何者かにかどわかされたマボンを。しかし黒鳥は、もっと長く生きてきたフレディンヴレの牡鹿を教えてくれた。

牡鹿は黒鳥と同じように自分の長い生涯を語った。それはオークの若木があまたの枝の生えた巨木になり、それから枯れ衰えて小さな赤い切株になるまでにかかるだけの長さだったが、しかしマボンのことは知らなかった。たった生後三日で何者かにかどわかされたマボンのことは。

それから牡鹿は自分よりも長く生きているカウルイドのフクロウのところに連れていってくれた。フクロウは翼がだんだん擦り減って切れ端になるほどに齢を重ねている。そしてフクロウは彼らをグウェルナブイの鷲のもとに送った。この鷲が毎晩止まっている石も今では磨り減って小石ほどの大きさになってしまっている。そのくらいこの鷲も齢を重ねていた。この鷲も彼らを自分よりも年長のもの、鷲が一度捕らえようとしたことのあるシーン・シウの鮭のもとへと送った。

鮭は彼らを背に乗せて、グロスターへと川を遡り、うめき声が洩れてくる牢までやってきた。そこにマボンはいたましい囚われの身となっていたのだ。木の壁の向こうから、自分は武力でしか解放されないと叫んでいる。そこでアーサーは城に帰って全軍を召集し、カイとベドウィルが鮭の背に乗って襲撃を指揮してマボンを救出したのである。

さてこうして彼らは難題の繋がりを解く主要な鍵を手に入れ、着実にこれを解決していった。時にそれは大旅行となったが、つねに大いなる手柄を成し遂げた。

例えばミルフォード・ヘイヴンでは大魔女の大きな子犬二匹を捕らえ、世界でただ一つ二匹の犬を繋ぐことができる皮紐を作るために、ある戦士の顎髭を切って奪った。それから猪を殺して、その牙から剃刀を作った。武力でのみ得られる魔法の大釜を手に入れるためにアイルランドまで渡った。アーサーと部下たちはおびただしいアイルランド人を殺し、戦利品でいっぱいの大釜を持って帰還したのである。

次の難題は、犯した罪のため豚に変えられた凶暴な王子の両耳に挟まれた櫛と鋏だった。この貴人に挑戦することは誰であれ不可能に思われた。王子は七頭の豚と住んでおり、計り知れないほど凶暴だった。アーサーは最大の軍隊を率いていき、彼に一騎討ちを挑んだが、小さな豚を一頭殺しただけの徒労に終わり、当の王子は取り逃がした。

アーサーはあたう限りの魔法を利用した。魔法使いは通訳を鳥に変え、野蛮な王子の肩に止まらせアーサーと交渉するように説得しようとし、また残りの豚の一頭にも同じ試みをしたが、彼らは拒絶した。通訳がアーサーは皆殺しにしてでも鋏と櫛を奪い取る決意だぞと脅しても、王子は攻撃をやめなかった。

王子と残りの豚はアーサーの王国を侵略しようと海に飛び込み、ダヴェドへ泳ぎ渡った。追いかけたアーサーは、彼らによる殺戮と放火と破壊の痕に度を失った。荒らぶる王子の一群はミルフォード・ヘイヴンを過ぎ、アーサーとその巨大な軍隊と至上の戦士たちはその後を追いかけた。しかし対決のたびにアーサーは手ひどくやられ、ついに最愛の息子も殺されてしまった。

谷へ下り、川の堤を行き、山麓や農場を横切って進む王子の残忍な行状は各地で猛威をふるった。時には王子と豚たちは地中に隠れ、突然雄叫びをあげて襲いかかり、通りすがりの者をことごとく殺した。アーサーは王子と豚たちを抑えるための援助をもとめて、遠くブルターニュまで使者を送った。そうしてコンウォールとデヴォンと南部の男たちの総力を挙げて、ようやく王子一行を海峡に注ぐセヴァーンの河口に追い詰めたのである。

アーサー軍は幾つかの方向から一挙に攻撃した。剣や槍で王子を殺す代わりに川に突き落とし、捕らえた。マボンはすばやく王子に飛びかかり、最初の獲物の櫛を王子の耳の間からひったくった。王子は群がりむしゃぶりつく世界最強の戦士たちの幾人かをはじき飛ばし、押し退けた。王子は今度は南へ、コンウォールを目指した。

アーサーたちは王子を追いかけて捕らえ、耳に挟んであった鋏を奪い取って、ようやくこの仕事を終えることができた。彼らは王子を追い放ち、王子はついに敗退して激しい怒りに駆られながらなすすべもなく、海に飛び込んだのだった。

難題は残すところ後一つとなった。地獄の魔女の血である。彼らは魔女を北の洞窟に見つけた。それは醜悪な光景で、漂う悪臭は滝木を曲げるほどであった。醜に対しては美、闇に対しては光をもって対抗できるこの上なく美しい爽やかな戦士が二人、中に入っていった。が、彼らは速やかに逃げ出してきた。魔女に髪を根元から引き抜かれて血を流し、武具をはぎ取られて裸でひっかき傷だらけになり、血も凍るような金切り声に打ちのめされつんぼになってしまったのだ。アーサーは激昂し、今にも洞窟に乗り込もうとしたが、騎士たちに押しとどめられた。初めの二人よりは年かさの若い戦士たちが二人また入っていったが、魔女はこの二人も滅ぼした。四人はおとなしい老いた牝馬の背に折りたたまれた四枚の袋のようだった。

もはや誰もアーサーを止めることはできなかった。彼は幅広の短剣を抜き、張り出した大岩から洞穴に飛び込んだ。彼の一撃は魔女の胸骨に命中し、爪先の割れ目まで真っ二つに裂けた。吹き出す血は持参した二つの桶に注がれたのである。

こうして難題はすべて解決された。キルフフと、身を隠していた長櫃から解放された羊飼いの息子と、生き残りの中で同行を望む者全員と共に、任務の達成を告げ、オルウェンをもらい受けるために、巨人の城へ向かった。

巨人は滞りなく猪の牙で髭を剃り、櫛と鋏で髪を整えた後、アーサーがこのように困難きわまりない課題の数々を首尾よく達成したことをほめた。巨人はキルフフが成功したからには自分が死なねばならないことを承知していたにもかかわらず、なおもなんとかして戦士たちを倒そうとするかのように、まぶたの上がらない大きな目で城を見まわしていた。しかしキルフフたちが向かってくるのを見て、もはや運命を受け入れるほかはないことを悟った。完全に敗北した巨人は、魔法も使えなくなっていた。

巨人は、最期だというキルフフの言葉にうなずいた。運命は娘が結婚したときに死なねばならぬと告げていた。キルフフは立ちつくすオルウェンを顧みて、彼女と契りを結び、巨人の全領土の主となることを宣言した。

その夜、盛大な祝宴の後、巨人が縛られて隅で横たわっているなか、キルフフは彼の娘と寝所を共にしたのである。この日から死が二人を分かつまで彼のものでありつづける女と。

翌朝、羊飼いの巻毛の息子が二三人の兄弟たちの復讐を遂げる許しを求めてきた。輝く太陽の光のもと、彼は巨人の髪をつかんできびきびと巨人を城のごみ溜めまで引きずっていき、その中に幾度も顔を突っ込ませた後、頭を切り落とし、城門の外に大釘で打ち付けた。

キルフフは巨人の娘オルウェンを妻とし、相続すべき遺産を義母の呪いから守ったのである。

フロナブイの夢

The Dream of Rhonabwy

ポウイスの領主マダウク卿には、イオルウェルスという嫉妬深い弟がいた。イオルウェルスは兄に比べて権力、財力、そして生まれすらも劣っていることに憤りを覚えていたので、自分自身の境遇について、兄以外の親族や助言者に相談した。彼らは「マダウクに願い出てみよう」と応じ、マダウクは嫌な顔も見せずイオルウェルスに地位と支配力を与えることを決めた。ところがイオルウェルスはこれを拒み、それどころか兵を挙げてイングランドを暴れ回った。マダウクにとってこれは思いがけないことであった。そこでポウイスの最も優れた農夫たちで軍を組織し、イオルウェルスを捜しに行かせた。

この軍にフロナブイという名の男がいた。ある夕方、フロナブイは幾人かの仲間と共に、信じられないほど荒れ果てた家で宿を借りようとした。戸を開けると目を刺すような煙と不快な臭いが流れ出てきた。それもそのはず、でこぼこの土間には牛の餌の滓が散らばり、牛の糞尿がひどい臭いを放っていた。

部屋には醜い老婆がいて、藁やもみ殻を燃やしながら火の番をしていた。こうして彼女は暖を取っていたが、もうもうと起こるほこりで辺りが見えないほどだった。しかし彼女は疲れきった男たちが寝るのによさそうな皮の敷物を持っていた。

フロナブイたちは半ばあきらめながらも老婆に話しかけた。そこへ家族が帰ってきた。老婆と同じような感じの者たちで、赤く皮膚が剝け禿頭の気難しそうな小男と、骨と皮しかないような小さな妻である。二人は暖炉で燃やす小枝の束を運び入れた。彼らはフロナブイらを歓待しようとはせず、食事には支払いが必要だと言うのだが、それも食べる気も失せるような代物だった。牛乳は粥より薄く、パンはべとべとに湿り、チーズは酸っぱくなっていた。フロナブイたちはとんでもないところに泊まることになったと悔やんだ。

外は風が吹き、雨も激しく降り注いでいた。一行はかゆいノミを我慢しながら、動物の糞にまみれた汚い寝床で眠ろうとした。フロナブイだけは普通の神経の持主なので耐えられず、仲間が寝ついた後で少しはましに見える皮の方へ移って横になった。ようやく寝入るとすぐに、フロナブイはすばらしい夢を見た。今まで見たことのないほどに様々な色の溢れる夢だった。

夢の中で、フロナブイはセヴァーン川の浅瀬に向かって見慣れた平原を横切っている。物思いにふけったり仲間との旅を楽しんだりしていたのだが、背後に迫る騒々しい物音に振り返った。今まで出遭ったことのないほど大きな男が馬に乗って彼らを追ってくる。顎髭をたくわえた巻き毛の若い男で、黄色い馬にまたがり、モミのように濃い緑の縁飾りの付いた鮮やかな黄色の衣装を身にまとい、黄金の剣を佩き、緑色の絹のマントを風にはためかせていた。警戒してフロナブイは馬に拍車をあてたのだが、いとも簡単に追いつかれてしまった。男があまりにも恐ろしげだったので、フロナブイたちは戦士らしくなく慈悲を乞うた。

「あなたはどなたですか」フロナブイたちは尋ねた。「俺の名はイザウク。だがみんなからは〈かき回し屋〉と呼ばれている。俺が物事をかき回すからだ。カムランの戦いの元となったアーサー王と王の甥のいさかいを引き起こしたのも俺だ。アーサーに頼まれた伝言を、俺が無礼極まる言い方でまるでアーサーが言ったかのように伝えたことから全ては始まったのだ。今となっては後悔しているのだが。」

イザウクが話している間に、後方から次の蹄の音がとどろいてきた。馬を激しく駆《ギャロップ》けさせてさらに華麗な騎士が到着した。深紅の錦織《ブロケード》とエニシダのような鮮黄色の絹の服に身を包んだ光り輝く男である。武器も馬も衣装もこの上なくすっきりとして美しいものだった。

彼は侮蔑するようにフロナブイたちを見ると、緑と黄金の男イザウクに、お前と一緒にいる〈小人たち〉を貸してくれと言った。

一番目の男イザウクは答えた。「俺のように、この小人たちと友だちになればよいではないか。」「なるほど」と二番目の男は言い、馬を下りた。イザウクはフロナブイたちに、この男は〈光り輝く黄色の〉フルヴァウンと呼ばれていると教えた。

フロナブイたちはイザウクに伴われて馬を駆った。セヴァーン川まで来ると、そこには一平方マイル〔約二・六平方キロ〕ほどの広さの祝祭用の会場があり、幾つもの縞模様の天幕の上には三角旗と旗印が風にはためいていた。アーサー王が家臣たちや白と黒の衣装を着けた背の高い少年に囲まれて座っていた。少年の肌は象牙のように白く、黒玉のような漆黒の帽子をかぶっている。イザウクは馬の首を巡らし、フロナブイたちをアーサーの傍らまで導いた。王はイザウクを心から歓迎したが、フロナブイたちについては全く軽んじる態度だった。

「どこでこんな小人たちを見つけたのだ。」

「ここへ参る途中でございます、陛下。」

王はあざけるように笑った。渇いた笑いだった。そして「我が王国の守り手にはこのような小人しかおらぬとは嘆かわしい」と言って顔を背けた。

そのときイザウクはフロナブイに言った。「王の指輪を見たか。」フロナブイはうなずいた。「あの指輪の石には、俺たちが出会ってから見てきたもの全てを思い出させる魔法の力が備わっているのだ。」

まもなく別の小隊が馬を緩やかに駆《カンター》って近づいてきた。戦士たちの装束は彩り豊かなすばらしいものである。フロナブイたちが自分たちの導き手イザウクに彼らは何者かと尋ねると、この小隊はかの華やかな男、〈光り輝く黄色の男〉フルヴァウンに同行していて――それゆえに、あるいは彼らの当然の権利としても――この国の全ての貴族と近づきになることができるし、あらゆる階級の人々から最高の歓待を受けられるのだと答えた。彼らの衣装はなにからなにまで赤で、小隊の誰もがこれ以上はないほど鮮やかな赤を身に着けていた。騎士たちは馬を下り、召使たちが上流に天幕を張りはじめた。

それからまた別の立派な騎士の中隊が到着した。騎士たちは輝く白の衣装をまとい、馬は全て烏の濡れ羽色である。そのうち一人の騎士が不注意にもアーサーの近くの川を駆足《ギャロップ》で渡り、王と家臣たちに水を跳ねかけてしまった。王に従っていた背の高い黒玉色の帽子をかぶった色の白い少年は鞘ごと剣を振りかざし、馬の腹をひどく打ち据えた。騎士は剣を抜きかけたが、少年は彼が王に水を跳ねかけたからだと抗議して、それをとどめた。

フロナブイたちはイザウクにこの少年は誰なのかと尋ねた。「タリエシンの息子だ」という答えが返ってきた。

戦士たちは階級ごとに列をなして集まり、カラダウクという名の隊長が立ち上がった。カラダウクは来るべき戦いのために戦士を集めたのだ。また、戦に乗り気でないアーサーを煽ろうとしているようだった。カラダウクは全軍を集めて、ためらうアーサー王をなじり、ついに進軍が始まるのである。戦士たちが手綱を操って浅瀬を渡ったとき、フロナブイがセヴァーン渓谷を見上げると、さらに三つの騎士団が谷からこちらに向かって下りてきた。その三番目の人々は黒で縁取られた輝く白の衣装をまとい、馬も雪のように白く、脚だけが漆黒だった。

彼らを見てフロナブイは茫然となり、イザウクに正体を尋ねた。「ノルウェイ人だ」とイザウクは言った。「ノルウェイの白騎兵隊だ。」

ノルウェイ人の後方には、正反対の色合わせの服を着た騎兵の一隊が続いていた。つまり服全体が黒く、雪の白さで縁取られているのだ。「デンマーク人だ」とイザウクが言う。「デンマークの黒騎兵隊。」

アーサーの大軍は、バースの渓谷を見下ろす尾根まで来ていた。新参者たちも縦隊の後尾に追いついている。フロナブイたちもイザウクに導かれるまま行軍に従っていた。軍隊が尾根から平原へと下る途中、前方で突然すさまじい騒ぎが起こり、馬たちは大混乱に陥った。フロナブイたちが何が起こったのかを見きわめようとしたそのとき、一人の騎士がかなりの勢いで丘の遠い端から近づくのが見えた。赤い衣装と、光を集めたような輝く白の武具をまとう男である。

騒ぎがあまりにもひどくなったので、アーサーが退却か何かの合図を出さないのかとフロナブイが思っていると、イザウクが言ったように、この混乱はあの武装した騎士、アーサーの近従の中でも最も偉大な人物の一人であるカイのせいであることがわかった。すばらしいカイを見ようと軍隊の外側の半分は内側へと馬を駆り、逆に内側の半分はカイに踏みつけられないように逃げ出そうとしたのである。パニックがふくれ上がったので、アーサーは自分の黄金の剣をうち振って秩序を取り戻すよう武具係に命じた。その剣の刃の両側からのたうつ蛇の舌のような二重の炎がほとばしり、見た者を震え上がらせた。

「あの恐ろしい剣を振っている人は誰ですか」フロナブイは尋ねた。

イザウクは答えた。「コンウォールのカドゥルだ。戦いの朝、アーサーを武装させる男だ。」


アーサーの召使頭、無骨で寡黙な赤毛の男が、鞍袋から四隅にリンゴが刺繍された繻子《サテン》のキルトを取り出し、地面に広げた。これはアーサーの魔法の布で、身にまとえばアーサーは自分の姿を見られることなく人々を見ることができるのだ。次に金の椅子が置かれ、オワインという名の男とアーサー王とのボード・ゲームが始まった。

オワインは優れた指し手だが、アーサー王のような抜きんでた技量の相手と対戦するときは全力を注がなくてはならなかった。彼に勝機が見えはじめたとき、青い目、黄色い髪の使者が、てっぺんに蛇の頭を飾った赤白だんだらの天幕から現れた。黄色の繻子《サテン》の服をまとい黄緑色のタイツをはき、黒革の鞘に入った黄金の柄の三刃剣を携えた男はオワインに、王の従者たちが籠の中の彼の鳥たちを痛めつけていると告げた。オワインはアーサーにそれを止めさせるよう求めたが、アーサーはゲームを続け、オワインの番が来たと促しただけだった。

しばらく後、鮮やかな赤のライオンをてっぺんに飾った黄色の天幕から別の使者が歩いてきた。男はとび色の髪で大きな目をしており、髭をきれいに剃って、黄色い服と白いタイツを着け、黒い長靴を履いていた。赤鹿の革をなめした鞘を帯びている。彼はオワインに話した。

「王の召使たちが籠の中の鳥を突ついたり突き刺したりして痛めつけております。何羽か殺されてしまいました。」

オワインは王に言った。「陛下、彼らを止めてください。」

しかしアーサーは「ゲームを続けよう」と言うだけだ。

二人はゲームを続けた。今度は、宝石を嵌め込んだ黄金の巨大な鷲の頭をのせた水玉模様の黄色い天幕から、緑と金の服を着た金髪の少年がやってきた。片手に槍を持ち、片手で手綱を強く引くと、ボード・ゲームの脇で馬は急に止まって後足で立ち上がった。彼は怒り狂った様子で、オワインにアーサー王の従者たちが烏を殺してしまったと告げた。

「続けるのだ」王は言った。「行け」オワインは言った。「窮地にある烏たちのところへ。そして我が旗を掲げよ。烏たちを奮起させるのだ。」

少年はオワインの命令に従った。旗が掲げられると烏たちは勢いづき、大空高く舞い上がった。温かな気流に乗ってしばらく休むと、鋭く降下して王の従者たちを攻撃し、嘴で容赦なく目玉をえぐり、耳を千切り、鼻を裂いた。

程なく逆の事態が起こった。今度はオワインの従者たちがアーサーの鳥を攻撃したのだ。これが三度繰り返された。アーサーのもとに来た使者もやはり三人——一人目は鎧とヒョウの紋章の付いた黄金の兜姿で、深紅の厚手の麻《リネン》で覆った美しい灰色の馬に乗った男。二人目は、一本の脚だけが黒い白馬に乗ってきたが、馬も騎士もライオンの紋章付きの黄金の兜と、黄緑色の鎧を着けていた。三人目の使者は斑模様の鎧と黄色の兜を着けて馬に乗ってきた。三人とも武器を携え、長槍から鳥の血が滴っていた。三人ともオワインの鳥の攻撃を告げ、そのつどアーサーはオワインに鳥を苦しめるのをやめさせるよう求めたが、今度はオワインが言った。「ゲームをお続けください。」

ボード・ゲームに決着がついたころ、王軍の目ざした敵が和平を申し出てきた。アーサーは黄金の椅子から立ち上がり、重要な会議に臨むときはいつもそうするように魔法の布をまとい、多くの助言者を集めた。助言者たちは遠近の地から、ギリシア、アイルランド、ノルウェイとデンマーク、そしてフランスやポウイスからやって来た。よくよく話し合った末に、彼らは休戦協定を受け入れた。助言者たちの長はこのような集会に出席するには若すぎる男だったが、彼のほかには適任者がいないのだ、とイザウクはフロナブイたちに説明した。賞賛の言葉を呈するために集まった人々の中に、ギリシアの島々から来た二四人の男たちがいた。彼らは籠を二個ずつ乗せた二四頭のロバを連れていたが、籠の一つには銀が、一つには金がいっぱいに詰め込まれていた。

カイが最後を締めくくって、全ての人に、アーサーに敬意を表してコンウォールへ行き、休戦が終わる六週間後に戦場へ戻ってくることを求めた。

そのときフロナブイは様々な色の溢れる夢から目を覚ました。

彼は友人たちに夢の話をした。この夢がフロナブイを有名にしたのである。

しかし、イオルウェルスを追跡したポウイスの軍隊におけるフロナブイ自身の冒険譚は伝わっていない。それよりも彼の夢の方がずっとおもしろいものだったにちがいない。

泉の貴婦人

The Countess of the Fountain

ウスク川の岸辺。アーサー王が色あざやかな錦織《ブロケード》のクッションに座っていた。従者たちにかしずかれ、周りにはオワインやカイら戦士たち、名将で優れた語り部でもあるカノンもいる。アーサーはまどろんでいる。カイは飲み物を注ぎ、カノンに話を一つ披露するよう頼んだ。カノンは次のような話を語った。

才気あふれる少年カノンは、ひとり息子として大切に育てられ、すべての武芸を身につけた後、男ならば誰もがすべきであるように冒険を求めて世界を旅することにした。ある日、馬で山あいを用心しながら下ったカノンは、木々の生い茂るとても美しい谷にたどりついた。その整然とした美しさは安らかな感じを与えた。やわらかな銀色に輝いて流れる広い川、よく整えられた川沿いの小道は馬や荷車や牛がしばしば通っているようだった。そして広大な赤と緑の平原の彼方に、美しい城がそびえ立っていた。城の前に広がる平地に馬を走らせたカノンは、三つの人影を見た。少年ふたりと大人の男ひとりで、少年たちは狩人になるための訓練を受けていた。持っている武器はどれも上等で、象牙を彫って鹿の腸線を張った長弓と、金の矢尻と孔雀の矢羽根を付けた象牙製の矢である。握りが象牙で出来た黄金のナイフを少し離れた地面に突き刺し、金の刀身を的に見立てて、金の矢尻の矢で射掛けている。少年たちはサフラン色の錦織《ブロケード》の服を身にまとい、額に若い戦士であることを示す同じ色のヘアバンドを巻いていた。指導する男も立派な風采をしており、やはりサフラン色の衣装で、それには金糸の縫取りがあり、黄金のレースの襟が付いていた。

男はカノンに挨拶し、カノンもこれに応えて彼に従って城に行くことにした。丈高い石のアーチの向こうの広間に、二四人の女性が座って長いタペストリーを作っている。いずれもまばゆいばかりの美女であった。カノンと男が戸口に立つと、女性たちは仕事を止めて立ち上がり、六人一組の四つのグループに分かれた。最初の六人のうち数人がカノンの馬を連れ出し餌と水を与えて休ませ、他は手を貸してカノンを座らせブーツを脱がせた。次の六人はカノンの武具を白金色に輝くまで磨き上げ、切っ先が高窓から射し込む陽の光を集めたかのようになるまで剣を研ぎ上げた。その次の六人のうち、数人はピンと張ったリネンの長い幅広の白布を広げて食卓に敷き、残りの女たちは食事を調えた。最後の六人のうち、数人はカノンが着物を脱ぐのを手伝い、残りは体を洗うための香り水の入った大きな銀のボールを持ってきて、緑と白の混じったリネンのタオルを手渡した。それから彼を手伝って、リネンのシャツとパンツ、サフラン色の錦織《ブロケード》の上着とマントをまとわせ、深紅のリネンのクッションに座らせて、金銀、象牙の器に入ったたっぷりの食事を勧めた。

この大広間にいる見知らぬ人々は、明らかに空腹らしい彼を思いやり、ひとまず満ち足りるまでは話しかけなかった。カノンは誤解し、彼らの社会では真の会話が失われているのだと考えて、不満を述べた。男たちは、彼を思いやってのことだとたしなめた。これをきっかけに会話が始まり、草地にいた男は気さくに旅の目的とこちらへ向かった理由を尋ねた。カノンは名誉にかけて、武勇で対等の相手を見つけ打ち破るためだと告げた。

「それだけですか」主人は尋ねた。「いかにも。」

「ふぅむ。いや、貴殿の望みをかなえるのは簡単なのです。しかしそうされても得るものは何もなく、危難ばかりが降りかかってきましょう。」

カノンががっかりしたので、男は考えを変え、幾つかの注意とともに次のように語った。

「しかたありません。この世の悪の探求をあくまでもお望みとあらば、貴殿の求めるものが見つかる場所を私の知る限りお話ししましょう。」

彼はカノンに、翌朝出発して、今日通り抜けてきた森まで少し戻るように言った。

「森を抜けて本道の分岐点に来たら、右へお行きなさい。そうすると木立に囲まれた広い空地に出ます。というより、あの広さからすれば野原といった方がいいかもしれません。さてこの野原には塚山のような小高い丘があり、そこに黒い大男が座っているでしょう。おそらく貴殿もこれほど大きく黒い男に出会ったことはないでしょうな。」

「黒いとは、どのくらい?」

「黒玉のように。貴殿が近づけば、やつは跳び上がるでしょうから、そのときにやつの大きな足が一本しかなく、体の中心に生えていることに気づかれるはず。さらに近づくと、額に一つの目しかないこともわかりましょう。幾人もの男たちでやっと持ち上げられるほど重い鉄の槍を片手に握っています。貴殿をギョロリとにらんで吠えるでしょうが、その恐ろしげな姿に気後れしてはなりません。やつは森と動物たちの守り手で、凶暴な野獣たちもやつの近くにくつろいでいるはずです。次に進む道は奴にお尋ねなさい。まこと威嚇するような叫び声を上げるでしょうが、それくらいのものです。」

その夜カノンはリネンと若い動物の柔らかな毛皮にくるまって眠り、翌朝出発して、男の言葉どおりのものを見た。ただ実際の程度は男の説明よりもかなり大きかった。あたりにくつろぐ野獣の数は、男の話から予想したより三倍はあった。大男は想像以上に黒く巨大で、槍もより重く、はるかに威嚇的だった。野獣たちに対してどれほどの力をもっているのかと尋ねると、大男は槍の握りで、カノンが今までに見たこともない巨大な牡鹿に一撃を与えた。牡鹿が大声で鳴くと、すぐさま森や山から鹿やカモシカやライオンや蛇などありとあらゆる獣や爬虫類が集まってきて、広い野原じゅうを埋めつくした。

「食え！」と黒い大男が叫ぶと、生き物たちは頭を下げて草を食べはじめた。

カノンは男に言われたとおり大男に道を尋ねた。訳のわからぬ問いかけであったが、なにも問題はなかった。大男は居丈高にどの道を行きたいのかと問い返し、カノンは自分と対等に渡り合える戦士を捜すという旅の目的を繰り返した。結局大男はこの野原から延びている小道を進むようにと答えた。登り切った高みから大渓谷を見渡せる。中央に、大きく枝葉を広げた常緑樹が見えるだろう。根元には泉がこんこんと湧きいで、傍らの大きく平らな大理石の上に銀の鉢を置いて鎖で留めてある。

大男はカノンに、鉢で泉の水を汲んで白い大理石に注ぐようにと言った。そうすると、足下に激しくとどろきわたる地鳴りが聞こえ、つづいて樹木から葉を振るい落とすほど巨大な霰が降るだろう。それから鳥の群れが降りてきてかつてないほど甘美に歌いだし、歌が最高潮に達したとき、新たな音が聞こえてくるはずだ。その大きく長いうめき声が近づくにつれて、カノンは待ち望んでいたものを見るだろう。張りのある黒い錦織《ブロケード》を着て、槍に結んだ黒い三角旗《ペナント》をはためかせた一人の男を。男は間髪を入れずに無敵の攻撃をカノンに仕掛けるだろう。

カノンは黒い大男の話を聞き終わると、なおも動物たちが草を食べている野原を出て馬を駆った。カノンは大男の言葉どおりの情景を見るのである。大渓谷、常緑樹、泉、鎖で留めた鉢、平らな大理石。教えられたように鉢で泉の水を汲んで大理石に注いだ。とたんに地鳴りがとどろき、想像よりも激しく冷たい霰が降った。実際、霰は破壊的な勢いで降ったので、カノンは馬ごと盾でかばわなければならなかった。さもなくば彼らの身体は骨から肉が削ぎ落とされていただろう。

次に太陽が輝き、鳥がさえずり、それらが霰の痛みを和らげはじめたとき、大きなうめき声が聞こえ、遠くから槍に黒い三角旗をなびかせた黒衣の騎士が姿を現してきた。

カノンは男を攻撃したが、すぐに自分のほうが落馬するはめになった。見知らぬ男はカノンの馬を連れて駆け去ってしまった。騎士の後を追ったカノンは、あの森の守り手のところまで戻るはめになった。大男は彼をあざ笑った。カノンは夜通し歩きつづけて、前の晩に滞在した宮殿にたどり着いた。宮殿の住人がくれた赤いたてがみの馬でカノンはアーサー王の宮廷に帰り、この話を語っているのである。

「俺はいまだにこの件を恥じている。」カノンは仲間たちに言った。「おぬしらに話したのは他でもない、陛下が御存知なくとも、陛下の領土でこのようなことが起きたからだ。」

そこで彼らは、誰かがこの騎士に挑戦すべきかどうか、時に激しつつ討議した。結局オワインが密かに武装し馬に乗って出発した。

オワインはカノンと同じ長い旅をし、同じ景色を眺め、同じ二人の少年と男に出会い、同じ城に招かれ、同じ女たちにかしずかれた。森の守り手である黒い大男を見つけ、常緑の大木に向かって馬を進め、銀の鉢で泉の水を大理石に注ぎ、同じ天候の激変を体験し、鳥の歌とうめき声を聞いた。そして黒衣の騎士が姿を現した。

オワインの攻撃を黒衣の騎士が迎え撃ち、激しい闘いとなった。オワインが相手の兜に致命的な一撃を与えたため、騎士は馬の向きを変えて疾風《はやて》のごとく逃げ去った。オワインは後を追ったが彼を捕らえられないうちに、城壁や狭間胸壁、塔と櫓が朝の光に輝く街が見えてきた。騎士は馬に拍車をあてて城の前の草地を過ぎ、門番たちが墜格子戸《おとしごうし》を引き上げると駆歩《ギャロップ》でくぐり抜けた。オワインが騎士を追って駆け込むと、鋭く尖った墜格子戸が落とされたので、彼の馬は鞍の後ろで真っ二つになり、オワインは地面に投げだされた。内門も降ろされたので、オワインは二つの巨大な扉の間に捕らえられてしまった。

オワインが途方にくれていると、黄色い繻子《サテン》の衣装をまとった女が城の中央に至る小道を歩いてきた。オワインは彼女に声をかけ、二人は内門越しに言葉を交わした。麗しい武人に魅了されたらしい女は助けることを約束し、黒衣の騎士はオワインが負わせた傷のせいで死にかけていること、城の者たちがオワインの血を求めていることを告げた。女は指輪を彼に渡し、この指輪を握っている限り、彼の姿は誰にも見えないと言った。

女は馬乗り台の傍で待つようオワインに言いおいて城に戻った。そこへ黒衣の騎士の仲間たちがオワインを殺しにやって来たが、二つの扉の間に囚われているはずのオワインの姿はなく、ただ馬の遺骸が残っているだけである。指輪のおかげで姿を消したオワインは、とまどう彼らが扉を開けた隙に門をすり抜け、女の待つ馬乗り台へと向かった。陽光で黄色い衣服が輝いている。

オワインが女の肩に手をおくと、女は宮殿の人々に気づかれることなく、赤と金で壁を彩った大きく美しい部屋に招き入れた。女は火を焚き、湯を銀のたらいに入れてオワインの傷を洗い、リネンのタオルで拭いた。黄色のリネンでおおった純銀の食卓で、オワインのためだけに勝者のもてなしをした。オワインは空腹を満たしながら話を交わした。彼女の名はリネドといった。

突然、大きな叫びが城と街に響き渡った。それは夕方にもさらに二度聞こえた。最初の叫びは城主である黒衣の騎士が危篤に陥ったため、と少女は語った。二度目は彼が死んだために。そして三度目は葬式の慟哭だった。リネドの説明を聞きながらオワインは心地よい長椅子から立ち上がり、窓の外を見た。

通りには、富める者、貧しい者、ありとあらゆる人々が、徒歩で、馬で、集まってきていた。貴族の男たちが先導するろうそくの火に照らされた白い葬いの車に、多くの人々が続いて狭い石畳の通りを進みながら、みな嘆き悼み手を震わせて泣いていた。棺台のすぐ後ろに、色鮮やかな靴を履きサフラン色の錦織《ブロケード》を着た女が髪を振り乱して泣いていた。女の美しさにオワインはあやうく腰掛けていた窓から落ちるところだった。彼は唯一の味方であるリネドに女のことを尋ねた。

「私たちは〈泉の貴婦人〉とお呼びしています。あなたが殺した黒衣の騎士の夫人ですわ。」

「なんと。俺はあの人にすっかり心を奪われてしまった。」

「私の御主人です。奥方様があなたを愛することは絶対にありませんわ。」

彼女はオワインを窓から離れさせ、髭剃りの用意をしたテーブルにつかせた。まず髪と顔を洗い、象牙の柄に金の鋲で留められた剃刀で髭を剃った。それからまた豪勢な食事を供した後、寝台に寝かせると、彼女はオワインの強引な求婚を伝えるために女主人のもとへ向かった。

夫人の部屋に入ったリネドは悲しいふりをするのに苦労した。むろん彼女の知らせは女主人を怒らせ、少女はきつく咎められた。しかし少女はこう言って夫人の怒りを鎮めた。

「奥方様のお気持ちがどうであれ、今は亡くなられた御主人様の王国をどのように護っていくかをお考えにならなければなりません。奥方様のお嘆きは当然のことでございますが、お心はどうであれ、この王国は泉を守護することのできる優れた武勲を誇る方によってのみ守られるのではありませんか。いま泉を守ることのできる方を見つけられるとすれば、それは世界でただ一つアーサー王の宮廷においてのみではありませんか。奥方様がお望みであれば、私がかの地を訪れ、捜してまいりましょう。」

ようやく夫人をうなずかせたリネドは、アーサーの宮殿に向けて出立するように見せかけ、ただオワインの待つ自分の部屋に戻った。二人はアーサーのもとを訪れるのに要する日数を部屋の中で過ごし、リネドはオワインを宮廷にふさわしく美しく装わせた。黄金のレースの襟のついたサフラン色の服と、ライオンをかたどった黄金のバックルの付いた靴である。

二人は連れ立って城の奥へ向かい、泉の貴婦人に謁見した。リネドはオワインを、黒衣の騎士を倒したほどの武人であり、だからこそ泉の守護者たりうると紹介し、悲しみをこらえて考慮するよう夫人を説得した。夫人はうなずき、とりあえず二人を下がらせた。

夫人は家臣を集め、泉は闘いに負けることのない男によって守られるべきだと告げた。そして新たな守護者は城内から出すか、それともどこかよそから捜すべきであるかを問うと、彼らは当然のようにどこからでも捜すべきだと答えた。そこで夫人はオワインを家臣らに紹介し、すぐに彼と結婚した。オワインは泉の守り役を全うし、約束どおり泉に来た者はみな打ち負かしたのである。

三年たってもオワインがアーサーの城に戻らなかったので、オワインを寵愛していたアーサーは嘆き悲しんだ。王は同じように悲しむ人々に勧められてオワインを探すことを決意し、自ら最高の騎士たちを率いて出発した。

一行は最初の城塞で、少年たちがサフラン色の服を着た男のもとで射撃訓練を行っているのに出くわし、夜通し美しい侍女たちの接待に与った。

翌朝アーサーたち一行は城を発ってオワインの足取りをたどり、かつてのカノンやオワインと同じような体験をすることになった。森の守り手である黒い大男、小高い丘、常緑樹、そして当然、泉、鉢、大理石。これらすべてが予兆するものを悟ったカイは、アーサーに話してどのような状況であれ一番手となる許しを得た。カイが石に水をかけるや天空が裂け、激しく降り注ぐ霰のためにアーサーの愛する家臣の幾人かが落馬して死んだ。いま木々はすっかり葉を落としたが、晴れ渡った空に鳥たちが甘美な歌を響かせている。そのとき黒衣の騎士が現れ、目にもとまらぬ速さでカイを馬から突き落とした。

翌朝、アーサーがしぶしぶながら許したので、カイは再び黒衣の騎士と対決したが、今度は黒衣の騎士はカイの頭蓋骨を割り砕いた。アーサーの家臣たちはみな武人の誇りにかけて挑んだが、次々と死んでいき、ついにアーサー以外に残るはたった一人となってしまった。

最後の一人となったグアルフメイは戦いでは名をとどろかせた男である。馬を操りながら二人は三日間戦いつづけたが、互いに相手を落馬させることはできなかった。三日目の午後、彼らは同時に激しい一撃を相手に与え、双方の馬の腹帯が切れて、二人は落馬した。武具の重さに耐えて立ち上がり、巨大な剣を振りまわして互いをよろめかせる。幾度か切り結んだ末、ついに騎士の一撃がグアルフメイの兜を割り、初めて彼の顔があらわになった。しかし同時にグアルフメイの一撃が兜の正面を切り落とし、騎士の顔もまた暴かれることになった――なんとそれは今まで行方を捜していたオワインその人であり、まさにグアルフメイの従兄の顔であった。二人は互いに勝利を譲り合った。アーサーは彼らを同じようにねぎらい、オワインを元の絆に迎え入れた。

翌朝オワインは再会を祝する宴の疲れの抜けないなか、アーサーに留まって歓待をうけるよう説いた。これ準備に三年をかけた歓迎の宴は三月の間続き、その疲れを癒すにはさらに三週間が必要であった。これら全てが終わったとき、アーサーはオワインに言葉少なに彼の城への帰還を促し、ブリテン全土が彼を歓呼して迎えるはずだと言った。泉の貴婦人も、三カ月間という期限付きであったが、彼の故国訪問を許したのだった。ところがオワインは約束をすっかり忘れてしまい、滞在は三年にも及んだ。

そんなある日、オワインは一人の女と出会って悲惨な運命に陥った。見知らぬ女は西方から、長い巻毛のたてがみの美しい馬に乗って現れた。女は黄金の錦織《ブロケード》をまとい、馬具もすべて最高の黄金である。城の傍のゆるい坂道を登り、オワインのところまでやって来た。挨拶のために差し出した女の手を取ろうとすると、女は彼の指から指輪を引き抜いて、言った。「裏切者！　嘘つき！　詐欺師！」そして、馬を走らせ去っていった。この出会いの後オワインはひどく憔悴し、程なく長い孤独な旅に出た。しだいに騎士らしい気高い風貌を失い、野卑な面持をたたえるようになってしまった。萎びた身体で下草の中で餌を探す姿は、まるで卑小な獣のようだ。

いつのまにか彼はある貴婦人の領地へとさすらってきた。オワインは血管が浮き出るほどにやせ衰え、泥にまみれた髪が体を覆うほどだった。半裸で徘徊し、草をくんくん嗅ぎまわる姿を見た貴婦人は、侍女に命じて効き目あらたかな軟膏と上等な衣服を、かつては人間だったらしいその生き物の傍に置いてこさせた。軟膏を全身隈なく塗ったオワインは、心も体もたちまち回復し、衣服をまとうと、礼儀正しく侍女に近づいた。侍女は彼を本復させるため城へ連れていった。

ある日、恐ろしい出来事が城を襲った。家臣たちは慌てて剣や短剣や盾を執《と》りはじめた。オワインが事情を尋ねると、ある貴族が守り手のいない貴婦人を倒そうとたびたび城を攻めてくるのだと告げられた。そのつど反撃してきたが、今回はどれほど持ちこたえられるかわからないという。敵は、城に隣接する貴婦人の最大の領地のうち二つをすでに占領してしまっていたからだ。

オワインは城の人々に騎士という自分の身分を告げた。一頭の馬と一揃いの武具を与えられるや、馬に乗り城門を出て、草地の高みから敵の大軍を見渡した。斥候たちはオワインに敵軍の攻撃隊長の位置を示した。オワインは敵陣に向かって突進し、その隊長を捕えると、引きずって城にとって返し城門を閉ざした。敵との取引材料を獲得したのだ。おびただしい敵兵が城を取り囲んでいても、彼らの指揮官の命と引き替えに交渉を行うことができた。こうしてオワインの助けを得た貴婦人が勝ち、所有地を取り戻すことができた。オワインもまた恩義と貴婦人の親切に報いることができたのである。

翌朝オワインは馬上の人となり、貴婦人が涙ながらに引き止めるのを振り切って出立した。莫大な領士を約束されたのだが、彼には続けなければならない旅があった。

数日後、広大な砂漠を越えて、山並みの麓の丘を登ったとき、オワインは野生の雄叫びを聞いた。続いて何度も聞こえてくる声を頼りに進むと、森が開けて巨大な崖がそそり立つところに、不思議な光景を見た。崖にあいた洞窟の前で、大きな白いライオンが巨大な牙のある蛇を殺そうとしている。ついにライオンは蛇を殺すことをあきらめて去ろうとしたが、蛇が行く手を阻んだ。オワインは馬を降り、こっそりしのび寄って、蛇を一刀両断にした。彼は再び馬に乗って進んだが、ふと振り返ると、ライオンがまるで飼い犬のようにゆっくりと走ってついてきていた。

夜の帳が降りるころ、オワインは野宿の準備をした。しかしすることがたくさんあったわけではない。ライオンは薪をいっぱい集めてくると、また走っていって牡鹿を仕留めオワインの足元においた。オワインは慣れた手つきで短刀で牡鹿の皮をはいで調理し、ライオンと共に鹿肉の厚切り《チョップ》を味わった。そのとき不意にうめき声が大気に響き渡った。オワインはいろいろな魔術を用いて慎重に調べ、ようやく声の主があの若い貴婦人、泉の貴婦人の宮廷で最初に親しくなったリネドであることをつきとめた。リネドは女主人の城でオワインの名誉を誹謗する者たちから守ったせいで、地下の石室に閉じ込められていたのだ。アーサーとともにブリテンに帰ったまま長い間戻らないオワインは詐欺師と見なされていた。そして、定められた日までにオワインが帰参してリネドを救出しなければ、彼女は殺されることになっていたのだ。その期日は明日だった。オワインは彼女を救い出し、その夜二人は別れてから互いの身の上に起こったことを楽しく語り合った。

リネドはオワインに、彼を非常に歓待してくれるはずの騎士の城が近くにあるのでそこへ行ってはどうかと言った。彼女自身はここ、草地のたき火の傍で待つが、翌日には戻ってくるようにと頼んだ。彼女の命はまだ危険にさらされたままなのである。オワインはリネドと約束し、ライオンと共にその城の跳ね橋に着いた。城主に歓待され、絶世の美少女にもてなされたが、それは今まで体験したことのないもの悲しい宴でもあった。

オワインはライオンを足元に控えさせながら、城の人々が消沈している理由を尋ねた。城は長い間、残忍な人食い巨人に脅かされつづけているのだ。まさにその前日、巨人は城主の二人の息子が狩猟に出たところを捕らえ、この絶世の美少女、城主の娘を引き渡さないかぎり二人を食ってしまうと脅しているのだった。

オワインは言った。「その人食い巨人の成敗は我が役目。これをもって貴殿のもてなしへの返礼といたしたい。」

「そうしてくだされればどんなにありがたいことか」と城主は答えた。

翌朝早く、人食い巨人の到来を告げるすさまじい咆哮が聞こえた。黒と茶の服を着た粗野な巨人が、左右の手に二人の王子の髪をつかんで現れたのである。

オワインが近づくと、巨人は二人の王子を放し、戦いとなった。ライオンの助太刀はみごとだった。

「卑怯者め」大男が吼えた。「さしで勝負せんか。」

オワインはライオンに城に戻るよう命じた。しかし跳ね橋の内側でオワインの危機を嗅ぎ取ると、ライオンは哀しげにないた。とうとう我慢しきれなくなり、胸壁を飛び越え城壁に沿って走り、人食い巨人に飛びかかって、肩から足の付根までを鋭い爪の一閃で切り裂いた。こうしてオワインは二人の少年を父親の元へ帰し、リネドを連れ帰るため来た道を取って返した。

彼が戻ると、二人の若者がリネドを連れ出し、火あぶりにしようとするところだった。オワインが正体を伏せたまま、なぜリネドを火刑に処するのかと尋ねると、オワインという男が彼女を見捨てて救いださなかったからだという。彼は、リネドを裏切ったオワインという男の代役を務めると申し出た。

戦いが始まった。若い男たちも人食い巨人と同じようにライオンを伴うことを認めなかったので、オワインはライオンとリネドを厚い石牢に閉じ込めて、戦いに戻った。二人の若者はオワイン以上の力量を示し、彼はジリジリと後退しはじめた。石壁の中のライオンはこれを感じ取ると石に穴を開け、吼えながら敵に飛びかかり、嚙み殺したのだった。

オワインはリネドを自分の馬に乗せ、泉の貴婦人の宮廷に戻った。夫人の心がやすまるまでそこに留まり、それからリネドを連れてブリテンへ、アーサーの宮廷に帰還した。オワインはリネドと結婚し、彼女に永遠の真実を誓った。

オワインはアーサーに仕え、さらなる冒険に挑み、恐ろしい敵を倒し、また夫を無惨に殺され捕らえられた貴婦人たちを救出するなど数々の英雄的な活躍をみせた。オワインの名声はその武勇伝とともに広まり、アーサーは彼を家臣の長に任じた。その後祖父の領地を継承したオワインは、別れを惜しみつつアーサーの宮廷を去り、騎士の一団と烏の一群を伴って、継承した土地へ向かったのであった。

ライオンは、最後の敵との戦いが終わるまで、オワインと共にあった。そうして微笑みを浮かべながらゆっくりと駆け去ったのである。おそらくは彼自身の生活に戻るために。

第4部

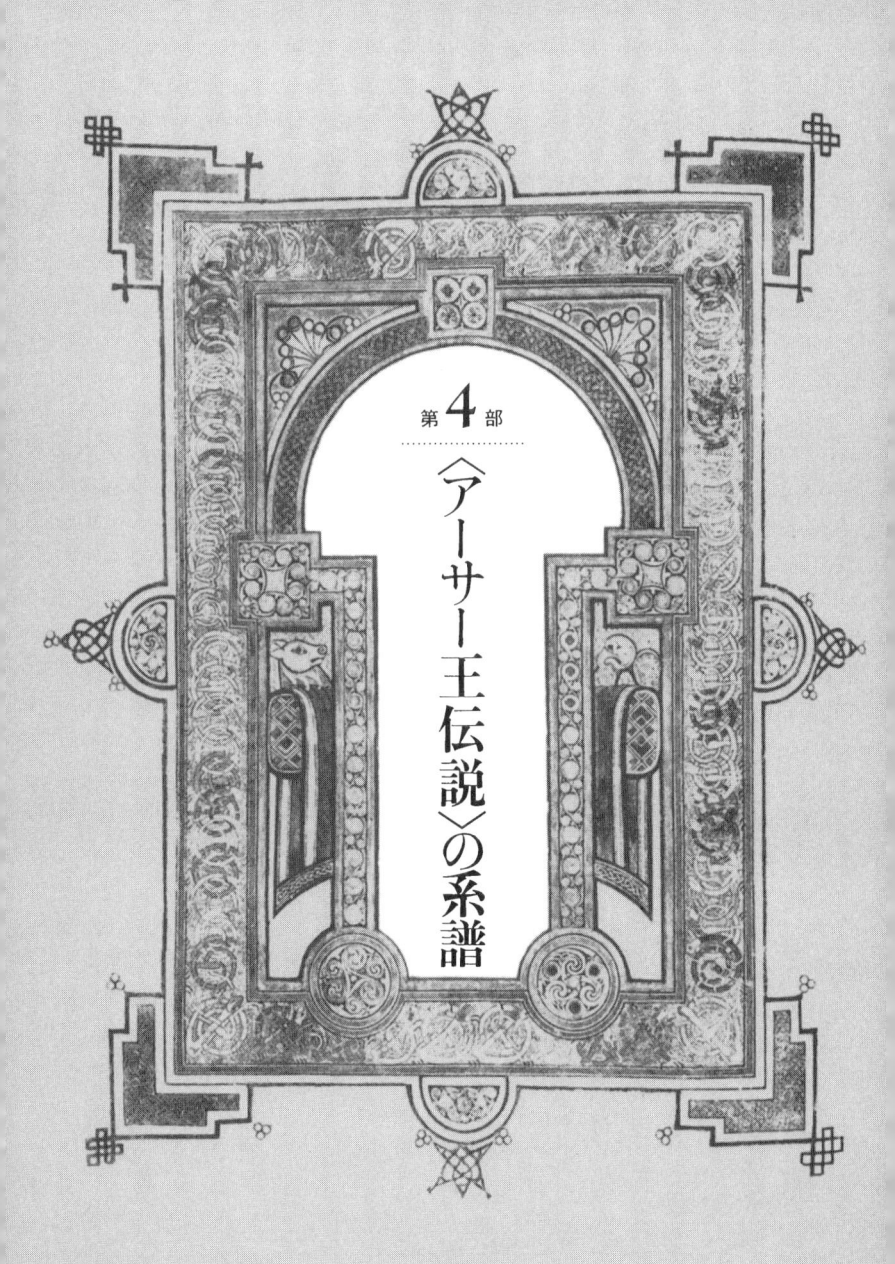

〈アーサー王伝説〉の系譜

コンウォールとブルターニュのアーサー王伝説は，騎士道と輝く色彩によって，偉大なるケルトの物語の最後の叫びを響かせている。アイルランドの〈赤枝の戦士団〉物語群《サイクル》の伝説との共通点，すなわち騎士たち，名誉ある義理と責任，気高い王たち，異常な誕生と人間的なもろさ，美しく偽りに満ちた女たちをもち，ブリテンにおけるケルト王権の最後の数世紀を輝かせている。

大陸のケルトは衰退したが，ケルト人の偉大なる歴史は残された。書き残すことはなくとも口承伝統のうちにとどめられ，その断片が転写本によって，読まれ書き直されて徐々に広まっていった。

ブリテンではサー・トマス・マロリーが牢獄の中で，初期の資料を基に，騎士と偉大な行為の，また暗黒の時代に領民を導くべく救世主のように出現した並はずれた少年王アルトリウスの物語を語った。マロリー自身も騎士で幾多の闘いを体験していた。しかし実際は，家畜を盗み，鹿を密猟し，暗殺計画やさまざまな暴力沙汰を共謀していたのであって，彼の描いた騎士道のようなものではなかったのであるが。

コンウォール，ウェールズ，そしてブルターニュと関わりのあるアーサー王物語群の伝説とそれに関連するロマンスは，多くの文化的な目的に寄与した。それらの物語は，ブリテンからローマ人が退去することでひき起こされた，恐るべき不安定な権力の真空状態という歴史の暗黒期を書き変えた。また，新しい貴族階級が学ぶべき種々の事柄の「聖典」，道徳的な掟を与えたのだ。とりわけそれらの話は，世渡りの下手なケルト人，〈ヨーロッパの父祖〉が奮い立って残した栄光ある過去を生かしつづけていた。もしもケルト人が団結して西ローマ帝国を打ち破り生き残っていたら，どのように発展しただろうか。アーサー王の伝統に触れるだけの話でさえ，豊かな霊感に満ちており，ワーグナーが上演したように真にオペラ的なスケールでの情熱と様式が可能だった。

アーサー王物語群のさまざまな話の一つ，そしてたぶんキリスト教的色彩が最も薄いトリスタンとイゾルデという有名な恋人たちの物語は，今日ケルト伝説の中心をなしている。それは〔恋人たちをアーサー王伝説に組み入れてアングロ=サクソン語の詩としてうたったブリテンのトマのテキストはほとんど失われているが〕12世紀にベルールによるフランス語の詩に物語として初めて現れたときと同じように強力な場所を，ブリテンと西ヨーロッパの文化において占めつづけている。

トリスタンとイゾルデ

Tristan and Iseult

騎士トリスタンがコンウォールのマルク王の妻であるイゾルデを、婚礼前に誘惑していたことが人々に知れわたるようになると、宮廷は大騒ぎとなった。人々のおののきは、二つの理由でいや増すばかりであった。第一にトリスタンはライオネスの王の息子であり、マルク王の甥にあたること、そして第二に、トリスタンはイゾルデをマルク王の特別の命を受けアイルランドまで赴いて探し出し、その際の闘いで傷ついた身体をイゾルデに看病してもらったということである。

アイルランドからイゾルデを連れてコンウォールへ帰国する途中、船が静かな海を進んでいたとき、トリスタンとイゾルデの二人は、イゾルデの母がこのたびの婚姻のために用意した愛の媚薬を、ワインと間違えて飲み、二人は互いに魅せられるようになってしまったのである。

才芸にすぐれ、粋な姿で人目を惹くトリスタンは、廷臣や騎士たちの間で常に妬みの的であった。彼を疎む人々は一部始終をうかがっていたので、彼と王妃イゾルデとの激しい恋を難なく見つけた。廷臣らはこのことを正義をよそおってマルク王に告げた。王はその話を信じたくはなかったが、トリスタンを宮廷の中心を担う集団から遠ざけなければならないという気持ちになった。それでもトリスタンは、イゾルデと城の果樹園で夜に逢びきを重ねた。

この密会はマルク王にも知られるところとなった。性悪な背中の曲がった小人が、王をティンタジェル城から密会の場に連れていったからである。王は盗み聞きをするためリンゴの木の中に隠れた。イゾルデはトリスタンと話をしているうちに、水に映る王の姿を見つけ、潔白を疑われる苦しさをそれとなく印象づけようとした。彼女はトリスタンに向かって、彼への愛情は名誉に恥じないものであること、つまり、最愛の夫を自分のために見つけてくれた王お気に入りの甥に対する以外のものではないと誓った。だが、悪い噂を広める者たちはこのような愛を貶め、二人に対する王の好意までも汚そうとしていた。トリスタンは、彼女がとり繕っているのに気づくと、彼女に調子を合わせて応えた。マルク王は貞節を訴える言葉の響きにひどく胸を打たれ、「ああ二人はなんと誤解されてきたことか！」と、小人に対して復讐を誓った。小人はすばやく王宮から逃げ去っていた。

王はそのあと、もう部屋に戻っていたイゾルデのところに行った。彼女は王に、あらぬ噂を立てて自分たちを中傷する者たちのことを繰り返し嘆いた。マルク王は今や妻にだまされていた。彼女を抱きしめ、許し、泣きやめさせようとした。その上この愚かな男は、トリスタンを王の親族として復帰させるために使いの者を送った。トリスタンは、疑いをかけられた人間として重々しく、しかし威厳に満ちた態度で城に戻り、しぶしぶ王の赦しを受けた。それからは王の公認のもと、トリスタンはイゾルデの寝室に自由に出入りできるまでになった。二人は来る日も来る夜も王を欺いた。

しかしながらそのあからさまな恋をまたしても幾人もの廷臣が見ていた。恋人たちは庭の木の下で堂々と愛を交わしたり、王の寝床で裸で寝そべったり、笑い合ったりしていたのである。騎士団を代表する者たちが見かねてマルク王に告げた。

「陛下、あなた様の甥トリスタンと、あなた様の奥方イゾルデ様が激しい恋に落ちているというのは本当でございます。」

マルク王は頭を垂れ、目を伏せた。

「陛下」と彼らは続けた。「このことは誰でも知っております。噂は宮廷中に広まっているのです。」

マルク王は目をそらした。

「陛下」騎士たちは今までの不満に煽られ大胆になって言った。

「このことを直視なさらぬかぎり、あなた様が宮廷の乱れを認めておられるのも同然です。トリスタンを追放して、この不貞をやめさせてください。さもなくば我々は陛下のもとでお仕えすることはできません。」

マルク王は、ようやく騎士たちがほのめかしているものを悟った。つまり、ここにいる強力な貴族たちは、王が戦うなら兵と武器を提供しようと言っているのだ。王は廷臣たちに向かい合った。

「卿たちよ、私はそなたたちの王であり、そなたたちの支えや友情を失うようなことはしたくない。だが私に何ができるというのだ。トリスタンは私の甥で、イゾルデは私の妃なのだぞ。」

「策を立てねばなりますまい、陛下」彼らは答えた。「特別の備えと、こまやかな配慮が必要でございます。この策に最もふさわしいのは、あの小人です。御存知のように、真実を申していながら、命の危険を感じてあなた様から逃げ出したあの小人でございます。」

「小人を連れ戻せ。」　王は、もはや事を解決するのに選択の余地はないと感じながら、命令を下した。

小人は王宮に呼び戻された。見た目は哀れだが、邪悪な心と蛇のようなずる賢さと、予知能力を備えていた。小人は王にある策を勧めた。「アーサー王に書状を届けるためトリスタン様を長旅に出させるのです。この命令は就寝の直前に伝え、明日の夜明けには出発するよう命じてください。トリスタン様は今晩イゾルデ様と一緒に過ごそうとなさるでしょう。そして王様は、トリスタン様が王妃様を訪ねやすくするために、真夜中に起きて寝室をお離れになりますように。もしトリスタン様が忠義の騎士で、王様の寝台の足下で眠り、イゾルデ様と愛を交わすことがなければ、王様はこの策をたてた臣下たちと私を処刑なさってもかまいません。」

マルク王は早速この策を実行するよう命じた。

その夜、小人は小麦粉の袋を持ってきて、王と王妃の寝台の間に粉を撒いた。王は計画どおり真夜中に起きて寝室を出た。トリスタンは必死になってイゾルデのもとに赴いたが、抜けめなく粉を踏まないように寝台から寝台へ跳び移った。しかしそのとき、狩りで負った傷がまた口をあけた。その血は王妃の寝台を染めてしまったが、恋の情熱で盲目になっていた彼は気づかなかった。

小人は外をうろつき、窓から背徳の恋人たちをうかがった。小人の肩越しにはトリスタンの追放を主張した廷臣たちがのぞいていた。彼らは王を連れてきた。

トリスタンは石の通路を歩いてくる足音を聞きつけ、自分の寝台に戻り、大きないびきをかいて寝ているふりをしたが、そのごまかしはもちろん効かなかった。マルク王でさえ、イゾルデの床の血とトリスタンの足に流れる血という証拠と、トリスタンが急いで自分の部屋に戻るとき、粉が撒かれていた床にわずかにつけてしまった血の足跡の意味するものを認めないわけにはいかなかった。マルク王は悲しみながら、トリスタンとイゾルデを捕らえるよう命じた。

翌日、コンウォール王国じゅうに、王の寝室で逢びきをしていたトリスタンとイゾルデが、王によって牢に入れられ、処刑が決まったという知らせが広まった。マルク王は、誰がそうしたわけでもないが無理強いされたかのように、恋人たちに突然すさまじい憎しみをつのらせ、火葬用の薪をうず高く崖の上に積み上げさせた。王は、恋人たちが一緒に死ぬという特権も許さず、トリスタンを先に火あぶりにすると言った。

トリスタンは屠殺場に送られる動物のように首に縄をつけて引き出された。王や廷臣、集められていた多くの見物人が見守るなか、積み上げた薪のところまで引きずられていく途中、海から切り立つ崖にある小さな礼拝堂の横を通りかかった。トリスタンは死刑執行人たちに、最もひどい殺人者でさえも神と和解する時間を与えられるのだから、少しの間祈らせてくれるよう頼んだ。礼拝堂の扉は一つだけだったので彼らは安心してトリスタンの縄を解き、中に入れた。トリスタンは一人だけで祈らせてくれと頼み、扉が閉められるや、祭壇の上に飛び乗り、その後ろのステンドグラスの窓を開けて崖を飛び越えた。

切り立った崖を半ば落ちたところで大きく突き出た石に着地し、下から吹き上げる強い海風でバランスをとって転落を免れた。次の一跳びで柔らかい砂浜に怪我ひとつなく降り立った。脱出できた歓びに思わずこぶしを振り上げながら後ろを見上げると、薪から煙が空高く立ちのぼっていた。トリスタンは海岸に沿って走り、追っ手を振り切って逃げのびた。

同じころ、トリスタンの小姓ゴヴェルナルと従者たちは、身替わりにされることを恐れ、馬に鞭打って宮廷から走り去った。剣と甲冑を身につけ、予備の馬も連れた彼らは、数マイル離れた海岸で主人トリスタンに追いついた。トリスタンはイゾルデを救い出す決心をすると、従者たちを引き連れて自分の処刑場となるはずだったあの崖の上へ戻るのである。

マルク王はトリスタンの逃亡に怒り狂い、イゾルデの周りを固め、彼女への復讐心をいっそうつのらせた。手首を強く縛られ引きずり出された愛する王妃をみて見物人があげる抗議の悲鳴をものともせず、マルク王はどうしても彼女を火あぶりにするつもりらしかった。死刑執行人たちが荒々しく王妃を薪の上に乗せようとすると、廷臣たちは王の足にすがりついてとりなしたが、王は唾を吐きかけるだけだった。もう二度と仕えないとか同盟を抜けるなどという廷臣たちの誓いの言葉さえも王は無視し、自分のもとを去りたいのなら去るがいいと言い放った。多くの者たちが去っていった。

崖の上の薪は大きな炎となって燃えさかっていた。イバラの薪から火の粉がパチパチと空中に弾け飛んだ。イゾルデは泥の道を引きずられてきたが、王妃の威厳を保っていた。泥にまみれ乱れた姿にもかかわらず高貴さは損なわれることなく、金の縁取りの灰色の上着をまとい、長い髪を金の糸でゆるくまとめて、身を締めつける縄の許すかぎり胸を張って立っていた。イゾルデを慕う民衆の間からむせび泣きや嘆願の声が上がると、彼女の目から涙がこぼれ落ちた。それでもなおマルク王は意地悪く冷淡なままだった。

さて、王宮の近くに癩病者たちが幾年もの間に大きな集落を作っていた。身体に良い海風とマルク王の家臣たちが弱者に施しをするという評判に引きつけられて集まってきたのである。仲間たちを率いるイヴェンという男はいかがわしい人物で、この日の午後の出来事を見守りながら、ある淫らな目的を遂げる機会を狙っていた。トリスタンの逃亡に始まる騒ぎの間に、イヴェンと一〇〇人ほどの仲間の男たちは薪に近づくことができた。死刑執行人がイゾルデを前へ追い立てようとしたとき、ずうずうしくもイヴェンは癩病者が近づくことを知らせるための杖をあらんかぎりの力で打ち鳴らしながら叫んだ。

「やめろ、やめろ！」

そのとき初めて、人々は癩病者たちがすぐそばまで来ているのに気づいた。その恐ろしい姿。すさまじいただれ、関節までしかない腐った指、ある者たちは目が半ば垂れ下がり、あるいは鼻が膿の中で溶け落ちている。服で隠された部分は想像するだに耐えがたかった。

マルク王はイヴェンの方を向いたが、イヴェンは王に怒る隙を与えずに再び叫んだ。

「王様！　偉大で気高い王様！　王様はもっと残酷な罰を知りたくはありませんか。お妃様を火あぶりにしたら、ただ身体が焼けるだけで、罰はすぐに終わってしまいます。けれども、お妃様を私どもに下されば、王様は私どもが楽しむことによってお妃様の罰を楽しむことができるのです。私どもは病のためにあの快楽から長く遠ざかっているのでございます。誓って殺したりはしません。お妃様は王様に与えた侮辱を、毎日恥辱を受けることによって償うのです。これは新しい施しでございます。」

この言葉にイヴェンの恐ろしい仲間たちは奇声をあげた。

「私は長いあいだ欲望を抑えなければなりませんでした。今やそれはこの世のどんな女でも耐えられないぐらい大きくなっています。その欲望は私ども全ての分を合わせると一〇〇倍になります。」　彼は手を振って仲間たちを示した。「お妃様が慣れ親しんだ宮廷のすばらしい食べ物やワインのことをお考えください。これから先お妃様の食べられるものといえば、物乞いの器に入った屑だけなのです。私の考えた罰がどんなにぴったりかおわかりでしょう！」

癩病者たちの間からもっと大きな歓声があがった。

マルク王は馬に乗ったまま考え込んだ。

イゾルデは叫んだ。

「陛下、私を火あぶりにしてください！　火あぶりに！」

人々は叫びつづけた。

「お慈悲を！　お情けを！」

ついにマルク王は死刑執行人たちに手を振り、イゾルデを彼らに引き渡すよう命令した。癩病者たちはよだれを垂らしながら彼女の周りに押し寄せ、叫びながら王妃になれなれしく抱きついた。イヴェンは道を開けて彼女を通すのにひと苦労した。悪の群れが落葉の散り敷いた小道に消えると、城外にいた民衆たちもおとなしくなり、立ち去った。

癩病者たちの幸運は長続きしなかった。城から四分の一マイルほど離れたところで深い木立を抜けなければならなかったが、そこには舞い戻ったトリスタンと仲間たちが隠れていたからだ。馬に乗ったトリスタンが茂みから躍りいで、鎧が午後の日ざしにきらめいた。癩病者たちは棍棒を振り回して自分たちの褒美を守って戦おうとした。騎士たちの馬にぶら下がる者もいた。イゾルデを放せと言われてもイヴェンは応じなかったが、トリスタンの仲間にオークの棒で殴られてあきらめた。トリスタンは片腕でイゾルデの腰を抱いて馬に乗せると、風のように駆け、その夜はトルロ近くの森で夜露をしのぎ野宿することにした。

一方、王宮ではあの小人が酒に酔いしれていた。王宮に残っている騎士たちはいつもなんとか有利な地位を得ようとしており、小人が王としばしば長話をしているのに注目していた。知識は力であるから、幾人かの騎士たちは王と小人という奇妙な二人組が何を話し合っているかを探ろうと、酔いの回った小人をつかまえ、お世辞を言っておだてたのである。すると小人は言った。

「いかにも私は、誰一人として知らない王の秘密を知っている。つまり王は私を信頼なさっているのだ。」

「ではあなたは私どもを信頼していただきたい」と騎士たちは言った。

「そうですな。だが王の秘密は言えない。信頼に背いたといっておとがめを受けたくはないからな。もし〈難所の浅瀬〉まで連れていってくれたら、そこのサンザシに秘密を打ち明けてもよいのだが……。」

そこで皆は馬で、パー川の急流に近い浅瀬まで小人を連れていった。小人は背を向けるとサンザシの茂みの中に頭を突っ込んだ。こうすることで、茂みに話を打ち明けるふりをしたのである。つまり騎士たちはそこで秘密を聞くことができた。「マルク王の耳は馬の耳」だということを。

王宮に戻った騎士たちは、小人が話したことを王に告げた。王は言った。

「それは本当だ。私の耳は馬の耳なのだ。あの小人がひどい魔法をかけてそうしたのだ。あの者はそのように言ったのであろう？　ならばあいつはこれで終わりだ。」

そして王は銀のだんびらを一振りして小人の首を斬り落とした。この出来事は、王国内の人々のマルク王に対する敬意をほんの少しだけ回復するのに役立った。トリスタンとイゾルデの失脚の件における小人の役割を噂に聞き、小人を忌み嫌う人々が多かったからである。

さて、森の中に隠れた恋人たちは、信頼できる従者たちに守られて、牧歌的な暮らしを送っていた。森の獲物が食べ物である。弓の名手トリスタンがもたらす柔らかい小鹿の肉に、季節の野いちごが添えられた。太陽が輝くときの森以上にすばらしいと思われる場所はない。陽光は木の葉をまだら模様に染めて、森の地面に射し込む。風が吹き、雨が降るとき、トリスタンはイゾルデを秘密の洞穴に連れていった。それは真白な岩盤に金の鉱脈とダイヤモンドがまたたく恋人たちだけの洞窟で、その場所は従者たちでさえ知らなかった。

ある晴れた日、狩りから馬で戻ってくる途中、彼らは隠者オグランの小屋を見つけた。オグランは悪い知らせを伝えた。マルク王がトリスタンの首に、生死にかかわらず銀一〇〇枚の報賞を懸けているという。恋人たちは恐怖に震え、隠者はトリスタンに悔い改めるよう説いた。しかしトリスタンはその説得を退けると、隠者に愛の媚薬が二人を結びつけたのだと話し、イゾルデもそれが真実だと言った。隠者は説得を重ねたが、トリスタンはイゾルデをあきらめるくらいなら、森の恵みを糧とし、狩りをしながらさすらう生活をするほうがましだと言うばかり。イゾルデも涙ながらにそれに同意した。

一行はオグランの庵を去った。この日はちょうど、マルク王がコンウォール中の建物にトリスタンの首に懸けた報賞の布令を出した日でもあった。しかし恋人たちはうれしい褒美を受け取った。トリスタンお気に入りの猟犬は、飼主が逃亡して以来ずっと彼を恋しがり、城内の杭につながれたまま鳴きつづけ、従者たちの哀れみをかき立てたのだった。彼らはマルク王に懇願し、ついに王は猟犬を解き放たせた。犬は矢のように王宮から走り去ると地面を嗅ぎ回り、トリスタンの足取りを隈なくたどっていった。礼拝堂の窓から遙か下の砂浜に身を躍らせ、長い長い旅をした末に、とうとう行く手の森深く恋人たちの耳に届けとばかりに吠えたのである。

愛犬は歓迎され、犬も主人に飛びかかり濡れた鼻をこすりつけたが、トリスタンは犬の吠え声を捜索隊が聞きつけるのではないかと心配した。そこでイゾルデは猟犬が役に立つという話をして犬の立場を救った。それは、ウェールズの森の民が犬を訓練し、傷ついた牡鹿を気づかれないよう静かに追わせ、獲物が休んだところを仕留めさせるというものである。彼らはトリスタンの愛犬を同じように訓練することにした。わずか一カ月の訓練で、猟犬は音をたてずにたくさんの獲物を仕留め、食べ物をもたらしてくれるようになった。

しかし森での生活はきびしい犠牲も伴った。実際、十分な食べ物が得られることはめったになかった。たとえ動物を殺して食べ物を得たとしても、肉は固く筋張っていた。宮廷で味わっていた御馳走が懐かしい。だが少なくともある程度の身の安全を手に入れていた。そしてある日、その安心感を更に強める出来事が起こった。

それは、ゴヴェルナルが狩りに出かけた途中、小川のところで休憩し、馬に水を飲ませている時だった。突然猟犬の鳴き声が聞こえ、彼は木陰に隠れて、狩りの一行が疾走していくのを見た。先頭を行く一人はトリスタンの失脚を企んだ騎士たちの一味で、トリスタンたちがよく話題にする憎い宿敵であった。ゴヴェルナルは狩猟隊が進んだ方向をにらみ、急ぎ森を駆け抜けてその男の前方に回り込んだ。男が追いついたとき、ゴヴェルナルは飛び出してその首をかき斬った。更に男の身体を八つ裂きにするのを見た残りの騎士たちは、恐れをなして逃げ去った。それからというもの、マルク王が出した報賞目当ての狩人たちもその他の人間も、森のその辺りを避けるようになった。ゴヴェルナルは騎士の首を恋人たちのところに持ち帰った。それを見たトリスタンは、最も恐れていた騎士の一人が消えたことにいたく安堵したのだった。

ある晴れた日、トリスタンは牡鹿狩りから疲れて帰ってきた。イゾルデは木の葉と柔らかい若枝で寝床を用意し、二人はそこに横たわった。暑い日だったが、イゾルデは薄手の上着をはおったままであり、トリスタンはズボンをはいたままだった。彼は二人の間に剣を置いた。互いに腕をからませ、顔を触れ合わせても、身体には触れずに眠りに落ちた。

そのころ、ある木こりが地面の足跡をたどっていた。そうして、小屋の中で休んでいる噂の高貴な恋人たちを見つけてしまったのだった。横たわる二人の姿は、森での生活が不自由なものであることを物語っていた。トリスタンにはのびのびとした雰囲気が消え、イゾルデは栄養が行き届かないために、かつては官能的だった指先が痩せ細り指輪が抜け落ちそうなほどだった。暑い昼下がり、鳥たちはじっと枝に止まり、時おり小動物が藪をカサカサいわせるだけの静けさの中で、二人は深く眠っていた。

木こりはそっと後ずさりすると、大急ぎで馬のいるところまで戻り、宮殿に向かった。頭の中は手にするはずの報賞のことでいっぱいだった。宮廷では会議の最中だったが、王は汚い格好の男がただならぬ様子で広間に入ってくるのを見とめると、慎重にも口実をもうけてそっと席を離れた。男にはなにも話さぬよう誓わせ、急を要する個人的な用事だと告げて馬を走らせた。

彼らは恋人たちが眠りつづけている小屋に着いた。ゴヴェルナルたちは狩りに出かけていた。マルク王は鞘から剣を抜くと、わが妻と甥の身体を覆う木の葉を払いのけ、彼らを見下ろした。自分でも思いがけないことに、彼らの無防備な姿に動かされて、王は振り上げた剣を動かすことはできなかった。二人が服を着けたままということにも当惑していた。それはトリスタンたちがずっと主張してきた無実を決定づけるように思えた。王はこれを機に、彼らの愛は卑しいものではなく、神聖なものであると確信するようになった。いずれにしてもこれは虫のいい判断に過ぎなかったのだが。

マルク王は、婚礼の日にイゾルデから送られた指輪をはめていた。彼女もまた同様に王から送られたものを指につけていた。王は二つの指輪を抜いて交換した。イゾルデの美しい肌はなんと日焼けしたことか。彼女の顔を護るために、宝石をちりばめた籠手《こて》を垂らして太陽をさえぎった。最後に王は、二人の間に置かれていたトリスタンの剣の代わりに、自分の黄金の柄の剣を置いた。そして、この出来事を洩らしたら命はないと木こりを脅し、王宮に戻っていった。

イゾルデが恐ろしい夢を見ておびえたために恋人たちが不意に目をさましたのは、その直後であった。トリスタンは反射的に剣をつかんだ。黄金の柄を見たとたん、これが何を意味しているかを悟った。と同時にイゾルデも、自分が違う指輪をはめていることに気づいた。二人は不安になって飛び起きた。マルク王が自分たちの元へやって来たのだ。彼が援軍を呼びに行ったのだと思い込んだ恋人たちは、北西方のウェールズに向かって馬で逃げだした。そこはマルク王の支配の及ばない土地であり、放浪者や背教者がしばしば隠れ家とする。しかしながら道のりは遠く、心身共に疲れるものであったので、ゆっくり休みたいと思うころには、彼らの状態はかなり悪いものになっていた。

そして今、大きな進展が生じた。それは恋人たちの苦境と将来に関わるものである。愛の媚薬が効力を失いはじめていたのだ。それは婚礼後、愛を根付かせるのに十分な三年間だけ持続する魔法だったのである。

トリスタンは狩りに出ていた。足を上げかけたとき媚薬の魔法が解け、彼は立ち止まって、なぜ二人がこのような困難に耐えているのかと自問しはじめた。とりわけ彼は、王妃が身を隠して質素に暮らさねばならなくなったことを後悔した。その夜トリスタンとイゾルデは、マルク王に仕えて送る王妃としての生活と騎士としての生活を取り戻すために、王に許しを乞うことを決めた。また万一王が彼を受け入れてくれない場合には、ライオネスかブルターニュへ移り住むことにした。

彼らは隠者オグランの庵に行った。オグランは、彼らが悔い改める気になったことを大いに喜び、マルク王にとりなしの手紙を書いてくれた。その夜トリスタンは宮殿に向けて馬を駆り、隠者とイゾルデは固唾《かたず》をのんで待っていた。手紙を王の部屋の窓敷居に置いたとたん、その手を見たマルク王が大声で叫んだ。「そこにいるのは誰だ。」

「トリスタンでございます。伯父上に手紙をお持ちしました。けれどもお話はしないつもりです。」

「待て！待て！」マルク王は叫んだが、トリスタンはすでに去っていた。彼は無事庵に戻った。

王は司祭を呼び、トリスタンの手紙を渡して朗読させた。王は最愛の妃が城に戻りたがっていることを涙を流さんばかりに喜んだ。手紙にははっきりしたことが書かれていた。もしマルク王がイゾルデを取り戻したくない場合は、トリスタンがアイルランドへ連れ帰り彼女は生まれた国の王妃となるだろう。更に、トリスタンの弁明に疑念を抱く者がいれば決闘をさせること、そして、マルク王がトリスタンを許さなければ、他の王に仕える、などである。

　マルクの廷臣たちも手紙の内容とトリスタンの挑戦を知った。貴族たちは皆、イゾルデは城に戻し、トリスタンは受け入れないよう、マルク王に助言した。司祭はこの結果を手紙にしたため、トリスタンが要求したとおり〈赤い石の十字架《レッド・ストーン・クロス》〉まで持っていった。その日の夜トリスタンは手紙を取りにいき、オグランとイゾルデのところに戻った。隠者が手紙を読み上げ、二人に王たちの意向を知らせた。

　三日後、トリスタンとイゾルデは悲しみにくれることなく、王の要求に従い〈難所の浅瀬〉へと馬を走らせた。二人は贈物を交わした。彼女は彼に碧玉の指輪を送った。以後もしその指輪が彼女に送られてきたら、それはトリスタンの要望を意味し、どのような妨害があろうともイゾルデがかなえることになっている。彼の方はイゾルデの望みどおり猟犬を送った。

　彼らは進んでいった。イゾルデは、森での長く辛い生活にもかかわらず、一分の隙もなく王妃らしい姿をしていた。隠者がセント・マイクルズ・マウントまで行って見た中で最も美しい服――紫の絹、白い麻、錦織《ブロケード》、白貂《てん》の毛皮を彼女のために手に入れてくれたのである。

　コンウォールじゅうが王室の和解の知らせに沸き立っていた。マルク王は貴族たちに命じてこの時を祝典風に調えさせた。王の従者たちは、浅瀬の横の堤に色鮮やかな大天幕をはった。その天幕が見えてくると、イゾルデはトリスタンを緊迫した面持で見つめた。

「愛するわが君。これから王様が私をどのように扱うおつもりなのかわかりません。私を罰したいと思っていらっしゃるかもしれません。私たちを憎む人たちは入れ知恵をするでしょう。ですからコンウォールを離れないで。王様が何とおっしゃろうと。私の身が安全だとはっきりするまででよいのです。オルリという木こりがあなたをかくまってくれるでしょう。そこへ伝言を届けさせます。」トリスタンはうなずいた。

王と重臣たちが馬に乗って進み出た。トリスタンはイゾルデの馬を彼らのところまで導き、マルク王に向かって言った。

「伯父上、王妃様をお連れしました。私の王妃様に対する愛は不名誉なものではありません。騎士道精神にのっとってふるまっておりました。伯父上の廷臣の中には、そうではないと申す者もいるようです。しかし彼らは面と向かって私に言わないばかりか、決闘で決着をつけさせてもくれないのです。お願いです。宮廷の中で私の名誉を復活させる機会をお与えください。もし有罪となれば、生きたまま焼かれてもかまいません。」

マルク王は、トリスタンの申し入れについて考えるのに時間をくれと言い、脇へ寄ってイゾルデに挨拶し、そして重臣たちと話し合いを始めた。結局、妻イゾルデの貞節を明らかなものとするために、トリスタンに一年間姿を消してもらうようにと、王は勧告された。その後トリスタンは宮廷に復帰できる。マルク王が与えようとした品を全て辞退してトリスタンは宮廷を去り、イゾルデは王宮へ戻った。

街路には絹織物とタペストリーが掛けられ、城壁には彩り鮮やかな絹の旗がはためいていた。通りは絹で敷き詰められた。イゾルデが歩むと思われる道はどこにでも、誰かが絹の敷物を広げたのである。

王妃の帰還を祝う盛大な宴が王によって気前よく開かれた。一方トリスタンは、王国を去ったと見せかけて、木こりオルリの小屋で潜伏するため森へ向かっていた。

数カ月たったころ、マルク王にトリスタンとイゾルデへの疑いを最初に植え付けた三人の陰謀者であるゴドウィン卿、グウェンロン卿、ドネラン卿が再び策を練りはじめた。ある日、小作人たちが荒れ野を焼き払っているのを王が見ていると、三人がにじり寄ってきた。

「陛下、お聞きください。このようなことをお考えになったことはございますか。お妃様は御自分の行いを本当に説明なさったのでしょうか。トリスタンとの関係に対する陛下の御非難に、本当に弁解なさっていないのではありませんか。王妃様は陛下の御温情に感謝なさるべきだとはお思いになりませんか。人々はこのように噂しておりますが。」

彼らが驚いたことに、マルク王はこう言った。

「卿たちは何をしでかそうとしているのだ。私にわが妃、最愛の妻を追放させようとしているのか。私はもう、卿たちの悪意に満ちた言葉のせいで、最愛の騎士、わが甥のトリスタンを追放してしまったのだ。卿たちの汚らわしい唇は呪われるがよい。その言葉ゆえにこそ、私はトリスタンを呼び戻す。ここから消え失せて、二度とこのようなことを私に聞かせるな。わかったか。」

彼らは逃げ去った。しかし少し離れたところで再び話し合い、次なる攻略法を考えた。今度はもっと婉曲に責めてみたが、王は彼らを追い払い、三人は駆け去った。王は王宮へ戻りながら気がかりだった。これら三人の貴族たちは、味方としては計り知れない価値をもっており、敵にまわせば王国を困らせるだけの力があるからである。イゾルデは苦悩している王をみて、トリスタンが見つかってしまったのだと思い込んだ。さあらぬ体で尋ねると、マルク王は手を揉み絞りながら答えた。

「臣下たちは、そなたが完全には疑いを晴らしておらず、そなたとトリスタンとの間で起こったことの全てを話してはいないはずだと言うのだ。」

「お望みならばそういたしましょう。」

「そうしてもらうに越したことはない。」

イゾルデは初めて王の前で怒りをあらわにした。

「数カ月以内に宮廷の誰かが私に反して事を蒸し返すことになりましょうと申し上げたではありませんか。そうね、そうさせるがよろしい。いかなる宮廷や法廷や審判にも立ち向かうつもりです。どのように苦しくてもいかなる神判の審問にも耐えてみせましょう。時間と場所を決めてさえくれれば、そこへまいります。ただ一つ条件として、全てをアーサー王と円卓の騎士の同席のもとに行ってくださいませ。もしこれで家臣たちの敵意がおさまらなければ、何をしてもむだでございましょう。」

マルク王はこの激しい怒りに心動かされ、これに同意した。王はお布れをだし、十五日後にイゾルデがあらゆる国民の前で自らの行動の弁明を行う旨を知らせたのである。イゾルデはアーサー王のもとにペリニスを使者として遣わし、その途中、木こりの小屋に潜んでいるトリスタンを密かに訪れさせることにした。使者がもたらした手紙には、木の鉢を持った癩病者に変装して裁判にきてもらいたいと書かれており、トリスタンは沼地に架かる板橋のたもとに立って物乞いをすることになった。

それから使者はアーサー王とその騎士団に会うために旅立った。アーサー王はイゾルデの身をとても心配しながらペリニスを出迎えた。ペリニスは信頼に足る男で、トリスタンと王妃二人の味方であり、イゾルデが対立する敵にひどく傷つけられそうであることを報告した。

「陛下、王妃様はアイルランドの生まれであるがゆえに宮廷には親戚も支持者もおりません。家臣のほとんどはブルトン人、サクソン人、ノルマン人でございます。マルク王は全く立派な方ではありますが、人の意見を次々にお取り上げになる、つまり決定を簡単に変えておしまいになります。王妃様は、陛下が公判に出席してくだされば、その威厳あるお姿から湧き出る力と御威光に助けられ、少なくとも公平な裁きが保証されるであろうとお考えなのです。」

イゾルデの絶大な崇拝者であるアーサー王は涙を流して、自分たちが必ず〈難所の浅瀬〉に行くことをペリニスに約束した。それだけでなく、アーサー王の騎士たちのうちガウェイン、ガーフレット、エヴァンの三人は、よこしまな三人の貴族たち、ゴドウィン、グウェンロン、ドネランたちに、決闘を申し込もうとさえ誓ってくれた。

アーサー王は家臣たちにこの件には細心の備えをするよう命じ、召使たちには使者ペリニスをできるかぎりもてなすようにと言い渡した。そして、別れの挨拶を述べるためしばらくの間みずから騎馬で送るという大きな名誉を彼に与えた。ペリニスは、トリスタンとアーサー王の両方から作戦実行の答えが得られたという吉報をイゾルデに伝えるため、休憩することなく馬を走らせた。

トリスタンはかの役どころを演じはじめていた。シャツ無しでざらざらした茶色の仕事着に、壊れた靴を履き、汚れた黒いマントをまとってがさつな癩病者らしく見えるようにした。顔に泥や植物の汁を巧みに塗って醜いあばたや腫れ物のように見せ、イゾルデが特に指示したとおり木で出来た鳥おどしと鉢を持った。従者のゴヴェルナルには、代わりの馬を連れ武器と武具を持って馬で先に行き、近くに隠れているように命じた。

癩病者として物乞いをしながら、トリスタンはさまざまな人間に出会うことになった。棒で彼の頭を手ひどく叩く旅人たちがいた。罵声も浴びせられた。しかし気前よく施しをしてくれる人もいた。身分の高い人は肉や飲み物を、農民はお金を。変装しているのが耐えられなくなりそうになったこともある。特に、無礼な人間たちに杖で殴りかかって血だらけにしてしまったときなど。

やじ馬の群れは沼地を越えて、イゾルデが明くる日審問を受ける場所に押し寄せてきた。しかしコンウォールで最も有名な騎士に気づく者は全くいなかった。突然人波が割れたかと思うと、アーサー王と円卓の騎士たちが馬に乗って堂々と坂を登ってきた。彼らはなんと立派に見えたことか！　どの馬も儀式の行進のために手入れされたかのようであった。騎士たちは皆すばらしく輝く紋章の付いた真新しい盾を持ち、従者たちは豊かな絹に身を包んでいた。

トリスタンがいたずらっ気を出し、「病のために足が動かなくなってしまいました」と言ってアーサー王に脚絆を乞うと、二人の騎士が脚絆を脱ぎ、アーサー王は「物乞い」にそれを手渡した。壮麗な一行は進んでいった。

マルク王が現れた。トリスタンがまた物乞いをすると、王は「癩病者」の手に毛皮の頭巾を落として、話しかけた。

「どこから来たのだ。」

「私はウェールズ人の息子で、カエルルレオンから来ました。」

「お前の身に何が起きたのだ。長い間……病んでいるのか。」

「はい陛下」トリスタンはしわがれ声を出した。「三年も病みぬいております。私には高貴な家柄の恋人がおりました。病はその方からもらったのでございます。」

「どのようにして？」

「寝床でもらったのでございます。」

「では女に対する思いは今では憎しみに変わっているであろうな。」

「いいえ、陛下、その御婦人はとても美しい方だったのでございます。実際あの方より美しい女性は一人しかおりません。」

「それは誰だ。」

「お美しい王妃様、イゾルデ様でございます、陛下」

マルク王はその言葉に大笑いすると、馬を進めた。王も物乞いがトリスタンだとはわからなかったのである。

トリスタンが立っていたのは〈悪道《マル・パ》〉と呼ばれている場所で、そこを通る者は泥だらけになった。あの三人の悪い貴族たちがやって来て、「物乞い」にもっと固い地盤への行き方を尋ねた。トリスタンは、固い地面のように見えるが実は流砂である方向を指差した。彼らは流砂に乗り入れたとたん沈みはじめ、トリスタンは殻竿を泥の中で振り回した。馬はパニックに陥り、三人は悲鳴をあげた。トリスタンは堤の上から大声で「助言」を与え、彼らがもっとひどい場所に行くよう謀った。

ちょうどそこへイゾルデが馬にのって現れ、泥にはまっている三人を見て思わずあざ笑った。更にトリスタンは最もよこしまなドネラン卿に杖を差し出し、ちょうど沼から引っぱり出されそうになったとき、疲れたふりをして杖を離した。ドネランは再び泥の中に落ちたばかりか、いっそう深くはまり込んでしまった。見守っていた群集もマルクとアーサーの二人の王も、この面白い物乞いが泥だらけになった横柄で嫌われ者の廷臣たちをからかっているさまを見て、大笑いした。

さて、イゾルデと「癩病者」を除いて全ての人々が沼地を渡り、王妃の聴聞が行われる場所に入った。鮮やかな彩りで装った人々は大群集となり、最前列にはアーサー王とマルク王、そして各々の騎士たちが並んでいた。色とりどりの長旗がそよ風にひらめき、トランペットの音が響き渡った。しかしそのときマルク王の重臣たちと甥のアンドレが開廷をとどめ、イゾルデが泥道を渡るのに手を貸そうとした。だが彼女はその申し出を断った。人々は沼地の反対側から彼女に呼びかけ、どのようにして衣服を泥で汚さずに渡ってくるのかといぶかっていた。彼女は白貂の尻尾で縁取った比類なく美しい白い絹をまとい、金で縁取った白い麻のヴェールを頭にかぶり金の環で押さえている。

皆が見守るなか、彼女は「癩病者」に近づいて言った。

「沼を渡しておくれでないか。」

「私は病持ちでございます。」

「病は移されますまい。お前の肩に乗りますから、あの板を渡っておくれ。」

トリスタンは松葉杖を支えにかがんだ。向こう岸の人々は、イゾルデがそうするのを懺悔の一部なのだと解釈した。彼女は恐ろしくみすぼらしい身なりで聴聞されることになろう。それにしても、ひどい臭いの恐ろしい癩病者を運び人にするとは、これ以上の辱めがあろうか。

イゾルデは、トリスタンの傍にいられることに満足していた。その一方で、トリスタンが太って醜くなったことを責め、顔を見せないようにさせた。しかし彼はイゾルデの姿や声を再び見聞きできた嬉しさでほほえんでいた。彼女は彼に背負われて泥沼を渡り、アーサーとマルクの前に降り立った。「癩病者」が立ち去ろうとしたときアーサーが褒美を取らせようとしたが、イゾルデは彼がすでにあり余るほどの品物を恵んでもらっていることを言った。トリスタンの背に乗っていて、マントの下におびただしい食べ物や衣服やお金といった施しがあるのを感じ取っていたのである。「物乞い」はこそこそと板を渡って向こう岸まで歩き、森の中に消えていった。

そこではゴヴェルナルが待っていた。彼は二頭の良馬と、最も豪奢な騎士の礼装を用意していた。ゴヴェルナルは白い服を見にまとい、目だけしか見えないように頭と顔を白い絹のスカーフで覆った。トリスタンは黒い甲冑の下に黒いサージの服を着、黒い馬には黒い馬具飾りをつけた。二人の男は剣を腰につけ、盾と槍を手に持った。トリスタンの槍の先端には、イゾルデがかなり前に彼に送った愛のしるしのリボンがひらひらしていた。彼らは、審判という厳粛な用向きの前にアーサー王が余興として催す、翌朝から始まる馬上槍試合に出場するために馬を走らせた。

集まった騎士たちは、見知らぬ者たちが馬に乗ってやって来るのをみとめた。彼らはまずトリスタンと戦うことになった。マルク王の甥アンドレが相手となったが、落馬し腕を折って試合は終わった。ところでゴヴェルナルは突然、森の中で眠っていた恋人たちのもとにマルク王を連れていったあの木こりを見つけた。ゴヴェルナルの剣が一突きに貫き、男はたちどころに死んだ。こうしてイゾルデは、素性を明かさない二人のすばらしい騎士たちの正体を知り、密かに声援を送った。円卓の騎士たちがどう対処すべきか考えている間に、二人は走り去ってしまった。あまりにもすばやく森の中に溶け入ってしまったので、アーサー王は幽霊ではないかと思ったほどだった。

二人の王は大天幕へ向かった。そこでアーサー王がお気に入りのイゾルデに付き添っていた。夜になり野営が調うと、フルートの楽の音が流れ、盛大な御馳走を前に人々は会話を楽しんだ。しかしながら、ぞくっとするような悪い予感が天蓋の上に垂れ込めていた。

明くる朝早く、人々は日の出とともに起き上がった。雷鳴が遠くで轟き、霧が晴れると、太陽が暑く照りつけはじめた。コンウォールに住むあらゆる人々が繰り出し、見物に最も都合のいいアーサー王のテントの前に陣取ろうと急いだ。従者たちは草の上に大きな灰色の絹布を広げ、そこにコンウォールに伝わる全ての聖遺物、病気を治す石、護符、小聖像、聖遺物箱をうやうやしげに並べた。そして三人の主役が次々と天幕の入口に現れた。最初にマルク王、次にアーサー王、そして最後にイゾルデが現れると、その美しさに人々は息をのんだ。

アーサー王が話しはじめた。

「マルク王よ、あなたは御自分の妃を誤解しておられる。揉め事を起こすのが好きな者たちの言葉をすぐに信じ込んでしまわれた。我々はこのような会合を開くべきではなかったのだ。それなのにあなたはよこしまな者たちにあおられてしまった。あの者たちは詐欺罪で死刑にすべきだ。私自ら縛り首にしてくれよう。次のことをはっきりさせておこう。もしイゾルデの身の潔白が証明されたあかつきには、あの者たちに二度と、彼女とあなた、そしてトリスタンを害するような進言をさせないと。」

マルク王は少し傷ついた様子で応えた。

「アーサー王よ、私も同感である。おそらく私が愚かだったのだ。含むところのある者や王妃に反感を持っていただけの者たちの言葉を聞き入れすぎたのかもしれない。彼らのトリスタンに対する妬みは明らかなものだった。だが、ひとたびその話題になれば、石のように押し黙ってその場をやり過ごす以外にとるべき道がなかったことを理解していただきたい。あなたに同意しよう。イゾルデが申し開きをすれば、もはや二度と誰にも王妃やトリスタン、そして私を害するような進言をさせはしないぞ。」

それからアーサー王はイゾルデを前に来させた。ガウェインが傍に控えて見守るなか、王は彼女に、灰色の絹布の上に置かれた聖遺物に片手をかざして、トリスタンへの愛情は純潔と名誉の上にのみ成り立っていたことを誓うよう命じた。

二人の王に挟まれ、二人と手をつないで立っていたイゾルデは、一歩前に進み、息をついた。そして、この聴聞を司るアーサー、マルク、ガウェインを順ぐりに見て、話しはじめた。彼女の低い声は朝の空気によく透り、居合わせた人々すべてに聞こえた。

「アーサー王陛下、わが君、そして尊敬する高貴な騎士ガウェイン様。私はこの布の上の聖遺物と、この聖なる地に伝わる全ての聖遺物にかけて誓います。いまだかつて私の太腿の間に触れたものはこの世に二人しかおりません。それは、わが愛する夫、コンウォール王マルク様と、泥の中をここまで運んできてくれたあの不潔な癩病者でございます。」

彼女の誓いの言葉は非常に力強く、また穏やかな調子であったので、群集の目に涙が浮かんだ。

アーサー王は感動で言葉を失いながら前に出て王妃の傍らに立った。そして、気品のある顔を上げると、宣言するようにこう言った。

「今の言葉を聞いたか。今後再びこの方を中傷する者は、死に至るであろう。私のこの手にかけて。」

彼はあたりを見回して、ゴドウィン、グウェンロン、ドネランの三人の貴族を苦々しげに見据えた。彼らはそのまなざしに気づくと、この日最初の歓声がわき起こるなか逃げ去っていった。

アーサー王はイゾルデに個人的な後見人になるというすばらしい栄誉を与えた。マルク王は、今後再びイゾルデが中傷されたならば、全て自分が責任をとると約束した。こうして会合は終わった。アーサー王は北へ馬を走らせ、マルク王とイゾルデは王と王妃として宮殿に戻っていった。


一方トリスタンは、マルク王の宮廷に完全に復活することはできなかったが、望みを捨てずコンウォールに留まっていた。マルク王が狩りに出かけている間に彼がイゾルデのもとを訪れたというのは、本当のことである。そして二人が再び愛の契りを交わしたというのも、本当のことだ。ところがこの事実は、以前ゴドウィンたちの密偵だった薄汚い小男に知られてしまった。彼は三人のところに行って新しい出来事を話した。

「確かなのか。」

「もちろんですよ。」

「どうしてわかった。」

「この目で見たのです。」

「どこで。」

「イゾルデ様の窓からです。」

「嘘を申すな。」

「本当です。トリスタン様は剣を腰につけ、弓と一握りの矢を持っていました。」

「嘘だ。」

「本当ですとも。」

彼らは、トリスタンとイゾルデの寝室での現場をどこでいかにして見ることができるかを小男が教えてくれたら、褒美をたっぷり支払うと約束した。小男は詳しく、庭の垣根の隙間から敷地へ入る方法、カーテンをそっと引っ張るために長い小枝を尖らせる方法、見つからずにのぞく方法などを教えたのだった。

ゴドウィンが最初に忍び込むことになり、コンウォールに住む者なら誰でも知っている王が旅に出る日が選ばれた。イゾルデはペリニスに頼んで、その期間に城に来るようにという伝言をトリスタンを届けさせていたのである。トリスタンは城へ向かう途中、ゴドウィンを見つけた。彼はちょうど生け垣の向こうに消えるところだった。そこへドネランが現れたので、トリスタンはドネラン自身さえ気づかぬくらいの早業で首を掻き切った。髪も大きく二房切り取り、それで身体を隠しながらイゾルデの部屋へと向かった。

彼がマントを脱ぎかけ、イゾルデが立ち上がって彼を抱擁しようとしたとき、彼女は窓に映る影を見つけた。彼女はそれを意識して話した。

「騎士殿、王は御自分でそなたを迎えたがっておいででしたが、出かけてしまいましたので、代わりに私がおもてなししましょう。」

トリスタンは、イゾルデが彼の弓矢の威力がどれほどかを尋ね、そのすばらしさを実際に見せるよう頼んだときに、彼女の意味するところをほぼ察した。

「弓に矢をつがえて、その威力をお見せくださいませ。」それから低い声でささやいた。「窓の外にゴドウィンがいて私たちを見張っております。彼を逃せば、私たちはお終いです。」

稲妻のように一瞬のうちにくるりと向きを変え矢を放った。まるでゴドウィンの頭が軟らかい果物であるかのように矢は目を突き抜け脳に達して息の根を止めた。

物語はひとまずここで終わる。この一件はトリスタンの復讐だと考えられたそうだ。一説によると、疑念を抱いたマルク王が、一緒にいる恋人たちを見つけ、トリスタンがイゾルデのために竪琴で愛の歌を奏でているところを毒を塗った槍で刺し貫き彼の命を絶ったという。

トリスタンとイゾルデの最期については別の話もある。

トリスタンはブルターニュに逃れて、王に仕えた。しかし〈白い手の〉イゾルデと呼ばれる王女との結婚を断ったために王の怒りに触れてしまった。イゾルデの兄弟が籠手《こて》を投げて決闘を挑んだが、トリスタンはマルク王の妃イゾルデへの愛が深すぎて他の女人を代わりに愛することはできないというばかりであった。

そのあとトリスタンは弟と共にコンウォールに戻り、イゾルデ王妃と会おうとした。その時は会えずじまいで立ち去ったが、二年後、気が狂ったふりをして公然と王宮に入っていった。髪を切り、顔じゅうに引っ掻き傷をつくって、寄せ集めの服を着ると、自分の名を綴り替えてタントリスと名乗った。

正体を見破られないで王宮に入り込み、マルク王と向かい合って、トリスタンは巧みな言葉遊びを試みた。その冗談や言い抜けの中には、マルク王の神経を追い詰めるような真実も含まれていた。たとえば、マルク王が森の中で眠っている恋人たちを見た時のことを話の中でほのめかしたりした。トリスタンは言った。

「私は王であり、ウァルラスの息子だ。貴殿の妃と交換するために妹を連れてきた。妃のために天高くそびえる花の家を建てよう。私は妃とトリスタンが飲んだという愛の媚薬を夢見たことがあるのだ。そしてすでにイゾルデ殿をこの手に抱いたことがあるのだ。」

「冗談にしてはきつすぎるな」マルク王はいささかイライラして言った。

トリスタンは更に無鉄砲になり、たたみかけた。

「私は夢想者でございます。私は道化でございます。あの日森の中で、宝石をちりばめた篭手でどのようにお妃様の顔を光からさえぎったか覚えておいでですか。」

傍に座っていたイゾルデは目を伏せた。王は落ち着かなげに言った。

「お前は気が狂っている。ここへ来る前に水の中に落ちてしまえばよかったのだ。」

トリスタンはなおいっそう気の狂ったふりをして妃への熱い想いを述べ、暗号を折り込んで話した。それで彼女が自分の正体を知ってくれるように、あるいは少なくともこの道化に興味をもち、また会いたいと思ってくれるように願いながら。だが何かおかしいと感じはじめた騎士たちは、王にこの接見を終わらせるよう勧めた。そして気の狂った男を広間に残して狩りに出かけていった。私室に退いたイゾルデは、侍女にさっきの道化を連れてくるよう命じた。トリスタンは侍女に正体をあらわし、手を引かれて妃の部屋までやってきた。

イゾルデには、髪を短く刈り込み傷だらけの顔をしたこの狂人が、愛する人であるとは信じられなかった。そこで彼は二人の身に起こった出来事を一つ一つ語りはじめた。よこしまな騎士に誘拐されようとした彼女の命を彼が救ったこと。毒の入った彼の傷を彼女が治したこと。マルク王との婚礼のために彼女をアイルランドから連れてきたこと。その航海中に誤って愛の媚薬を飲んでしまったこと。礼拝堂から飛び下り、また癩病者の群れから彼女を救ったこと、などを。そして、友人ゴヴェルナルとペリニスの名前を挙げた。しかし彼女はこれら全てを聞いても、誰かがこの狂人に事細かに話したのかもしれないと答えるだけで、信じようとはしなかった。

だが証明できるものがまだ二つ残っている。その一つは、審問の日にイゾルデに贈ったトリスタンの愛犬、今は広い部屋の隅に座っているあの犬である。

「犬の鎖をはずせば、迷わず私のところに来るでしょう」とトリスタンは言った。

「そんなはずはありません！　あの犬は、御主人である私の愛する騎士が帰還するまでは、私にしかなつきません。」

「鎖をはずしてください。なにも心配することはないでしょう。」侍女が解き放つと、犬はまっすぐトリスタンに駆け寄り、床に押し倒しそうな勢いで濡れた鼻を押しつけたり、吠えたり、嬉しそうに顔をなめまわしたりした。イゾルデは驚いた。

「魔法をかけたのでしょう。あなたは魔法を使うのです。そうよ、魔法使いなんだわ。」

「違います、お妃様。それでは、これが最後の証拠です。」彼は手を差しだして開いた。てのひらには彼女が彼に贈った碧玉の指輪がのっていた。イゾルデがトリスタンからの使者が本物かどうかを見極める最後のしるしにしますと言ったものである。それを見て、イゾルデは気を失った。

侍女が彼女を気付かせると、王妃は騎士を抱き締め、何度も何度も接吻をするまで放さなかった。そして、王が早めに戻ってくるかもしれないことなどお構いなしに寝所に入った。

別れは辛かったが、トリスタンはブルターニュへ戻らねばならなかった。その地で、友人であるもう一人のイゾルデの兄弟が近隣の騎士の妻と密通したのをかばったために、家族間の揉め事に巻き込まれていたのだ。妻を寝とられた男の城で決闘が行われ、トリスタンは深手を負ってしまった。男の剣の刃には卑怯にも毒が塗られていた。かつてのように、毒の入った傷を癒せるのは彼の愛するイゾルデのみである。彼は使者に碧玉の指輪を持たせ、彼女を連れてくるように頼んだ。彼は使者に、もしイゾルデが来ることに同意すれば彼女の乗った船に白い帆を張り、だめならば黒い帆を張るように指示を与えた。

数週間が過ぎた。トリスタンの生命力はしだいに弱まっていった。だが、とうとう待ちに待った船があらわれた。帆は白だろうか、それとも黒だろうか。トリスタンから結婚を断られたもう一人のイゾルデは、窓から外を眺めていて船を見つけると、嫉妬に駆られて嘘をついた。

「黒い帆の船がやってまいります、閣下。」

それを聞いたトリスタンは力尽き、静かに息を引き取った。

イゾルデは程なく陸に降り立ち、トリスタンのいる館に急いだ。そして、両手で彼の身体を揺さぶり、息を吹き返すことを悲痛に祈った。だが遅すぎた。恋人の死を悲しみ、イゾルデもこの世を去った。

恋人たちの遺体を乗せた船は、飾られた船に囲まれてコンウォールに戻った。妻と甥の両方を心から愛していたマルク王は、嫉妬と、二人との死別とで狂わんばかりであったが、王らしく恋人たちの葬儀を執りおこなった。恋人たちは、ティンタジェルにある礼拝堂の身廊の右と左に埋葬された。その場所は大西洋の白波が見渡せる、ちょうどマーリンの洞窟の上にあった。王国じゅうが嘆き悲しんだ。

それから一年ほど経ったころ、二人の墓からそれぞれイチイの木が生えてきた。マルク王はそれを切り倒したが、また芽吹いた。木は三たび伸び、三たび王は切り倒した。とうとう王は諦めた。二本の木は礼拝堂いっぱいに伸びて身廊を横切り、枝先が触れ合うようになると、しっかりと絡み合い、引き離せないものとなったのである。

土地の人々は、二本の木がしっかりと絡み合っているのは、トリスタンとイゾルデの飲んだ愛の媚薬の効力がいまだ衰えていないからだと信じている。

〈ケルト〉の読み方

●〈ケルト文化〉への視点

本書は、フランク・ディレイニー Frank Delaney の著作 *Legends of the Celts* (Hodder & Stoughton, London, 1989) の全訳です。原著は初版刊行後、ペイパーバック (Grafton, London, 1991) でも刊行され、広く愛読されてきました。本書の構成や企図は、巻頭「ケルト伝説への誘い」に詳しく書かれていますので、繰り返す必要はないでしょう。ただ原著のタイトルは『ケルト人の伝説』ながら、本書が扱っている物語には「アイルランド国造りの神話——『来寇の書』」のように神々の物語も含まれているため、訳書のタイトルは『ケルトの神話・伝説』としました。〈神話〉が神々の物語と世界の起源を語るのに対して、〈伝説〉は人間でありながら神のような超人的能力をもった英雄を中心とした物語です。そこには神秘的で超自然的な力を象徴する魔術師や女性が登場するのが特色です。動物もまた変容する不思議な存在としてそこに現れます。

ところで読者の方々のなかには、本書をひもとくずっと前に、フランク・ディレイニーに「会ったことがある」方々がいらっしゃるのではないかと思います。

一回目は、一九八九年一月~二月に日本でも放映されたBBC（英国放送協会）制作（一九八六年）のThe Celts（ケルト人）の案内役として登場した彼に、テレビ画面を通して。もう一回は、その番組制作に並行して彼が書いた *The Celts*（一九八六年）の訳書『ケルト——生きている神話』（鶴岡真弓監修森野聡子訳　創元社　初版一九九三年、第七刷一九九八年）を通してです。

BBC制作の「ケルト人」（NHK教育テレビの放映では「幻の民・ケルト人」）は、英国の放送局が、ブリテン諸島の周縁に古代から固有の文化を育んできた〈ケルト〉の伝統を初めてテーマとして制作した番組でした。ちょうど一九八〇年代の終わりから九〇年代の初めは、アイルランド、スコットランド、ウェールズ、ブルターニュなどの〈ケルト系〉のミュージシャンが伝統音楽をフューチャーし世界的なヒットを飛ばしはじめたときで、その番組の全編にはデビュー間もない歌姫エンヤの音楽が採用されました。そしてそのエンヤの音楽は番組から飛び立って、彼女の「ケルツ The Celts」というCDアルバムにまとめられ大ヒットし、世界の人々に愛聴されることになります。

〈ケルト〉をテーマとするそうした映像や音楽は、それまではあまり知られていなかった〈ケルト文化〉の存在を一般にも広く印象づけました。お膝下のヨーロッパでも日本でも事情はほぼ同じで、とくにヨーロッパ史に関心をいだく人々にとっては、新たな歴史のゾーンが加わったということでした。古代ばかりでなく、中世における異教とキリスト教の関係、また近代におけるナショナリズム、あるいは移民史などにわたって、〈ケルト文化〉が読み解かれることの重要性に気づかされたのです。

繰り返すまでもありませんが、西洋史のなかでは「野蛮」のひとことで片づけられていた北方の民が、今から二五〇〇年以上昔に鉄器文化で繁栄し、また中世にアイルランドやウェールズで編纂された豊かな「ケルトの神話・伝説」をもっていたこと。それは、唯一のヨーロッパ文明の源としてまなざされてきたギリシア・ローマ文化を相対化する視点を鮮明にしたばかりでなく、〈ヨーロッパ基層文化の多様性〉をよりポピュラーに分かりやすく開示したということです。

まさにその動向のなかで、本書の著者フランク・ディレイニーは、電波や活字を通じ、現代の英国とそれに隣接するケルト文化圏を越えて、世界を舞台に最も活躍している研究者にしてジャーナリストです。いわば彼は〈ケルト文化〉を一般に広く知らしめる〈現代の語り部〉として、世紀の転換期に現れた貴重な存在であるといえます。

●物語の構造

そのディレイニーの〈語り部〉としての特色を最もよく示しているのが本書です。本書には第一部に「アイルランドの伝説」が八話、第二部にアイルランドの伝説中の白眉である「クアルンゲの牛捕《と》り」、第三部には「ウェールズの伝説」が九話、そして第四部に「アーサー王伝説」のなかの傑作「トリスタンとイゾルデ」が収められています。これらのいずれものストーリーが、ケルト神話・伝説特有の「再生的な構造」をもっています。「エーダインへの求婚」のヒロインが蝶になるように人間が動物に変身したり、「グウィネズの領主マース」の中でグウィディオンの甥セウが唯一の急所を攻撃されても生き返るなど、死者が蘇ったりという「再生」はもちろんです。

が、こうした「物語の内容」とともに「物語の形式」そのものが、いったん終わったかに見えてまた始まり、また終わってまたまた始まるというかたちで、何度も何度も「繰り返される」のです。しかもそれはたんなる反覆ではなしに、内容が変化して物語が進行していて、いわば「螺旋《らせん》的な再生の構造」が展開されます。その形式はどの物語にもありますが、アイルランドの伝説の「勝者の分け前」にはその形式が強烈に現れています。

ちなみに訳者としては、ようやく山に登ったかと思うと、再び彼方に山が現れ、それを登るとまた谷に引き戻され、次の山を目指さなければならないという、苦行のような螺旋をたどり、やっと「結末」にまみえることができるという具合です。こうした形式はケルトの神話・伝説だけにみられるものではないでしょう。たとえば「トリスタンとイゾルデ」がケルトの伝説に源をもっているとしても、フランスやドイツなど中世ヨーロッパの各地で物語られ書かれてきたわけですから、そうした構造は中世ヨーロッパの物語形式の特色でもあるのです。しかし「ケルトの神話・伝説」はとくにその傾向が強いといえます。内容に「螺旋的変身」の話が活発に出てくることが、二重に眩暈《めまい》を起こさせ、果てしない終わり無き渦に私たちが巻き込まれていくような感覚を覚えます。

おそらく読者の方々も、読み進まれるうちに、このケルト的な構造に突き当たることでしょう。「結末がつねに遅延していく」「終わりがつねに先送りされていく」。それは人間に不安を与えます。しかし「物語」の本質は、たとえ短い簡単そうな物語であっても、一寸先に何が起こるかわからないスリルや、「隠す」ことによって「顕われ」の衝撃を与えることが、仕組まれ、構造化されています。ケルトの物語を読んでいくと、時間や空間を安定させて見通しのよい世界をつくりだし世界の中心に君臨しようとする「人間的なもの」を、ことごとく「翻弄する」、そうした世界観や存在論が立ち上がってくるように思えます。

　本書にはアイルランドからウェールズまでの重要な神話と伝説が語られているわけですが、まさに本書の特色とは、ディレイニーというひとりの人物が、こうしたタフな構造と内容をもつすべてのストーリーを、そらんじているごとく、全編を「語って」いることです。つまり本書は単に既存のケルトの神話や伝説のテキストを再編した性質の書物とは違い、著者ディレイニー自身が、ひとつの螺旋的な動力となって、私たちの目の前で語っているというところにあります。

●「語り」とヴァージョン

　ですから話の細部には、いきいきと「語る」使命感をもつディレイニーによって演出されたところもありますし、皆さんが知っていたテキストとは異なるヴァージョンが採られている物語もあるのです。たとえばアイルランドのアルスター神話の白眉「クアルンゲの牛捕《と》り」です。ここでは英雄のクー・フリンの「非業の死」は語られておらず、代わりにアルスターとコナハトの「和平」という印象的な結びで終わっています。「クアルンゲの牛捕り」は、中世の写本『赤牛の書』をはじめとして写本で伝わってきましたが、この「英雄が死なない結末」は、民間伝承で語られてきたといわれる「和平の結末」のヴァージョンのひとつなのです。

　そもそも「クアルンゲの牛捕り」は、ケルト戦士時代の社会や習慣を鮮やかに伝えていることは間違いありませんが、ほかの物語同様これもまた、中世キリスト教時代に入ってから修道士や学者たちが書き記したものでありました。それは、異教の物語の要素とキリスト教の観念の混合だけでなく、外国の物語も織り込んでつくられていったものでした。「クアルンゲの牛捕り」は、古代ギリシアのホメーロスの叙事詩の英雄の悲劇などから影響を受けているとも、現在では言われています。クー・フリンの非業の最期のアイディアもそれと無縁ではありえないでしょう。「ケルトの」神話・伝説は、すでにそれが写本されていった中世の時代に、ケルト文化の要素だけでなく、古典古代やキリスト教文化の世界観といえるものを吸収租借しているという意味で、ひとつの大いなる混合体なのです。

ディレイニーは自身が言っているように幼いころから神話や伝説を聞かされ覚えてしまったということですが、おそらく彼が「聞いたり」「覚えてしまった」物語は、主要な写本に伝わった伝統的な筋立てを守りながら、それを彼らなりにそのつど「再話」したであろう生身の大人たちによるお話であったでしょう。そのお話の前にはまた、歴史的にいくつかの「ヴァージョン」が存在していたにちがいありません。

神話や伝説がその土着のものを唯一純粋に伝えている、という信念は、じつは近代的な産物でありました。「〇〇民族の神話」に「〇〇民族の世界観」は盛り込まれていても、それは孤立した純粋さなどは元から免れているのです。ひとつの文化や国はそれと異なる存在と交渉し合うことで、はじめて「自己」を構成できるという真理を、ディレイニーは暗に示しているのです。彼の驚くべき記憶力と表現力は膨大な「物語」を前にして疾走し、「語り」のゆらぎや冒険こそを体現しています。そこが本書をしてロングセラーの地位を与えているのです。「クアルンゲの牛捕り」の「和平の結末」は、「北アイルランド問題」という現代のアルスター地方の平和を望むディレイニーたち、現代の「生きている語り部」

の願いと響き合っていないでしょうか。

著者は一九四二年にアイルランド共和国で生まれ、首都ダブリンのアイルランド放送局RTEの報道局に勤めた後、ジャーナリストとして独立。一九七五年北アイルランドのベルファーストのBBCを経て、七八年ロンドンへ移り受賞作となる「ラジオ4」の番組「Bookshelf」シリーズを手がけ、またBBCのネットワークで活躍、英国とアメリカのマスコミで活躍を続けています。その後の彼の〈ケルト〉に関わる活躍は前述したとおりですが、彼自身がこうして一般読者や視聴者へのメディアとしての身体をもってきたことが、本書の力強い「語り」をつくりだしているといえましょう。

●二一世紀のケルト学へ向けて

最後に、本書もかかわるケルト研究の動向について付け加えておきたいと思います。英国では二〇世紀末にスコットランドとウェールズに自治議会が成立した政治的気運も手伝い、ケルト文化圏の「伝統」の強調は文化活動から映画などのメディアに至るまで活発化して久しい。そのなかで逆に英国とその周辺地域における〈ケルト文化〉と〈アングロ＝サクソン文化〉を歴史学や考古学の上で再確認していこうという研究が充実してきております。そのなかには「大陸」から「島」への〈ケルト人〉の移動を否定する論争も含まれています。

かつてエドワード・スィドなど初期のインド＝ヨーロッパ比較言語学者が、〈大陸のケルト〉と〈島のケルト〉を一大グループとした〈汎ケルト世界〉を想定し、一九世紀から二〇世紀には、それが言語学、考古学、歴史学、そして神話学の枠組を規定してきました。現在の英国での論争は、〈ケルト〉というヨーロッパ文化を、きめ細かく見ていく方法を提言していることは間違いありません。

しかし〈ケルト〉の神話や伝説は、ヨーロッパの一角に個性的な世界観をもった文化伝統があったことを教え、近現代のケルト文化圏を「創造（想像）的に」担う人々によって語り継がれていることも、また間違いのない事実なのです。その意味で神話や伝説は、過去の遺産なのではなく、現在を照らし出す鏡なのだといえるのではないでしょうか。それは二一世紀に向けて多様化と統一を模索する「ヨーロッパ」を意味づけるとき、なお、いかなるかたちであれ参照されるものとなるでしょう。なぜなら「神話や伝説」は、ある文化をつくりあげる人間たちの産み落とした宝石のように美しくて堅固な「内なる世界」なのですから。

本書の訳出は今から六年前に始めた研究会をきっかけとしています。当時学生で現在は高校で世界史の教鞭を取られているケルト史研究者・安孫子《あびこ》郁子さんと、現在はエディンバラ大学大学院で言語学を研究しておられる小池剛史さんと共に原書を購読し、主題の史的背景と物語の構造的特質について討論を重ねながら、毎回読み進めていきました。ローマン・ブリテン史が専門の安孫子さんは、ウェールズの伝説の「マクセン帝の夢」の背景などについて興味深い解釈を出され、またウェールズ語を専門とする小池さんは、アイルランドの神話・伝説をも熱心に読み込まれていきました。本書のアイルランドとウェールズの伝説の翻訳は、お二人との研究会を土台として出来上がっています。その後お二人に加えて、アイルランドのトリニティー・カレッジで中世史と美術史を修められ、翻訳家としても活動を始められている小和瀬《おわせ》ともみさんにも加わっていただきました。小和瀬さんには本書の締めくくりとなる

「トリスタンとイゾルデ」だけでなく、全体の見直しに御協力をいただきましたことを特記してここに御礼を申し上げます。

またケルト言語学者にして中世史研究者の平島直一郎氏に、アイルランド語のみならず全体にも目を通していただきましたことに篤く御礼を申し上げます。

加えて、法政大学教授・松岡利次氏の中世アイルランド文学とその言語の御研究（『ケルトの聖書物語』ほか）から多くを学ばせていただきましたことを、この場を借りて御礼申し上げたいと思います。

なおケルトの神話・伝説の人名・地名などの表記は、まもなく翻訳刊行の運びとなるベルンハルト・マイヤー著『ケルト事典』（創元社）の表記と統一させ、わが国におけるケルト語表記の不統一をできる限り克服するかたちを目指しました。ケルトの神話や伝説に関する邦訳や関係文献で、既に読者の耳に馴染んでいる表記もありますが、アイルランド語とウェールズ語の原語に最大限忠実なカタカナ表記をおこないました。アイルランドの伝説は最初に文字化された中世初期の古アイルランド語、ウェールズの伝説は現在に伝わるウェールズ語で表されています。

また、読者の便宜を図って、原著にはありませんが、物語の場面や状況の転換を示すために行を空けたり、小見出しを付したりしました。〔　〕を挟んで注を施したものもあります。さらに、明らかに原著者の誤りと思われるところは補ったり訂正を加えたりしました。

最後となりましたが遅延する作業を激励していただき、出版に漕ぎつけてくださった、編集者の中村裕子さん、そして創元社社長の矢部敬一氏に心より御礼申し上げます。ベテラン編集者ならではの当意即妙の助言と忍耐づよい励ましが中村さんによってもたらされて、遂にこの本が完成しましたことをいま噛みしめています。
そしてその感謝を胸に、ディレイニー著の二冊目の訳書を、天国から見守ってくださった前創元社社長の矢部文治氏の御霊に謹んで捧げたいと思います。

二〇〇〇年　盛夏　　鶴岡真弓

■おことわり（第二刷に際して）――創元社編集部
本書における固有名詞の日本語表記は、小社刊『ケルト事典』（二〇〇一年九月初版）の表記と統一させた。しかし、本書より一年後れで刊行された『ケルト事典』制作の最終段階で変更・決定した表記については、相違がある。増刷を機にそれらを左に示すが、本書の表記が誤りというわけではなく、原語の発音の微妙さに起因する日本語表記の相違にすぎない。↓の下の表記が『ケルト事典』のものである。数字はページ数。
◇ブラヌウェン↓ブランウェン〔序24、目次3、258「シールの娘ブラヌウェン」中、270〕
◇マナウアザン↓マナウアダン〔序20、目次3、270「シールの息子マナウアザン」中、259〕
◇ファムナハ↓ファウナハ〔122〜124〕
◇ブラン↓ブラーン〔序24、258「シールの娘ブラヌウェン」中、270、272〕
◇ギルヴァエスイ↓ギルヴァイスイ〔序20・23、281〜283、285〜287〕
◇グロヌ↓グロヌイ〔291〜295〕

訳者略歴

鶴岡真弓（つるおか　まゆみ）

1952年生。早稲田大学大学院修士課程修了。ダブリン大学トリニティ・カレッジ留学。多摩美術大学名誉教授，現在，同大学美術館館長・芸術人類学研究所所長。ケルト芸術文化・ユーロ＝アジア造形表象研究家。著書『ケルト／装飾的思考』（筑摩書房）『ケルト　再生の思想――ハロウィンからの生命循環』（ちくま新書）『ケルトの想像力――歴史・神話・芸術』（青土社）『図説ケルトの歴史――文化・美術・神話をよむ』（松村一男共著，河出書房新社）監修『ケルト――生きている神話』（F. ディレイニー著，創元社）『ケルト人――蘇るヨーロッパ〈幻の民〉』（C. エリュエール著，創元社）翻訳『ケルトの神話・伝説』（F. ディレイニー著，創元社）『ケルズの書』（B. ミーハン著，創元社）他。

ケルトの神話《しんわ》・伝説《でんせつ》

2000年9月20日　第1版第1刷発行
2021年5月20日　第1版第5刷発行

著　者——フランク・ディレイニー
訳　者——鶴岡真弓
発行者——矢部敬一
発行所——株式会社 創元社
〈本　社〉
〒541-0047 大阪市中央区淡路町4-3-6
TEL.06-6231-9010(代)　FAX.06-6233-3111(代)
〈東京支店〉
〒101-0051 東京都千代田区神田神保町1-2 田辺ビル
TEL.03-6811-0662(代)
https://www.sogensha.co.jp/
印刷所——モリモト印刷株式会社

ISBN978-4-422-23006-1　C1098